王滢涛 著

中国特色公共文化治理体系现代化研究

Research on the Modernization of
Public Cultural Governance System
with Chinese Characteristics

上海社会科学院出版社
SHANGHAI ACADEMY OF SOCIAL SCIENCES PRESS

图书在版编目(CIP)数据

中国特色公共文化治理体系现代化研究 / 王滢涛著.
上海：上海社会科学院出版社，2025. -- ISBN 978-7
-5520-4632-8

Ⅰ. G123

中国国家版本馆 CIP 数据核字第 2024QM9759 号

中国特色公共文化治理体系现代化研究

著　　者：王滢涛
责任编辑：陈如江　包纯睿
封面设计：孙豫苏
出版发行：上海社会科学院出版社
　　　　　上海顺昌路 622 号　邮编 200025
　　　　　电话总机 021 - 63315947　销售热线 021 - 53063735
　　　　　https://cbs.sass.org.cn　E-mail: sassp@sassp.cn
照　　排：南京理工出版信息技术有限公司
印　　刷：上海万卷印刷股份有限公司
开　　本：710 毫米×1010 毫米　1/16
印　　张：17
插　　页：2
字　　数：252 千
版　　次：2025 年 3 月第 1 版　2025 年 3 月第 1 次印刷

ISBN 978 - 7 - 5520 - 4632 - 8/G · 1372　　　　　　　定价：88.00 元

版权所有　翻印必究

目　　录

第一章　导论 / 1
　第一节　问题缘起 / 2
　第二节　主要概念 / 10
　第三节　研究综述 / 18
　　一、中国公共文化治理理论研究 / 22
　　二、中国公共文化治理实践研究 / 30
　第四节　研究框架 / 42

第二章　中国公共文化治理体系走向现代化的现实困境 / 45
　第一节　内卷化:行政驱动中国公共文化治理的结构性困境 / 48
　　一、政绩冲动取代现实需求 / 49
　　二、行政逻辑压制服务逻辑 / 57
　　三、监督空转消解转型动力 / 69
　第二节　激励异化:中国公共文化治理困境的本质 / 74
　　一、异化 / 75
　　二、激励异化 / 77
　　三、公共文化治理的激励异化 / 84
　第三节　激励异化下公共文化治理的现实表现 / 87
　　一、决策过程与执行过程的分离 / 87
　　二、工具理性与价值理性的失衡 / 90
　　三、供给内容与需求内容的错位 / 94
　　四、预期目标与实际目标的置换 / 100

第三章　走出中国公共文化治理体系现代化困境的逻辑 / 107

第一节　理论逻辑 / 107
第二节　历史逻辑 / 113
一、政策思路 / 113
二、改革难题 / 124
第三节　实践逻辑 / 131
一、文化政策的新定位 / 131
二、民主法治的新提升 / 137
三、基层自治的新关注 / 142
四、虚拟交往的新趋势 / 143

第四章　中国特色公共文化治理体系现代化的价值选择 / 147

第一节　激励重塑：中国特色公共文化治理体系现代化的价值选择 / 147
一、激励机制的重塑 / 151
二、激励环境的重塑 / 156
第二节　中国特色公共文化治理体系现代化的价值转向 / 161
一、理念：从以物为本到以人为本 / 162
二、机制：从压力传递到环境支持 / 162
三、方式：从项目运作到社会回应 / 166
第三节　中国特色公共文化治理体系现代化的价值内涵 / 168
一、工具理性与价值理性的统一 / 168
二、宏观调控与内生动力的结合 / 176
三、整体均衡与个体差异的协调 / 182

第五章　中国特色公共文化治理体系现代化的制度建构 / 186

第一节　中国特色公共文化治理体系现代化的制度基础 / 186
一、政党与政府关系 / 186
二、政党与社会关系 / 189
三、政党与市场关系 / 192

第二节　中国特色公共文化治理体系现代化的实现机制 / 199
　　一、价值驱动机制 / 200
　　二、场景驱动机制 / 202
　　三、社群驱动机制 / 205
第三节　中国特色公共文化治理体系现代化制度建构的功能 / 208
　　一、政党嵌入治理：增进政治认同 / 209
　　二、政党推动行政：提升服务效能 / 212
　　三、政党回归社会：激发公共精神 / 215

第六章　高质量发展背景下中国特色公共文化治理体系现代化的实践 / 218

第一节　高质量发展背景下公共文化机构理事会的改革与发展 / 219
　　一、公共文化机构理事会发展的理念交锋 / 219
　　二、公共文化机构理事会发展的多种形态 / 222
　　三、公共文化机构理事会发展的实践困惑 / 224
　　四、高质量发展视角下公共文化机构理事会的改革与发展 / 227
第二节　高质量发展背景下公共文化设施运营的改革路向 / 231
　　一、公共文化设施运营理念的分歧 / 231
　　二、公共文化设施运营的主要模式 / 233
　　三、公共文化设施运营的实践困惑 / 235
　　四、高质量发展视角下公共文化设施运营的改革路向 / 238
第三节　高质量发展背景下公共文化机构展览的改革路向 / 243
　　一、公共文化机构办展的理念分歧 / 244
　　二、公共文化机构办展的不同模式 / 246
　　三、公共文化机构办展的实践困惑 / 248
　　四、高质量发展视角下公共文化机构展览的改革路向 / 252

结语 / 258
后记 / 264

第一章 导 论

"人民有信仰,国家有力量,民族有希望。"信仰是一个民族的精神支柱。塑造什么样的信仰,在很大程度上决定着国民的精神状态和社会的文明程度。公共文化建设的当代使命在于承担以社会主义核心价值观引领社会思潮、凝聚社会共识、培育合格公民的重任。党的二十届三中全会明确要继续完善和发展中国特色社会主义制度,推进国家治理体系和治理能力现代化,坚持以制度建设为主线,加大对国家治理急需、人民美好生活所盼必备的重要制度的创新力度。将公共文化建设置于国家治理体系和治理能力现代化的整体国家战略中进行思考,合乎逻辑的结论是要加快推进公共文化治理体系现代化,以中国式现代化的理论、制度与实践逻辑建构现代公共文化治理体系,以更好实现公共文化所肩负的使命和任务,助力建设社会主义文化强国。

然而,面对现实的需求与丰富的实践,理论界对在中国特色社会主义制度下推进公共文化治理体系现代化转型的价值内涵、制度形态和实现机制,尤其是对于其超越行政主导公共文化治理体系的深远影响,缺乏整体性的系统考虑与理论把握。当我们从现实出发深入观察和思考,就不得不以实事求是的态度直面当下缺乏理论支撑而导致的公共文化体制运行现状及其诸多现实困境,不得不追问这些困境下的公共文化建设实践是否能够担当引领社会思潮、促进社会团结、培育现代公民的重任。基于强烈的问题意识,结合笔者的亲身实践,本研究立足较为丰富的公共文化治理现实,尝试填补理论支撑不足的空白,探索构建中国特色公共文化治理体系现代化的理论框架,再试以理论指导实践,引导国家公共文化治理体系主动适应当下社会利益分化和多元价值交织的社会现实。本研究的核心思路是,以进一步全面深化改革重塑激励结构,推动公共文化治理体系现代化,促进公共文化建设高质量发展。本研究首先提出所要破解的核心问题,即当下行政驱动公共文化治理体系在运行中面临"激励异化"问题下"内卷化"的结构性困境,进而从理论逻辑、历史逻辑和实践逻辑三个维度阐释以中国特色公共文化治理体系现代化扬弃行政驱动公共文化治理体系的合法性、必要性与紧迫性,并分别就中国特色公共文化治理体系现代化的价值选择、制度建构和实践路径提出理论主张。

第一节 问题缘起

"文化兴国运兴,文化强民族强。"[①]文化兴关键在于兴公共文化,文化强关键也在于强公共文化。党的十八届三中全会开启了"国家治理体系和治理能力现代化"的改革总目标,提出要通过政治、经济、文化、社会等各个领域的体制机制改革,从整体上提升国家治理效能。公共文化治理作为国家治理体系的重要组成部分,不仅在推进国家治理体系和治理能力现代化进程中发挥着"软实力"作用,通过引导个体的文化观感和价值体验以塑造支撑基层治理秩序的观念、行为和规范,而且对于均衡发展"五位一体"总体布局中的有关文化领域的建设具有重要的理论意义。尽管中央有关政策性文件鲜有提及"公共文化治理"的概念,但相关公共文化政策文本所涉及的政府体制改革、参与主体多元、服务机制优化、绩效评估完善等内容无疑都属于公共文化治理的议题。[②]随着公共文化治理话语的不断兴起,政府逐渐意识到"大包大揽"的传统工作方式存在弊端,开始尝试建立政社合作的互动网络,愈发重视社会需求反馈和满意度评价。[③]2021年,文旅部、国家发改委、财政部联合发布了《关于推动公共文化服务高质量发展的意见》,其中提出要"努力推动文化治理体系和治理能力现代化",这标志着推动公共文化治理体系现代化已被国家明确提上

---

① 《习近平谈治国理政》第三卷,外文出版社2020年版,第32页。
② 赵军义、李少惠:《从公共文化服务到公共文化治理》,《图书馆杂志》2022年第9期。
③ 李少惠:《转型期中国政府公共文化治理研究》,《学术论坛》2013年第1期。

议事日程。

在我国目前的政策话语中,公共文化服务与公共文化治理具有某种内在的一致性①,由服务到治理是一个渐进发展的过程,其变化反映出政府内部的治理性变革以及外部多元合作网络的逐步形成,也体现出政府逐渐意识到公共文化建设不能单纯停留在物质技术层面的公共服务和产品供给,还包括要实现公共性、自由、平等等体现现代性的公共价值理念和公共精神。2005年,党的十六届五中全会通过了《中共中央关于制定国民经济和社会发展第十一个五年规划的建议》,正式提出要"加大政府对文化事业的投入,逐步形成覆盖全社会的比较完备的公共文化服务体系","公共文化服务"成为国家文化战略并开始部署启动。2012年,党的十八大将"文化建设"纳入"五位一体"总体布局,十八届三中全会后公共文化服务体系建设驶入快车道,文化建设在国家战略布局中的地位被提升到一个新高度。各级党委和政府日益重视公共文化建设与发展,投入大量资源,兴建文化设施、举办文化活动、开展艺术普及,在物质技术层面推动了公共文化建设的快速发展。经过十余年的努力,中国与发达国家在公共文化服务体系建设方面的差距明显缩小,我国沿海地区城市不少新建文化设施已经达到世界一流水准,中西部公共文化服务设施也得到大幅度的改善。有数据显示,2020年末,全国共建有公共图书馆3 212座、美术馆618座、博物馆5 788座、文化馆3 327座、文化站4万多个、村级综合性文化服务中心57.54万个,这些"硬件"设施对推动公共文化普惠性、共享性和基本性等目标的达成至关重要。除了"硬件"设施建设,国家还不断加强文化立法等"软件"制度建设,相继制定、颁布和实施《非物质文化遗产法》《博物馆条例》《公共文化服务保障法》《公共图书馆法》等法律法规,相关省市还进行了延伸立法,开展地方性公共文化法律体系建设,这些"软件"制度对推动政府依法履行公共文化建设责任、保障公民文化权利起到了很大的促进作用,在全社会逐步形成以法治思维、法律制度和法治手段来推动公共文化建设的良性发展局面。值得关注的是,这些

---

① 陈建:《发达国家的公共文化治理模式》,《图书馆论坛》2019年第12期。

法律法规都十分重视"公众需求""公众参与""公众意见",有关社会参与的要求被写入法律文本,这为公共文化服务的治理转向奠定了合法性基石。从公共文化服务到公共文化治理,公共文化服务在理念、主体、机制和内容等方面都已发生了重要的变化。根据赵军义等学者的观点,公共文化服务治理转变的核心要素主要有:理念上从管理文化到文化治理,主体上从政府包揽到多元参与,机制上从科层管理到多维互动,内容上从保障基本到需求回应,公共文化治理更为关注公民公共文化生活的实质性改善。①

在本研究中,我们选择"公共文化治理"作为核心概念来进行讨论,并不是要全盘否定我国已开展多年的"公共文化服务",而是要在合理吸收公共文化服务体系建设中"关于文化管理体制,以及公共文化服务的价值取向、功能定位、实现路径等本质规定性的基础上,将其引入治理的视野中予以重塑和优化,尝试从理念、主体、机制、目标等多个层面发掘公共文化治理之于公共文化服务话语的可取之处,并就公共文化治理本身的实践活动作学理反思"②。何谓公共文化?为什么用治理比用服务更为贴切?笔者引用国家公共文化首席专家李国新的观点略加展开:"公共文化这一概念不是对文化类型、样态与形式加以区分的结果,考量的标准是普通民众对文化服务、活动的现实需求和可及性与参与性,只要是进入了公民日常文化生活,只要是公民有条件、有保障、能享有、愿参与的文化服务和文化活动,就属于公共文化。"③从这个道理来讲,公共文化不是只能通过服务这一种途径来建设与发展,还可以通过社会融入、公共交往等多种途径来达到公共文化建设与发展的目标。因此,相比政府本位、自上而下单向供给色彩浓重的"公共文化服务"的提法,强调多方主体共同参与的"公共文化治理"的提法似乎更加贴切。不仅如此,公共文化指涉的不仅是一种人们广泛参与的公共文化服务或公共文化活动,还意指一种人们所共享的价值观念和意识形态。在治理语境下,多元主体相互依存,通过

---

①② 赵军义、李少惠:《从公共文化服务到公共文化治理》,《图书馆杂志》2022年第9期。
③ 李国新:《对我国现代公共文化服务体系建设的思考》,《克拉玛依学刊》2016年第4期。

平等参与、交往、讨论和协商等交往理性的合作方式来回应需求、包容分歧和达成共识,更有利于达成一种文化秩序和共同观念,这一层次的内涵表达也是"公共文化服务"这一概念难以直观反映出来的。

从实践角度来看,公共文化服务的治理转向离不开两个相辅相成的历史进程:一是政府对社会领域的有序赋权,从而激发民众对公共文化建设问题的关注。二是社会形成良性有序的自我协调与自我组织能力。唯有如此,公共文化治理得以有效运转的基石——多元主体之"主体性"才能有序生发,个体超越自身狭隘利益关注公共生活才具有稳定的社会基础。不过,在当前公共文化建设领域,共同治理得以构建的前述条件都面临着一些深层难题。这些难题在黄晓春看来,主要可分为两类:一是在渐进式改革背景下,公共部门在向社会领域赋权的同时必须考虑治理参与活动是否有序可控的问题。二是社会形成良性有序的自我协调能力也需要进行引导,若缺乏引导,这种自我协调能力就可能会受西方社会思潮的冲击和影响而偏离社会主义公共文化的价值规范。①

构建一个不仅能有力支撑与巩固社会主义核心价值体系,又能包容与回应蓬勃生长的社会领域对丰富文化服务和产品的实际需求,还能在循序渐进推进文化繁荣的同时孕育出社会的公共精神和公共理性的公共文化治理体系,是当下亟须解决的课题。唯物主义的世界观与方法论启示我们,要实现理论上的继承与创新,首先要回到现实,从实践出发去理解当前我国公共文化治理的现实本质。当我们从现实出发深入观察和思考,就必须以实事求是的态度直面当下中国公共文化治理转型中的体制运行现状及其诸多现实困境,就必须去追问这些困境下的公共文化治理体系是否能够担当引领社会思潮、凝聚社会共识、培育现代公民的重任。经过长期观察与体悟,笔者认为,当前中国公共文化治理体系面临内卷化的结构性困境,这种结构性的困境表明,包括政府在内的置身其中的各方治理主体无论主观上如何努力,意愿上如何强烈,都难以通过在既定框架下的改革冲破结构性障碍,也无法依靠局部性修正走出结构性依赖。

---

① 黄晓春:《党建引领下的当代中国社会治理创新》,《中国社会科学》2021年第6期。

在国家治理体系和治理能力现代化的大背景下,各地方政府及其文化行政管理部门大多也转换了其官方话语的文本表达,越来越多地将"治理""治理体系""共同治理""多元共治"等词语写入工作报告与正式文件。但深入考察发现,官方话语的转换并没有带来实质性的治理转向,即使将名称做了应景的调整,但实际上,由行政驱动的"公共文化治理"的体制环境没有改变,"公共文化治理"的行为逻辑没有改变,"公共文化治理"的运作机制也并没有发生根本性的改变。在以全面深化改革推动国家治理体系和治理能力现代化的进程中,在文化领域,行政驱动"公共文化治理"却深陷结构性困境而难以与国家治理体系现代化同步发展,这不仅意味着文化建设将滞后于政治建设、社会建设、经济建设等其他领域的建设,更会影响到社会主义现代化强国建设目标的全面达成。因此,当前公共文化治理的结构性困境及其所呈现的诸多现实表现应当引起我们的高度警觉。在这些困境中,行政驱动公共文化治理的"内卷化"和"激励异化"问题最具消解力和破坏力,在较长时间内将不同程度地导致公共文化运转进入某种"锁定"的状态:无论是其价值取向、运行模式还是自我完善机制,都定型于一种特定机理:政绩冲动取代现实需求、行政逻辑压制服务逻辑、监督空转消解转型动力。地方政府政绩观偏离,从一开始就没有将公众需求作为其政策原点或顶层设计靶向,而是在形式主义和官僚主义支配下热衷于各种"自导自演"的形象工程、标志工程、速效工程或某种表面文章,习惯在行政逻辑下的"自娱自乐",沉迷于监督空转下的"孤芳自赏"。恰如王列生所言,一方面,公共文化建设运行充分而忙碌,但另一方面,这不过是"体制内"的参与者及其封闭运转机制的自我忙碌,对整个社会生活现场和文化生存进展而言,空转中的忙碌实际上根本无法实现预定的目标。[①]为了获得政绩上的褒奖,政府官员在文化行政中以预设标杆的政绩取向与公共政策自拟取向,侧重可量化、展示度高的业绩,追求公共文化服务"量"的增长,将重点置于场馆建设、汇报性演出等方面,至于公众是否真的喜爱和认可这些内容,是否真的从中得到了精神愉悦和满

---

① 王列生:《警惕文化体制空转与工具去功能化》,《探索与争鸣》2014 年第 5 期。

足,是否在公共文化交往中增进了自我组织与协调能力,似乎并不十分在意。或者更深一步讲,地方领导人没有深切感觉到来自社会公众对享有高品质公共文化生活的自下而上的需求压力,没有将心比心地切身感觉到社会加速转型时代公众对集体情感再塑造的迫切需要。再深一层论,就是在现实中缺乏自觉将公众利益置于首位的制度环境,心中没有公众。造成的后果是,虽然这些年来不少豪华气派的公共文化设施拔地而起,但公共文化供需错位、服务效能不佳等老问题还是解决得不理想。供需错位和效能欠佳,导致公共文化建设悬浮于民众的日常文化生活之上,民众无法从官方组织的公共文化服务和活动中体悟到思想价值的引导,导致大多数关注个体利益的个人无法透过公共文化建设向具有公共责任感的公民转化,任凭拜金主义、享乐主义、极端个人主义和历史虚无主义等负面思潮与乱象丛生的网络舆论一起,严重影响着人们的思想观念和社会舆论环境,导致种种社会问题层出不穷。不仅如此,笔者观察发现,公众对公共文化建设的日常感受与政府领导人在各类总结、报告和新闻报道中所描绘的巨大政绩展示形成鲜明的反差。这些顽瘴痼疾的重复再生,加之此类反讽现象的提档升级,值得我们认真思考与反省。

当前行政驱动公共文化治理体系的"内卷化"现象,实际上已经向我们表明,公共文化行政化建设的模式遇到艰难的现实挑战,这种运行模式不能适应利益分化和价值多元的当代社会需要,公共文化的供给与真实需求和民众期待之间存在着严重的"两张皮"现象。但问题远不止于此,在"内卷化"现象背后,其本质是"激励异化"的生成机理,即扭曲的"激励机制"和"激励环境"的双重作用诱发了公共文化治理"内卷化"的结构性困境。在这种扭曲的"激励机制"和"激励环境"的双重作用下,公共文化治理过程中对上负责、本本主义、形式主义等现象蔓延滋生,众多官员比拼的不是发展实效、工作实绩,而是比拼回应上级指令的速度与强度,比拼向上报送所谓典型经验的数量与篇幅,将主要精力花在逐字逐句解析上级文件和领导的要求上,而不是去真正解决公共文化建设问题,以及应对由此导致的经济社会运行中的挑战。由于没有树立问题意识,没有养成花时间精力搞调查研究的工作习惯,不少文化行政管理部门习惯于拿着上级文件机械执行,往往在还未弄清上级文件任务的基本内涵与工作规律的情况下,就急忙开会议、订计划、下指标、造项目、抓进度、出经验,沿袭着动员、督促、考核的工作惯性,争先恐后地向上级"交账"。在这种激励异化的情势下,公共文化治理落入路径依赖陷阱,一切所谓的改革与创新举措都难以走出路径依赖,再美好的价值愿景都会落入体制空转的泥潭,甚至还会带来更为严重的政府退化乃至政治退化问题,无法取得任何实质性的改革成果。国家要致力于建设文化强国,文化治理要与国家治理进程同频发力,公共文化治理的"内卷化"和"激励异化"问题几乎是难以逾越但又不得不逾越的屏障。

公共文化治理体系走向现代化是历史的必然。在现代化转型过程中,我们既要认识到多年来我国公共文化建设取得的实际成就,又要坚持公共文化治理的有益经验,更要以清醒的姿态和直面的勇气,坚持实事求是的原则,正视公共文化治理现实的种种被动和不足,尤其要正视严重的"内卷化"和"激励异化"问题,在全面深化改革中谋求破题思路,找准突破口,沿着中国特色社会主义道路破解公共文化治理体系走向现代化的困境。作为中国特色社会主义建设的重要组成部分,中国文化管理体制先后经历了从强调政治性到经济性再到文化主体性的功能属性变迁,这种变迁既和社会职能转移相关,也与我国经济发展密不可分。[1]但不变的是,中国共产党发挥公共文化引领风尚、教育人民、服务社会、促进发展的初心使命,以及始终坚持以人民为中心的理念和全心全意为人民服务的宗旨。在"国家—政党—社会"范畴中,执政党既引领国家又引领社会。进入新时代,各级党组织在包括公共文化治理在内的基层治理方面发挥了实质性作用,将其逐步发展为具有鲜明中国特色的国家治理方式,彰显了国家治理体系和治理能力的现代化水平。[2]当前,中国正以中国式现代化全面推进强国建设、民族复兴伟业,对于中国这样的超大国家而言,对不同发展领域的治理既要把握共性特征,又要体现差异化特点,建构推进不

---

[1] 耿达:《公共文化服务高质量发展的历史演进与逻辑理路》,《图书馆》2022年第11期。
[2] 任勇、吴康文:《资源性支撑型情感治理中的党建运行逻辑与实践限度》,《江西财经大学学报》2022年第3期。

同发展领域治理体系现代化的转型理论是支撑中国式现代化"四梁八柱"不可或缺的组成部分。为此,笔者继构建"中国特色乡村治理体系现代化"①理论框架后,再试以"中国特色公共文化治理体系现代化"为题,直面公共文化领域中现实治理问题,深入研究其根源,结合在该领域的亲身实践,尝试对构建中国特色公共文化治理体系的理论模型进行系统性思考,并就中国特色公共文化治理体系现代化的价值选择、制度建构和实践路径提出理论主张。本研究可能有如下意义:

其一,理论意义。首先是提出建构中国特色公共文化治理体系现代化理论的主张。中国特色公共文化治理体系现代化的理论"扬弃"西方文化治理理论,立足国情,结合笔者实践思考,沿着中国特色社会主义道路研究公共文化治理体系走向现代化的创新理论,并从理论逻辑、历史逻辑和实践逻辑论证其合法性、必要性和紧迫性,弥补公共文化领域缺少治理现代化转型理论的缺憾。其次,对中国特色公共文化治理体系现代化理论进行全面系统性建构,不是如现有研究那样仅将公共文化治理作为国家治理、基层治理或乡村治理的一个面向进行讨论,也不是单纯从维护文化权利、满足文化需求、追求公共精神、塑造政治认同等某个单一视角观察公共文化治理问题,而是运用系统集成的方法对我国公共文化治理体系走向现代化的转型过程进行整体性的逻辑梳理与全面性的理论建构。中国特色公共文化治理体系现代化的理论从价值选择、制度构建和实践路径三个维度展开分析,是摆脱公共文化治理体系的"内卷化"和"激励异化"困境、提升公共文化治理效能的理论探索。

其二,实践意义。首先,中国特色公共文化治理体系主动适应利益不断分化和价值日益多元的社会变化趋势,把握历史主动,通过调整公共文化治理体系推动国家治理和社会发展更好相适应,让公众认同和参与公共文化建设,形成充满活力的公共文化生活。其次,以公共文化治理体系现代化转型完善培育和践行社会主义核心价值观制度机制,以社会主义核心价值观完善公共文化生活规则,并将规则化的公共文化生活

---

① 王滢涛:《中国特色乡村治理体系现代化研究》,上海社会科学院出版社2021年版。

作为提升公共文化治理多元利益包容性的有效手段,以此培育符合社会主义公平法则的公民主体间的交往理性以及更为强调正义理念的社会生活环境,矫正目前公共文化持续衰弱而引发的种种社会乱象,增强文化自觉和文化自信。最后,中国特色公共文化治理体系是中国国家治理体系的重要组成部分,政党全面嵌入公共文化治理体系运行肌理,并通过建构价值驱动机制、场景驱动机制和社群驱动机制扬弃行政驱动机制,重塑公共文化治理的激励机制和激励环境,为社会主义公共文化生活的良性运转及公共精神和公共理性的持续生长提供制度支撑与实践保障。

第二节 主 要 概 念

本研究的核心概念是"公共文化治理"。要理解公共文化治理,首先要对公共文化有一个基本的认识。目前理论界对公共文化的理解和运用,多从公共物品属性及供给机制出发,突出强调它具有的非排他性、非竞争性和外部正效应性等特征。①如张良在研究农村文化变迁时,将公共文化定义为"超出个人或家庭单位(村庄、社区或多个村庄)范围之内的文化活动(诸如广场舞)、文化资源(诸如村庄文化活动中心)和民间文化组织(诸如腰鼓队、秧歌队)"②。诸如此类的定义,多限于公共文化所依托之文化空间、文化场馆、文化组织及公共文化活动等显性的公共特征,对公共文化所蕴含的群体意识、公共观念、共享价值观等深层要素关注不足。③对此,曹爱军认为,公共文化包括物质、制度和观念三个层面的内容结构:物质层面是指公共文化的物化载体,如公共文化设施、文化事项、文化物品等;制度层面是指公共文化的制度体系,如国家文化体制、文化政策、文化机构等;观念层面是指公共文化意识形态和公共文化精神导向,包括理

---

① 陈鸣:《西方文化管理概论》,书海出版社2006年版,第291页。
② 张良:《乡村社会的个体化与公共性建构》,中国社会科学出版社2017年版,第89页。
③ 曹爱军:《"公共文化"治理:出场逻辑与行动路向》,《云南民族大学学报(哲学社会科学版)》2022年第5期。

想信念、价值取向、公共意志、公共精神等。①孟耕合也认为,公共文化不是一种私人的或小众的文化,它是公共领域中所有人一致认同的观念原则和文化价值,既包括有形的公共物质和精神文化产品,也包括公共性、自由、平等等体现现代性的公共价值理念和公共精神。②

如果用一句话来概括,即公共文化既具有公共产品的一般特性所体现出来的物质形态,也具有文化内核所蕴藏的伦理规范和价值诉求。将"公共文化"与"治理"相结合,公共文化治理就不仅是对公共文化服务和产品进行治理以实现供需匹配,破解公共文化生产过程中偏离社会效益取向等问题,而是要为当前公共文化日趋衰弱的个体化转型社会寻求解决之道,以公共文化的物质形态为载体重建公共文化生活,并将公共文化的精神内核融入人的思想观念,塑造人的公共精神和公共理性。在集体化时代,我国虽然也存在着某种形式的公共文化生活,但是这种公共文化生活是以全民同质性为前提,又以高度集中的计划经济为基础,显然不是以尊重个体文化创造力和需求为前提与基础的现代意义上的公共文化生活。改革开放后,随着单位制及公社制的逐步解体,虽然社会经济基础已发生改变,但强大的历史惯性依然存在,政府自上而下的治理逻辑与全能主义体制传统有内在关联。这种全能主义的治理逻辑热衷于以自上而下的意识形态宣传、思想灌输、价值体系教育,以及对于文化事务和文化市场的行政管理来进行文化管控,而忽视对公众需求的开放性回应,缺乏对自下而上民意的吸纳。这种全能主义治理方式已经越来越不能适应开放、流动和异质的个体化时代,无法引领建构现代意义上的公共文化生活。不仅如此,理想与现实的巨大落差,直接导致了大量自发的民间文化活动缺乏规范的制度引导,充满了无序性、随意性和不确定性。这些非正式的文化参与活动不仅动摇了社会主义核心价值观的中心地位,还会加剧主流公共文化生活被边缘化的处境。这些问题应当引发我们思考和关注。如何转换当前的改革逻辑,释放公共文化服务与产品供给效能?如

---

① 曹爱军:《"公共文化"治理:出场逻辑与行动路向》,《云南民族大学学报(哲学社会科学版)》2022年第5期。

② 孟耕合:《新时代公共文化治理的三重维度》,《湖北社会科学》2020年第10期。

何以公共文化物质形态为载体,构建精神意义上充满活力的现代公共文化生活?如何将其与社会主义意识形态有机融合?如何让民众在公共文化生活中认同社会主义意识形态,进而产生国家认同与政治认同?这些都是本研究从核心概念出发准备探讨的议题。

现代社会的公共文化生活是在尊重个人权利基础上的公共文化生活,也是个体将自身权利放置于与之相关的他人、团体乃至社会整体联系之中的公共文化生活。公共文化生活中的个体被赋予自由平等的文化权利,意识到社会交往是每个个体无法绕开和回避的生活方式,个体拥有自觉自愿参与公共文化生活的内生动力,而公共文化服务、公共文化产品、公共文化空间和公共文化教育等为个体参与公共文化生活提供了外在条件与物质保障。人们在共同参与公共文化生活的过程中,产生个体间的互动与合作,形成公共交往和交流,达成公共规则,生成公共舆论,并内化为自身的行为准则,形成公共利益与私人利益之间的平衡,孕育出公共精神,进而从文化路径促进社会的有机整合。公共文化生活中的个体在与他人的沟通、交流、讨论乃至争论和妥协之中,能够学会从整体和长远的角度审视自己与他人、自己与团体、自己与社会之间的关系,在追求自身利益的同时促进公共利益的增长、现代公民意识的提升。现代公民素养得到提升的个体又重新回到公共文化生活中参与主体间交往,如此循环往复,为构建富有生机的、互相支持的和富有包容性的公民社会带来愿景,能够抵御"生活在这个个人主义时代的消极因素"①。建构现代社会的公共文化生活,不再主要依靠政府的专制性权力(despotic power),而更加注重以基础性权力(infrastructural power)为依托,强调将社会公众组织起来与政府进行协商对话,实现国家意志的渗透和公众文化生活的有效运转。从宏观来看,主要运用合作主义的治理原则;从中观来看,主要依赖政府、市场和社会之间的良性互动、有效合作机制与网络化社会治理结构的形成;从微观来看,主要依靠各行动主体遵循工具理性和价值理性相

---

① [英]保罗·霍普:《个体主义时代之共同体重建》,沈毅译,浙江大学出版社2010年版,第81页。

统一的原则。人们走出家门,走进公共空间,定期或不定期开展公共文化活动,接受文化服务和文化教育,参与公共交往,形成公共舆论和公共规则,逐渐将眼光从单纯关注私人利益向同时关注公共利益转移,塑造公民意识,培育公共精神和公共理性。

从以上论述可见,现代社会的公共文化生活并不是"公共文化治理"的最终目标,而是培育公民意识、公共精神和公共理性的重要媒介。在一个公民意识亟待增强的转型社会中,笔者试将"公共文化治理"定义为:以合作主义的治理原则建构公共文化生活,并透过其调和个体利益与公共利益的关系,塑造公民意识、公共精神和公共理性的持续过程。同时,笔者对一些本书中可能涉及的概念也进行了描述,以方便读者更好地理解与阅读本书。本书所说的公共文化生活,是各类主体(如政府、社会、企业和个体)透过公共文化或以公共文化为场域开展的各种公共参与活动,包括学习、工作、休闲、消费等不同内容。与公共文化生活相关的概念有公共文化服务、公共文化产品、公共文化空间、公共文化活动、公共文化教育等。公共文化服务是指由政府主导、社会力量参与,以满足公民基本文化需求为主要目标的向公众提供的公共服务,包括公共图书馆服务、博物馆和展览馆服务、文化馆服务、公共演出服务、广播电视服务、电影放映服务、文化遗产保护服务、数字文化服务等。公共文化产品是指具有公共性、非营利性、普惠性特点的文化产品,包括图书、期刊、报纸、公共广播、电视服务、数字文化资源、音乐、戏剧、舞蹈,等等。公共文化空间是指为公民提供文化传播、文化娱乐、文化教育、文化传承的公共文化场所,包括公共图书馆、群众艺术馆、公共博物馆、公共美术馆、社区文化活动中心等。公共文化活动是指由公民广泛参与的文化活动,包括电影放映、乐队排练、文艺演出、文化展览、艺术竞赛、非遗市集、读书会、广场舞等丰富多彩的群众性文化活动形式。公共文化教育是指由政府、学校、文化机构、社会机构等透过图书、报刊、展品、绘画、雕塑、节目、电影、网络和民族民间文化资源等面向公民开展教育。

在本书中,与公共文化所蕴藏的伦理规范和价值诉求相关的概念有公共规范、公民意识、公共精神和公共理性。公共规范是指增强公民之间一致合作、减少冲突摩擦、促进社会整合的规则体系,既包括为维护公共秩序而由政府制定并实施的法律、规章和规定等正式规则,也包括公民之间达成的习俗、约定和公共舆论等非正式规则。公民意识是指公民个人对自己在国家和社会中地位的自我认识,包括公民的权利意识、公民的参与意识、公民的平等意识和公民的法治意识。[①]公共精神是指在没有短期直接利益的条件下,公民自愿参与公共事务、帮助他人的公益情怀与利他主义。公共理性既表现为能够超越个体与家庭层面参与社会合作体系的公民能力,又指一种人们坚持以公民意识和公共精神为基础,依托公正理念及自由平等的公民身份以追求公共的、可以预期共治效果的规导性理念。在公民参与社会合作的过程中,具有公共理性的公民主体行为受公共规范的有效规约。以上主要是出于研究目的对公共文化治理及相关概念进行的浅显解释,暂不涉及其丰富的意蕴。

在社会主义中国,公共文化与社会主义的本质具有内在的一致性与必然联系。乔瑞金认为,"社会主义是一种理念,是一种理论,也是一种制度设计,更是一种基于特定制度的人们的生活方式。社会主义善的实质,就是要消除资本主义社会产生的各种异化,使人成为全面发展的人,使社会成为有利于人的自由生存和发展的社会,从而构成其对好的生活和好的社会的一般理解"[②]。不仅如此,社会主义的感召力还体现在与传统割裂的进步性,追求平等、公正以及人的解放和自由的价值理性。尽管处于社会主义初级阶段的中国任重道远,但其坚持的道路、制度、理论与文化的方向是对"好的生活"和"好的社会"的最好诠释。在本书中,笔者的核心论证是要通过中国特色公共文化治理体系现代化来塑造一种社会主义善的公共文化,用文化的力量展现出社会主义善的实质,增强文化自信,实现物质文明和精神文明协调发展。

中国特色公共文化治理体系现代化是全面深化改革背景下对文化体制机制改革的进一步深化。曾经有过一段时期,文化体制改革受到了市

---

① 姜涌:《公民的主体意识》,《山东大学学报(哲学社会科学版)》2003年第3期。
② 乔瑞金:《英国新左派的社会主义政治至善思想》,《中国社会科学》2014年第9期。

场万能论的影响,大量"低效"的公共文化事业机构被抛向市场以寻求"生产自救"。这种市场化改革虽在一定程度上缓和了政府财政压力,但公共文化建设所应秉持的"公共性"由于政府应尽职能的退却而受到市场的严重冲击,文化生活的私人化成为那个时期中国公共文化持续衰弱的直接原因。21世纪以来,国家高层意识到公共文化对于社会和谐与精神文明建设具有重要意义,花大力气将建设现代公共文化服务体系作为重点进行公共文化治理,然而,行政驱动下公共文化治理方式却在运行中陷入了结构性的问题,导致公共文化建设长期都没法走出"行政有效、治理无效"的治理困境。

党的十八大以来,执政党在各个领域完善其领导方式,其目的就是要增强全面深化改革的能力来化解各类治理危机,新时代,国家治理理念向着"更加注重系统集成,更加注重突出重点,更加注重改革实效"的方向转变。2021年7月,《中共中央、国务院关于加强基层治理体系和治理能力现代化建设的意见》进一步明确了政党回归社会、党委领导治理、党建引领社会的政策目标。在实践中,加强各级党组织对改革的领导,已经成为破解各个领域治理难题的重要抓手。党的十九届四中全会提出"坚持和完善中国特色社会主义制度,推进国家治理体系和治理能力现代化"的重大命题,其中很重要的内容就是要从文化视角将社会主义意识形态嵌入国家治理的方方面面,结合现代治理理念,将一系列中国特色社会主义制度深嵌到国家治理结构和运作肌理之中。党的二十届三中全会又强调进一步全面深化改革的总目标是"继续完善和发展中国特色社会主义制度,推进国家治理体系和治理能力现代化",既体现出执政党一以贯之的执政思路,但也映射出在某些领域制度建设的不足,需要"继续完善和发展"。在文化建设领域,执政党提出要"坚持以社会主义核心价值观引领文化建设",强调社会主义核心价值观是站在人民主体立场上的价值观。文化的外在表现一般为物质化的产品和服务,但其内核实质则是一种排他性的和竞争性的价值理念,一国的文艺作品、电视节目、美术展品等文化内容中所蕴含的价值观念,可能关乎国家文化安全、文化竞争力,甚至是国家之间的战略竞争。执政党强化对文化建设的领导权,首要的是完善意识形态工作责任制,用社会主义核心价值观引领公共文化建设,将以往在公共文化建设与发展中颠倒了的关系(工具理性凌驾于价值理性)重新颠倒过来,用社会主义核心价值观引领公共文化建设,使之成为"一种互惠共享的共同体文化"①。

要将"用社会主义核心价值观引领公共文化建设"的理念转化为现实,须通过具体的运行机制影响公共文化的塑造、引领公共文化的发展,进而推动公共文化建设走向推动文化强国建设的轨道。与西方发达国家以其成熟的公民社会为基础发展公共文化的路径不同,中国所采用的路径是执政党推动下的公共文化建设与发展策略,主要通过发挥肩负价值使命的党组织、党员的组织动员与意识引导的作用,鼓励公众致力于建构社会主义的公共文化生活,进而通过这种公共文化生活,以党组织和党员的先进理念影响和塑造公共文化,培育社会主义公共精神和公共理性,促进精神文明和物质文明协调发展。例如,城乡融合发展是中国式现代化的必然要求,但是当前中国文化建设面临城乡公共文化资源不平衡与乡村发展不充分问题,对此,执政党一方面基于平等、公正等理念将文化建设置于全面深化改革全局系统谋划,统筹新型工业化、新型城镇化和乡村全面振兴,全面提高城乡规划、建设、治理融合发展水平,促进城乡要素平等交换、双向流动,将解决公共文化发展的城乡不平衡、不充分等问题作为优先事项纳入重要议事日程;另一方面动员各级党组织选派优秀党员干部到乡村任职挂职,其中不乏文化工作者,他们深入乡村社区开展调研,亲身参与文化帮扶,与农民建立深厚情谊,用躬身践行组织农民开展文化活动,挖掘和弘扬农村优秀传统文化,探索以文化为媒介建立城乡民众互动交流的纽带,传播社会主义先进文化,倡导农村新风。同时,他们及时总结第一手的实践经验,各级党组织则吸收这些有益做法,并通过其对同级政府的领导,完善普惠性的乡村公共文化政策,为农民提供有更多获得感的公共文化服务与产品。

---

① [英]威廉斯:《希望的源泉:文化、民主、社会主义》,祁阿红等译,译林出版社2014年版,第310页。

要将"用社会主义核心价值观引领公共文化建设"的理念转化为现实,还须全面反思当前政府主导公共文化服务体系建设的问题,这样才能进一步找准改革方向。2016年颁布的《公共文化服务保障法》第二条明确了"政府主导、社会力量参与"的基本原则。在当前中国社会力量尚未成熟的情况下,政府主导公共文化服务能够解决社会主体自发力量不足的问题。"政府即便不再直接供给服务,比起直接供给,政府有着更为重要的作用。政府管理者不能期待竞争性市场和第三部门在没有政府投入的情况下能够提升服务效果。"[1]一直以来,构建现代公共文化服务体系是公共文化治理的重要任务,国家高层希望依托各级政府通过建设公共文化服务体系来塑造现代公共文化生活,增强公民意识。不过,由行政主导或由行政机制提供驱动力的公共文化服务却在实际运行中遇到治理有效性问题。笔者认为,这主要是由政府实体所固有的难以克服的自利性所造成的,本研究将这种问题根源提炼为"激励异化",即扭曲的激励机制与激励环境使得被国家高层寄予厚望的"公共文化服务"在实践中发生变异,造成公共文化治理陷入结构性困境、难以走出路径依赖的状态。新马克思主义对国家自主性曾有专门论述,现实生活的观察也告诉人们,在政府管理实践中,政府利益是客观存在的,各级政府有各级政府的利益,不同部门也有不同部门的利益,而政府官员的个人利益也是重要考量因素。如果不能有效地克服或者抑制政府的自利性,公共文化服务就无法真正从"名"向"实"转变,改革设想就会被扼杀。因此,本书的核心观点是,推动公共文化治理体系走向现代化,必须直面行政驱动公共文化治理的结构性问题,从根本上变革当前公共文化治理的动力系统,重塑"以人民为中心"的激励结构,克服行政驱动的激励异化问题,以新的动力系统驱动中国特色公共文化治理体系现代化转型,在价值取向、制度建构、实践运行等维度上全面扬弃行政驱动公共文化治理体系,实现公共文化治理效能的全面跃升。

---

[1] Carolyn J. Heinrich, Laurence E. Lynn Jr, H. Brinton Milward, "A State of Agents? Sharpening the Debate and Evidence over the Extent and Impact of the Transformation of Governance", *Journal of Public Administration Research and Theory*, 2009(9):17.

此外，本书还有如下基本观点：第一，社会主义制度是中国的根本制度，公共文化治理作为国家治理体系的组成部分，肩负着建设文化强国的使命。党组织具有全心全意为人民服务的传统，强调最大可能保障每一个人的基本权益。党组织不仅要在各方利益博弈情况下保持其超越性，进而公正客观地践行其所肩负使命，而且要通过政党嵌入公共文化及其场域的日常活动，影响社会思潮与大众观念，巩固社会主义意识形态对"公共文化"的塑造力。第二，中国特色公共文化治理体系现代化以政党推动行政的方式，保证"以人民为中心"的理念在实践中转化为服务型政府改革的具体举措，使政府将实效性作为公共文化服务供给的价值追求，以此走出"内卷化"的路径依赖，将公共资源投向公共文化建设，提升公共文化服务水平，以及时回应民众日益增长的公共文化需求。第三，中国特色公共文化治理体系以政党回归社会的方式，主动运用民主机制畅通与民众互动渠道，在推动循序渐进社会赋权的前提下为市场和社会组织自我协调能力的有序发展，营造社会主义意识形态下的激励环境，既通过政社合作共同治理进一步丰富与完善公共文化服务和产品，又激发社会主体间公共参与和公共交往能力，塑造公民意识及社会主义公共精神和公共理性。

第三节　研 究 综 述

在国家治理体系和治理能力现代化全面深化改革的背景下，将治理理论应用于公共文化建设、开展公共文化治理研究成为其题中应有之义。治理是现代公共事务管理的共同趋势，其本身就具有各国政府公共行政理念转变的共同特征。20世纪90年代，治理作为讨论公共问题的新观念在西方兴起，并由此衍生出内容丰富的治理理论，比较有影响力的有公共池塘资源自组织治理理论、多中心治理理论、适应性治理理论、协商治理理论、新公共管理理论和新公共服务理论等。何谓治理？全球治理委员会的表述具有一定代表性，该委员会认为，治理是各种公共的或私人的个人和机构管理其共同事务的诸多方式的总和，它是使互相冲突的或不同的利益得以调和并且采取联合行动的持续过程,治理既包括有权迫使人们服从的正式制度和规则,也包括人们同意或以为符合其利益的各种非正式的制度安排。可见,治理强调的是民主社会权力的协商式结构,而非权力的单向度运作。

中国著名政治学者俞可平认为,治理不同于统治,从统治走向治理是人类政治发展的普遍趋势。"多一些治理,少一些统治"(less government and more governance)是 21 世纪世界主要国家制度变革的重要特征。他认为,在政治学中,统治与治理主要有五个方面的区别。其一,权威主体不同。统治的主体是单一的,就是政府或其他国家公共权力,而治理的主体则是多元的,除了政府以外,还包括企业组织、社会组织和居民自治组织等。其二,权威的性质不同。统治是强制性的,而治理可以是强制性的,但更多的是协商性的。其三,权威的来源不同。统治的权威来源就是强制性的国家法律,而治理的权威来源除法律以外,还包括各种非国家强制的契约。其四,权力运行的向度不同。统治的权力运行是自上而下的,而治理的权力可以是自上而下的,但更多的是平行的。其五,两者的作用所及范围不同。统治所及的范围以政府权力所及领域为边界,而治理所及的范围则以公共领域为边界,后者比前者要宽广得多。[1]可见,治理不同于统治,它指的是政府组织和(或)民间组织在一个既定范围内运用公共权威管理社会政治事务,维护社会公共秩序,满足公众需要。[2]对此,赵树凯也有类似观点,他认为在治理过程中,承担维持社会秩序、协调社会发展责任的,将是多种主体:既有政府组织,也有非政府组织;既有营利组织,也有非营利组织;既有个人,也有利益集团;既有政府动员,也有社会动员。在这样的治理体系中,多种主体相互依存,通过参与、谈判和协调等合作的方式来解决冲突,实现一种良好和谐的秩序。[3]

治理的核心原则是基于合作主义的多元主体协商,文化治理是治理

---

[1] 俞可平:《中国的治理改革(1978—2018)》,《武汉大学学报》2018 年第 3 期。
[2] 俞可平:《治理与善治》,社会科学文献出版社 2000 年版,第 1—15 页。
[3] 赵树凯:《乡镇治理与政府制度化》,商务印书馆 2018 年版,第 214—215 页。

理论中的一种,公共文化治理属于文化治理范畴,①但与偏重个体需求与选择的文化市场治理不同,公共文化治理更为强调透过公共文化及其场域调适个体与集体之间的关系,追求的是社会公共性的建构。何谓公共性?李友梅等学者对其内涵和基本特点有既恰当又简约的描述。她认为,作为目的和价值取向的公共性指涉的是特定空间范围内人们的共同利益和价值。从参与主体角度看,公共性指的是人们从私人领域中走出来,就共同关注的问题开展讨论和行动,在公开讨论和行动中实现自己从私人向公众的转化;从参与程序角度看,公共性指的是程序的公开、开放和公平,人们在平等对话中达成共识;从精神角度看,公共性指的是个体基于理性与符合理性的法律而批判性地参与公共活动,维护公共利益和价值取向的精神。②从公共性的简约定义中,我们可以窥见其与治理内在的契合性。公共性既是共同治理的重要目标,又是其基础条件。党的十九届四中全会对坚持和完善共建共治共享的社会治理制度提出明确要求,"共建共治共享"强调公共文化治理要以"人人有责、人人尽责、人人享有"为原则,推动人们走出私人领域参与公众事务,关注平等讨论与理性协商,强调履行维护公共利益之责,同时共享社会发展之利。只有在"人人有责、人人尽责、人人享有"的文化治理过程中形成的思想观念才具有公共性,方可称为"公共文化",否则,充其量只是执政者的一家之言。

但现实情况是,公共文化治理运行的实然状况与应然目标之间存在不小差距,地方政府文化工作者的行为逻辑大多还是传统行政指令式的单向度运作,单纯将完成上级任务作为公共文化建设的主要业绩,使得公共文化建设既偏离国家要求,又脱离民众现实需求,从而难以肩负国家期冀通过公共文化建设改善公共文化衰弱状况的使命,民众真实的文化需求无法得到满足,文化表达无法得以实现,民众很少能够通过参与公共文

---

① 吴理财、解胜利:《中国公共文化服务体系建设40年:理念演进、逻辑变迁、实践成效与发展方向》,《上海行政学院学报》2019年第5期。
② 李友梅、肖瑛、黄晓春:《当代中国社会建设的公共性困境及其超越》,《中国社会科学》2012年第4期。

化建设进行主体间的有效互动与交往,少有"参与塑造公共空间"的机会。说到底,民众难以共同参与到公共文化建设中。没有社会互动与交往就无法孕育公共性。笔者将这种治理方式定义为行政驱动公共文化治理,通过这种治理模式所产生的"公共文化"只不过是一种执政者想象中的共同文化。

民众参与公共文化建设属于社会性参与,仅与地方社会的文化需求相关,很少涉及政治性参与那样的权力配置问题。即使如此,公众也大多是被动参加文化活动,很少有人意识到自己能够为地方与社区的公共文化建设做出贡献,在这种情况下,人们的公共理性和公共精神一直处在一种被抑制生长的状态。公共理性和公共精神的生长需要时间,更需要使之得以生发的社会土壤。如果公共理性和公共精神总是处于被抑制的状态,长此以往,人们就会总是封闭在自我的空间里,私性文化泛滥,对社区和集体事务提不起兴趣,更何谈对更大范围内公共事务的自觉关心。由于人们只关心自己眼前的事情,视政府提供的公共文化服务和产品为一种"不要白不要"的福利,"人心不足蛇吞象",政府沉重的财政负荷不仅会将自身拖垮,而且随着边际效益的递减还会遭到民众诟病。

但是,由于文化建设事关意识形态培育这项极端重要的工作,有学者提出人们的社会参与要有限度,认为如果任由社会主体自发提供文化产品,虽然可能会迎合一部分民众的需求,但会"弥漫着文化价值维度上的趋媚",文化产品将沦落为一般的商品,失去其应有的文化担当和普及文化价值认同的责任。①在社会利益结构日趋多样和社会流动性日增的时代背景下,这项既要推动社会公共性良性发展又要克服文化价值缺失的改革难免会遇到一系列复杂挑战。这些挑战暗含了一个政社互动和公共性有序生长涉及的两难抉择问题,不是单纯技术层次改革能够应对的。对此,黄晓春认为,在渐进式转型背景下,若国家为了激发活力而过快向社

---

① 颜玉凡:《文化治理视域下的公共文化服务——基于政府的行动逻辑》,《开放时代》2016年第2期。

会领域放权就可能引发不确定的治理风险,但若一切以强调秩序为着力点而不向社会领域放权又难以激发社会主体参与治理的活力,也难以推动中国社会公共性的发展。①由于公共权力的"收放"尺度难以精准把握,且在意识形态敏感的文化领域更难拿捏,因此公共文化领域的政策也和社会领域政策一样,常处于钟摆式状态。公共政策的经常性变动,显然对形成相对稳定的价值观念是不利的。

在这种情况下,如果不及时在理论上对其进行系统认识和把握,极有可能因理论缺位而使大量文化工作者害怕犯错,担心因言获罪,在风险责任压力下形成避责思维,甚至倒退回传统的管控逻辑,即试图用管得更多的办法,来解决管得过多所造成的问题。观察发现,当前不少文化行政管理部门,一说到解决某些问题,就想到要扩充政府机构,增加专门人员,追加相关经费,开一系列会议,就开始琢磨如何增加政府部门自身权力以强化对文化领域的管治,以统治思维消灭"杂音"。在这样的思维模式下,决策权和分配权会继续向上集中,自上而下的文化供给体制会进一步固化,文化活力衰弱趋势将无法得到扭转。因此,笔者认为,当前特别需要在理论层面讲清楚公共文化治理到底是什么,其研究对象有哪些,讲清楚应怎么开展公共文化治理。要归纳在各地实践中的诸多有益做法,讲清楚公共文化治理目标到底是什么,以此为推动公共文化治理体制机制改革指明方向。在使命的召唤下,笔者试图通过构建中国特色公共文化治理体系现代化的转型理论,厘清以上困惑,在中国特定制度的环境下,为推动公共文化建设良性运转做一些微不足道的工作。笔者首先选择已有的代表性研究成果,从理论和实践两个维度对公共文化治理研究现状进行简要评述,然后提出笔者开展本研究的主要考虑。

一、中国公共文化治理理论研究

(一)公共文化治理对象研究

国内学者在研究我国公共文化治理的对象方面主要有四种观点。第一种观点认为,公共文化治理就是对公共文化机构及其所提供文化内容

---

① 黄晓春:《当代中国社会组织的制度环境与发展》,《中国社会科学》2015年第9期。

的治理,该观点主要生成于对公共文化内容脱离现实需求的困境的反思。2019年,邹胜男等针对公共文化服务设施所存在的"重建设、轻治理"问题,以武汉市汤湖图书馆为研究对象,提出"体制内委托经营"的治理机制创新思路,认为体制内委托经营不仅具有跨层级资源共建共享的优势,而且可以增进委托代理关系中的信息对称,最大化发挥财政投入效益。①同年,淳于淼泠等分析了农家书屋工程、下乡文化活动等文化设施和内容实际存在的远离群众真实文化诉求的问题,提出运用新公共治理理论,对供需主体关系、价值关系和对接关系三个维度进行建构的政策思路。②

第二种观点认为,公共文化治理是对过度自由市场化下公共文化生产方式的治理,着力破解公共文化生产过程中偏离社会效益取向的问题。2016年,颜玉凡发现当前公共文化生产存在被商品交换的市场法则所主宰的现象,进而提出,政府应遵循社会主义的价值理念对公共文化生产进行干预与规范,促使文化企业按照微利原则进行公共文化生产。③2019年,王彦林认为公共文化服务和文化产业之间缺乏清晰界限,导致两者经常越位、错位,提出应在实践辩证法和协同论指导下,坚持以社会效益和经济效益相统一的原则来调适公共文化服务与文化产业之间的协同发展关系。④

第三种观点认为,"公共文化"是公共生活中人们一致认同的观念原则和文化价值,与公共领域的形成密切相关。持有这一观点的学者认为,公共文化治理不能局限于物质层面的公共文化设施、服务和产品,还应致力于孕育具有"公共性"的文化,促进人们的紧密联结。2018年,韩鹏云在对乡村治理的研究中,发现许多公共文化建设的任务无法完成,他认为农

---

① 邹胜男、陈世香:《体制内委托经营:公共文化服务设施治理机制创新》,《图书馆论坛》2019年第9期。
② 淳于淼泠、李春燕、兰庆庆:《新公共治理视角下公共文化服务供需关系的三重建构》,《图书情报工作》2019年第3期。
③ 颜玉凡:《文化治理视域下的公共文化服务——基于政府的行动逻辑》,《开放时代》2016年第2期。
④ 王彦林:《我国公共文化服务与文化产业现存问题及其协同发展》,《社会科学论坛》2019年第5期。

民"认同单位"缩小所引致的原有权威力量弱化是这些问题的可能原因，并提出要以内生型文化组织建设为核心，发掘和支持文化骨干分子或带头人，使其积极参与到文化组织过程中，激发出社区的文化活力。①2021年，孟耕合认为单纯以制度和技术层面的理性治理是不够的，还有必要在进行理性治理的同时辅以情感治理，培育民众的共同情感，增强社会的凝聚力。②

第四种观点认为，"公共文化"较之于其他类型的文化，体现出更多的文化政治内涵。持有这一观点的学者认为，公共文化治理不仅要满足公民的基本文化需求，更要增强民众对社会主义核心价值观的信仰，强化公众对国家的政治认同。2016年，周彦每提出要把握公共文化治理的价值旨归与建构逻辑，摒弃"单向度"的意识形态灌输方式，持续推进核心价值观"可信性"的文化塑造，强化国家认同。③2020年，李强在研究我国公共文化法人治理公共利益的问题时，发现民众的不同利益诉求、对公共文化机构运行的监督弱化以及公众话语权缺失等因素，阻碍了基于社会主义核心价值观的思维方式与行为方式的形成。他提出，要从保障公共利益、促进公共文化机构主导下的对话与参与、实现多元主体参与治理机会均等这些方面持续用力，塑造"我们的价值观"。④

（二）公共文化治理理念研究

上述对公共文化治理对象理解的分歧，形成了各有侧重的公共文化治理理念。

第一种理念认为，"公共文化治理"就是"公共文化服务的治理"，要运用合作主义的治理原则来提升公共文化服务体系建设水平，改善公共文化服务的供需结构。2019年，袁方成等分析了少数民族地区湖北利川的

---

① 韩鹏云：《乡村公共文化的实践逻辑及其治理》，《中国特色社会主义研究》2018年第3期。

② 孟耕合：《共同体视阈下新时代公共文化治理的转向》，《中共天津市委党校学报》2021年第5期。

③ 周彦每：《公共文化治理的价值旨归与建构逻辑》，《湖北社会科学》2016年第7期。

④ 李强：《我国公共文化机构法人治理公共利益保护研究》，《当代中国价值观研究》2020年第6期。

公共文化建设情况,认为传统基于"文化扶贫"理念的"送文化"制度面临诸多失衡困境,提出要以"种文化"的理念,挖掘乡土文化元素,激活少数民族地区的内生性力量。①2020 年,张杭剖析了天津市河西区地方政府在购买公共文化演出服务时存在的不足,提出政府需在角色定位上从划桨者转变为掌舵者,培育网络主体间信任关系,增强服务承接组织网络供给能力,构建网络化的协调管理平台体系,提升政府购买公共文化服务资金的使用绩效。②

第二种治理理念认为,"公共文化治理"不只是"公共文化服务的治理",还应重新审视文化生产领域的价值失维现象,实现社会效益与经济效益相统一。2016 年,颜玉凡等认为,在转型社会中公共文化生产片面追逐利润但忽视社会公共价值的现象,在一定程度上加剧了阶层间文化权利的不平等,提出政府要遏制这种文化权利不平等现象,通过多元主体共治来维护和坚持文化产业的公共精神。③2017 年,张良研究了市场"效益逻辑"侵蚀文化产品所承载公共性的负面效应,提出应在治理理念下重构政府与市场的关系,加强对"文化市场化"负面影响的有效规制,寻求文化公共性与市场"效益逻辑"的契合点。④

第三种治理理念认为,要通过公共文化治理改善人与人之间的关系,促使民众以主体的身份融入公共文化生活,并在共同的日常参与中自发地交流、互动与合作,在这一过程中逐步增进社会整合并孕育出公共性。2018 年,孙东山通过对大连市开发区 A 社区"老漂族"精神需求的研究,提出要完善社区公共文化建设,增进他们的互相了解,保证"老漂族"人群精神世界的建构空间与再生产。⑤2019 年,刘辉通过对广场舞群体的研

---

① 袁方成、陈泽华:《"种文化":民族地区公共文化治理的制度创新》,《湖北民族学院学报(哲学社会科学版)》2019 年第 1 期。
② 张杭:《网络化治理视阈下地方政府购买公共文化演出服务问题研究》,《中国管理信息化》2020 年第 7 期。
③ 颜玉凡、叶南客:《政府视野下公共文化治理的三重使命》,《浙江社会科学》2016 年第 3 期。
④ 张良:《论国家治理现代化视域中的文化治理》,《社会主义研究》2017 年第 4 期。
⑤ 孙东山:《社区公共文化提升视角下城市"老漂族"精神需求的治理路径》,《长沙民政职业技术学院学报》2018 年第 3 期。

究,总结了一种"文化—公共行动"的治理形态,即公民在自组织活动中自发互动、博弈,形成链接,透过相互沟通、互相协商、相互理解、达成共识,从而自发维系着的一种相对稳定且网络化的"共"舞关系。他认为,应重视广场舞舞者的公民身份和广场舞团队发展过程中广场舞舞者公共行动的再生产及其对国家文化治理体系和文化治理能力现代化转向的意义。①

第四种治理理念认为,国家通过公共文化治理,要将社会主义核心价值观融入群众日常生活,重构国家与群众关系,让群众通过切身感受,潜移默化地养成共同的社会心理、价值观和思维方式。2016 年,徐春光认为公共文化治理应注重工具理性和价值理性的耦合,推进核心价值观的公共文化塑造,增进公众对社会主义基本道德的自觉认同。②2020 年,孟耕合认为应意识到公共文化与主流意识形态的内在一致性,以公共文化的引领来实现人民群众公共生活的转向。③

(三)公共文化治理模式研究

公共文化治理是基于多元主体、协商共治的公共文化事务制度框架。由于我国尚处于社会转型时期,政府职能转变势在必行,社会组织培育亟须发展,在这一现实背景下,搭建起"政府主导、社会参与"的治理格局能够弥补社会力量不足的缺陷。④学界对公共文化治理对象和理念的认识差异,塑造了政府推动公共文化治理的不同模式,主要有公共文化的服务治理模式、公共文化的生产治理模式、公共文化的情感治理模式等。

第一,公共文化的服务治理模式。2005 年,深圳市文化局开展了"公共文化服务体系研究"的课题研究,研究内容包括公民文化权利实现、公共服务型政府建设,以及公共文化服务体系的主要构成、支撑保障、绩效管理和评估等,并注意到了"共同治理"的服务模式。毛少莹在引介发达国家公共文化管理和服务的文章中提出:"不同的公共文化服务模式,相应体现出不同的特点,但可以肯定的一点是,发达国家采用的公共文化服

---

① 刘辉:《文化治理的逻辑:广场舞中的碰撞、文化链接与公共行动》,《民族艺术》2019 年第 6 期。
② 徐春光:《公共文化服务的"软治理"要义与发展逻辑》,《学习与实践》2016 年第 8 期。
③ 孟耕合:《新时代公共文化治理的三重维度》,《湖北社会科学》2020 年第 10 期。
④ 李少惠、崔吉磊:《中国公共文化治理的本土化建构》,《贵州社会科学》2015 年第 11 期。

务模式,都可以归入现代公共管理学意义上的'共同治理(governance)模式',各国除政府部门外,都有大量的非政府、非营利组织,即所谓的第三部门,如各种文化协会等,参与公共文化服务的提供。"①从那时起,公共文化治理的服务模式研究开始取得实质性进展,在深度和广度上都有了突破。不过,相关研究大多从文化权利角度进行论述,而且我国学者通常不注重对文化权利概念进行溯源,将其视为一个当然的概念来使用。对此,姜广华认为,尽管"在确立公共文化服务观念、建立公共文化服务体系方面,取得了令人瞩目的成绩,但是我们对于公民文化权利的实质及其内涵的认识,对于公共文化服务体系建设实践的指导,还很薄弱"②。2010年,吴理财及其团队的国家社科基金重大项目展开了"加快公共文化服务体系建设研究"的实地调查,形成了一些对于了解当时的公共文化服务状况非常重要的调研报告。调研组对浙江宁波、广东深圳、安徽马鞍山、陕西渭南、河南周口、湖北黄石和武汉等地公共文化服务体系建设实践进行实地调查,内容包括公共文化服务的运作逻辑、社会参与、基本文化权益保障、基层公共文化服务标准化,以及公共文化服务效能提升、乡村个体化转型中公共文化服务体系建设等。吴理财认为源自西方社会的文化权利概念更适合于自由主义语境,如果没有一定的公共意识或公共精神的规约和育导,往往会滑向自利的一端,成为公共性的消解力量。因此,他在研究界将治理引入公共文化服务,提出建构公共性是公共文化服务模式的实质,提出"公共文化服务的主旨,不是这个服务本身以及它提供的公共文化产品,而是通过它建设文明健康的公共文化生活。通过公共文化生活的建设,建构公民的主体价值;通过公共文化生活的建设,培育公民的公共理性或公共精神"③。他还提出政府要积极顺应社会主义市场经济发展趋势和现代治理的要求,发挥好市场、社会的作用,使三者共同参与公共文化服务。李少惠也是较早研究公共文化治理的国内学者之一,2013年,她提出政府要在治理框架下以"元治理"角色重新定位其权限范

---

① 毛少莹:《发达国家的公共文化管理与服务》,《公共行政》2007年第2期。
② 姜广华:《公共文化服务政策选择》,《特区实践与理论》2010年第1期。
③ 吴理财:《把治理引入公共文化服务》,《探索与争鸣》2012年第6期。

围,作为有效公共文化服务制度和政策的制定者、服务的提供者及监管者,发挥计划性政府干预机制、竞争性市场调节机制、自治性社区参与机制等互补性制度优势。①这些调查和研究从公共文化治理视域对公共文化服务模式进行了一定的学理分析,但只是对公共文化服务运作过程进行静态描述,并没有深入论及公共文化服务背后的政府体制改革问题,也没有详细阐释公共文化生活、公民主体价值等公共文化治理的核心目标。

第二,公共文化的生产治理模式。2016 年,颜玉凡认为过于依靠政府运作路径依赖下的行动逻辑,可能会导致资源闲置浪费或产品形式单调、脱离群众需要等问题,提出要策动各阶层群众参与到公共文化内容的生产中。她提出,为适应群众公共文化需求多元化发展趋势,政府可将部分公共文化生产交由文化企业来承担,以财政补偿或补贴的方式让文化企业能实现赢利,同时遵循社会主义价值理念对公共文化生产市场进行规范。②2019 年,淳于淼泠等学者以新公共文化治理的"共同生产"观作为分析视角,认为政府不仅要将公民作为合作生产者,而且还要改变公民"顾客"或"消费者"的姿态,促使其切实参与公共文化内容生产,并为质量改善负责。③

第三,公共文化的情感治理模式。2020 年,曾莉等以上海市天平社区公共文化空间再造实践为例,提出一种基于情感治理的共同体模式,该模式在社区治理中通过柔化结构、重构关系、主体认同等基本流程,最大化地增进社区正向情感,促使社区情感的内生性发展,实现基于情感联结的社会凝聚与活力。④2021 年,孟耕合提出公共文化治理的共同体模式,以构建共同体为导向来审视公共文化治理,促进人与人之间的真实联结、情感联结与身份认同,分别进行空间治理、情感治理与身份认同治理的当代转向,以共同体的规范性、理想性特征达致一种"善"的公共文化生活。随

---

① 李少惠:《转型期中国政府公共文化治理研究》,《学术论坛》2013 年第 1 期。
② 颜玉凡:《文化治理视域下的公共文化服务——基于政府的行动逻辑》,《开放时代》2016 年第 2 期。
③ 淳于淼泠、李春燕、兰庆庆:《新公共治理视角下公共文化服务供需关系的三重建构》,《图书情报工作》2019 年第 3 期。
④ 曾莉、周慧慧、龚政:《情感治理视角下的城市社区公共文化空间再造》,《中国行政管理》2020 年第 1 期。

着社会的多元化发展,公共文化治理应关注服务对象的群体分化与身份认同,在尊重差异的基础上凝聚更多的共识。孟耕合指出,"公共文化治理应摒弃各种先见与偏见,要加强自身的开放性,提供一个更为开放的空间,使更多的身份群体能有机会参与其中,使他们感受到身处于一个共同体中,并没有因为自身的差异而被排斥或孤立。在这个紧密联结的共同体中,参与者之间能相互认识、相互熟悉,不同身份群体都能表达与表现自我、分享情感与体验,从而增进了相互了解、相互认同的可能"[①]。共同体模式的研究展示了营造公共文化生活的过程,阐释了公共文化生活对公共文化治理的导向意义,但由于缺乏经验研究的支撑,特别是对公共生活背后的复杂环境观察不够,这些理论主张似乎急于指明方向,而其主张所依据的研究基础并不坚实。

(四)国外公共文化治理经验

国外在公共治理领域的起步较早,积累了相对丰富的文化治理经验。不少学者在开展我国公共文化治理研究的同时,也对国外相关经验进行了借鉴与比较研究。

一是对西方公共文化治理的经验借鉴。2015年,毛少莹系统梳理了文化治理的国际经验,引介了在治理理念下国际上通行的一些具体做法,如国家(地区)文化艺术基金会制与"一臂之距"的管理体制,公共文化服务机构普遍采用的"文化理事会制度",公共文化政策制定中的公民参与机制,培育非营利文化组织及非政府文化组织参与文化治理的方式,全面检讨政府职能并放松管制,维护文化权利及文化自由,便于社会监督与管理的"年报"制度等。[②]同年,解学芳等从文化政策法规的视角梳理了欧美国家公共文化服务的经验做法,认为这些国家通常以宪法和文化基本法支撑公共文化服务,以财税政策保障发展资金,并以相关法律推动文化基金会建设。[③]在这些经验借鉴中,学者对我国公共文化治理提出的参考性

---

① 孟耕合:《共同体视阈下新时代公共文化治理的转向》,《中共天津市委党校学报》2021年第5期。
② 毛少莹:《文化治理及其国际经验》,《中国文化产业评论》2014年第2期。
③ 解学芳、臧志彭:《国外文化产业财税扶持政策法规体系研究:最新进展、模式与启示》,《国外社会科学》2015年第4期。

建议主要有:深化公共文化服务体制改革,完善社会力量参与公共文化服务的政策法规,培育文化类社会组织,建立社会力量多种参与机制,以民众文化需求为导向贴近社会现实和民众偏好,公开服务信息和报告等主动接受民众监督,探索更有效率和长远效益的文化税收优惠政策,增强公共文化可持续发展活力,鼓励多元资本进入公共文化建设领域,培育公共文化生态,等等。

二是对国外公共文化治理的比较研究。2020年,许继红等比较了中西方对"公共性"和"公共文化"两个概念的不同理解。在对"公共性"的认识上,她认为西方的"公共性"是建构在其资本主义社会语境和精英主义思维模式下的公共治理,而我国的"公共性"则根植于广大劳动人民和全部无产阶级整体这一最广泛意义上的人民大众。在对"公共文化"的认识上,她认为我国公共文化治理语境中的公共文化是精英文化与大众文化相统一的共同文化,而西方则是由其社会统治阶级利用少数知识精英所创造的代表精英价值理念的精英文化。[①]还有学者从公共文化内容生产的角度进行了比较研究,2020年,金衡山介绍了美国华特迪士尼电影公司以中国元素打造出励志影片《功夫熊猫》,又以墨西哥文化元素为背景创作出《寻梦环游记》等,既满足不同族裔文化需求,也显示产品的"世界性"定位。[②]2020年,李嘉珊等认为,相比之下,我国主流价值观的推展在很大程度上依赖于政府,文化事业和文化产业缺乏主线引领,现代流行文化内容与国家的核心价值观在融合度方面还有所不足,尚未形成全球影响力。[③]

二、中国公共文化治理实践研究

尽管公共文化治理的理论研究还不统一,但各地已经开展了各种实践探索,并随着公共文化治理实践的深入推进,相关成果也成为当前的重

[①] 许继红、乔瑞金:《试论当代中国特色公共文化治理的现代化转型》,《马克思主义与现实》2020年第3期。

[②] 金衡山:《美国文化特征与"软实力"表现》,《四川大学学报(哲学社会科学版)》2020年第3期。

[③] 李嘉珊、刘霞:《中国对外文化贸易发展报告(2020)》,载李嘉珊主编《中国国际文化贸易发展报告(2020)》,社会科学文献出版社2020年版,第15页。

要研究内容。在这些研究中,又可以进一步细分为农村和城市的公共文化治理实践研究。

(一)农村公共文化治理实践

乡村振兴战略是党的十九大做出的重大决策部署。伴随乡村振兴战略的不断深化调整,与之相关的农村公共文化治理实践研究成为很多学者关注的重点,相关论述主要包含以下三个方面。

一是关于农村公共文化治理的非均衡化和结构失衡问题的研究。2019年,房亚明等从乡村公共文化空间视角研究了公共文化空间治理不平衡、不充分问题,其中"不平衡"表现在以村委会为中心呈现"差序格局"状态的公共文化资源分布;"不充分"表现在不少乡村缺乏适应留守老人、留守儿童、留守妇女等特殊人群的公共文化空间布局。[①]2021年,吴正泓等在对G县送戏下乡活动的实证研究中,提炼了"中央主导逻辑与地方自主逻辑""迎检逻辑与服务逻辑"等政府角色错位所引发的逻辑冲突。[②]同年,周静等以河南省邓州市周庄作家文化村为例,分析了文化基础设施建设滞后、公共文化需求供给方式内容单一和文化管理部门人才匮乏等方面的治理困境,提出了制约农村公共文化治理的主要因素。[③]

二是认为公共文化治理的服务模式是目前农村公共文化治理的主要选择。2017年,沈亚平等认为要根据具体公共文化服务事项选择不同的生产和供给方式,如政府仍应是投资数额大、回报周期长的农村基础性公共文化服务的主要提供方。他们还提出,要以补偿均衡为取向,完善农村公共文化服务规划与配置机制,在财政投入与政策支持上予以适度倾斜,加大农村公共文化服务供给力度,补齐公共文化服务发展"短板"。[④]2020年,梁立新提出了一种基于跨域治理视角的连片特困地区公共文化服务

---

① 房亚明、刘远晶:《软治理:新时代乡村公共文化空间的拓展》,《长白学刊》2019年第6期。
② 吴正泓、陈通、侯光辉:《公共文化服务"项目制"合作治理主体决策及逻辑冲突》,《管理评论》2021年第1期。
③ 周静、杜啸森:《农村公共文化服务多元协同治理机制探究》,《经济研究导刊》2021年第30期。
④ 沈亚平、陈建:《从建设到治理:公共文化服务体系优化的基本逻辑》,《湖北社会科学》2017年第4期。

模式,认为传统的各自为政供给模式已不能有效应对跨域服务问题,而应发挥政府的"元治理"作用,建立跨域协调管理机构,科学谋划多中心整体联动的运作过程以及构建跨域治理的制度保障。①2021年,杨嬛等通过"主体—机制—效能"的分析框架对 H 省 X 县开展实证分析,从"资源投入"和"治理结构"两个维度分析了农村公共文化服务中的协同治理机制,并论证了农村公共文化服务协同治理要素对其治理效能产生的积极影响。②

三是提出因地制宜挖掘与运用好地方独特的治理资源。2011年李志农等研究了云南迪庆藏族自治州德钦县奔子栏村的传统节日"拉斯节",认为传统节日在乡村秩序建构中具有重要意义,能够起到社会整合、道德秩序建构、文化传承、心灵抚慰、社会控制、文化娱乐等多重功能。③2018年,靳浩辉考察了浙江省农村文化礼堂嵌入祠堂的实践案例,认为政府通过双名制的社会治理艺术,即一方面代表传统民俗文化的祠堂,另一方面代表公共文化的文化礼堂,可以在一定程度上弥合国家与民俗、大传统与小传统、名与实之间的张力。④2021年,李少惠等搜集并分析了农民企业家参与乡村文化治理的纪实性报道,认为"乡贤治村"具有悠久的历史依据和现实基础,发挥乡贤"上传下达"的中介角色功能,可以调和政府与村民、市场与村民间的僵化关系。但他们同时强调,在为乡贤搭建乡贤理事会和"内置金融"等组织与经济平台的同时,要谨防纯粹的"资本下乡"和"精英俘获"对农民利益的侵害。⑤

(二) 城市公共文化治理实践

随着城市居民物质生活水平的提升与人民群众精神文化生活的日益

---

① 梁立新:《跨域治理视角下连片特困地区公共文化服务研究》,《哈尔滨师范大学社会科学学报》2020年第4期。
② 杨嬛、黄雅奥、王家合:《农村公共文化服务协同治理机制与效能研究》,《图书馆》2021年第6期。
③ 李志农、乔文红:《传统村落公共文化空间与民族地区乡村治理》,《学术探索》2011年第8期。
④ 靳浩辉:《农村社会治理视阈下祠堂文化与公共文化的互嵌与重构》,《理论月刊》2018年第7期。
⑤ 李少惠、赵军义:《乡村文化治理:乡贤参与的作用机理及路径选择》,《图书馆建设》2021年第4期。

丰富,城市公共文化治理在整个社会治理体系中的作用日益凸显。现有研究成果对城市公共文化治理的讨论主要集中在以下三个方面。

一是地域特色鲜明的城市公共文化治理实践研究。2018年,陈世香等以武汉市武昌区南湖街的实践为例,提炼出了一种城市社区公共文化治理的"南湖模式"。该模式依据自身特色和优势,以南湖街社区文联为中心,以南湖街老年大学、艺术团等为补充,以文化活动中心为阵地,形成了以社会组织供给为主体,多元主体协同参与的公共文化服务供给机制。①2019年,刘星以北京市田村路街道阜四小院为例,研究了在社区、社会组织和社工的"三社联动"治理结构下社区公共文化服务的协同治理模式,认为通过"政府扶持、企业推动、社会运作、居民参与"的文化自治模式,可解决城市老旧小区文化需求"最后一公里"的问题。②2020年,刘克萍以成都茶馆为例,认为茶馆多姿多彩的群文活动及其功能是城市公共文化治理的重要组成部分,通过对其进行治理重构,能够发挥多重功能,丰富城市居民文化生活,增进群众认同感和获得感,彰显巴蜀文化特色和都市文化内涵。③

二是城市公共文化治理中的社会认同培育研究。2018年,陈世香等研究认为城市社区公共文化协同治理以认同和信任关系为基础,如果失去心理认同,主体之间的稳定关系就会逐渐消解。④同年,谭志云分析了大都市居民在"陌生人"社会充斥的社区难以实现融合的问题,认为如果居民一旦失去对社区的认同感和归属感,就会带来整体性终极关怀的失落和信仰危机。⑤2020年,颜玉凡等认为新时代城市公共文化治理是一个价值意义融合与观念行为冲突相生相伴、协同演进的复杂过程,提出要以主

---

① 陈世香、黄冬季:《协同治理:我国城市社区公共文化服务供给机制创新的个案研究》,《南通大学学报(社会科学版)》2018年第5期。
② 刘星:《"三社联动"下社区公共文化服务的协同治理》,《北京航空航天大学学报(社会科学版)》2019年第5期。
③ 刘克萍:《传统城市公共文化空间的社会功能与治理重构》,《四川行政学院学报》2020年第3期。
④ 陈世香、黄冬季:《协同治理:我国城市社区公共文化服务供给机制创新的个案研究》,《南通大学学报(社会科学版)》2018年第5期。
⑤ 谭志云:《新时代话语下的社区文化多元主体共治路径》,《艺术百家》2018年第2期。

流意识形态来规范文化建设,引导居民的文化生活。①随着城市规模不断扩大,人口日益密集,民众利益诉求多元化与主体间关系淡漠化交织叠加,社会认同危机必须引起重视,但在社会分工日益精细、社会利益不断分化的过程中,通过强力建构单一价值观念来维系社会整合的机制越来越力不从心。在这种情况下,相关研究的解释力可能会减弱。

三是城市公共文化各要素的治理研究。2016年,颜玉凡以大都市社区公共文化的人口需求代际差异为研究视角,分析了确保城市居民多样化公共文化需求得到充分满足的治理对策。②2021年,孟耕合对城市公共文化的空间治理展开讨论,提出城市公共文化空间在价值导向上崇尚的"公共性",有益于规避以资本逻辑为导向的城市空间发展理念。她认为,城市公共文化空间是文化记忆的对象,有利于在保存历史文化、建构社会情感、形成身份认同、建构意义系统等方面发挥作用,提出要通过城市公共文化的空间治理,在文化参与上寻求认同和共识,强化个体与社会的联结,进而形成现代意义上的共同体生活。③2022年,陈建研究了城市传统街区、历史遗迹、民间文艺等文化资源对公共文化治理的促进作用,提出可以通过保护性和创新性的开发利用,将这些文化资源转化为富有特色的公共文化空间与公共文化产品,提升城市文化特色品质,弥补现有公共文化生产能力的欠缺。④

(三)研究评述

总体而言,在公共文化治理研究领域,研究队伍不断强大,研究成果也日益丰硕。但现有研究仍呈现出一些不足之处,有待学界进一步研究和讨论。

其一,治理对象、理念和模式存在分歧,亟待系统集成。正如有学者

---

① 颜玉凡、叶南客:《城市公共文化治理的新时代品质》,《马克思主义与现实》2020年第3期。
② 颜玉凡、叶南客:《大都市社区公共文化需求的代际差异与治理对策》,《南京社会科学》2016年第3期。
③ 孟耕合:《共同体视阈下新时代公共文化治理的转向》,《中共天津市委党校学报》2021年第5期。
④ 陈建:《"中心—边缘":城乡公共文化服务治理模式及其优化》,《图书馆》2022年第3期。

所言,一些地方虽然已经从治理的角度认识到完善公共文化服务体系建设的重要性,但仍有一些地方对其重大意义理解肤浅和片面,认为公共文化就是"唱唱跳跳"图个热闹。[1]因此,未来研究应注重对各对象、各理念和各模式之间的相互关联,厘清公共文化治理的主体、对象、载体和内容,以整体性视角构建中国特色公共文化治理体系,统筹好新时代公共文化治理所肩负的政府职能转变、社会力量培育、公共文化生产和服务、公共性建构、社会主义核心价值培育和国家认同等多重使命。

其二,微观、个案、定量研究逐渐增多,但可操作性和系统性有待增强。近年来,研究人员加大了对微观、个案和定量的研究内容并努力上升到规律性高度,这是公共文化治理研究中的明显改观。但目前学界已对公共文化的"可治理性"达成基本共识,对理论研究者而言,应尽快帮助国家制定或完善相关制度和政策。由于现有研究者主要为文化理论学者、政治学者、社会学者、公共管理学者等,受学科和研究背景的限制,现有案例研究所提出的建议大多停留在理论上的完美阐释,欠缺可操作性论证。与此同时,在文化治理体系和治理能力现代化的法治要求下,特别是《公共文化服务保障法》《公共图书馆法》等一系列重要政策法规的颁布,不仅为各级政府推进公共文化治理现代化提供了基本的法律依据,也成为国家治理体系和治理能力现代化的重要支撑。上述政府指导性文件,明确将制度的完善与修订作为未来工作目标,推动了各地公共文化相关政策法规陆续出台。如文旅部等三部委在《关于推动公共文化服务高质量发展的意见》中明确了要积极推动地方公共文化立法;要进一步完善法律法规规定的各项基本制度,修订文化馆管理办法,制定公共图书馆馆藏文献信息处置管理办法,以及乡镇综合文化站建设与运营指南等配套规章和文件。这些政府文件的引导号召,必然引领学者从理论上及时研究、总结和归纳,与时俱进地开展系统性研究。

其三,研究内容不断丰富,但还缺乏研究深度。随着相关研究的不断

---

[1] 蒋芳、李春惠、张钦等:《公共文化服务体系:从"福利"到"治理"》,《瞭望》2015年第25期。

拓展,逐步催生出丰富的治理模式和实践样态,但这些研究多是对表面现象或理想状态的描述,缺乏深入剖析。从主体角度来看,这些模式和实践在实质上都是在"政府主导、社会参与"的治理格局下运行。现有研究虽然对政府主体研究较多,但大多是将政府作为一个分析单元,从宏观角度去研究政府和社会及市场的关系,少有政府运行的正面观察,也缺少政府内部运作的深入透视。即便是对政府本身的研究,也主要是围绕政府运行及其行为的某个侧面开展,例如,财政运作或者某项公共文化政策的执行,少有对政府体系内部互动过程的深入分析,也缺乏对政府本身组织形态和内部结构的详细展示。只有触及政府体系内部运行机理特别是决策过程的研究,才能全面把握公共文化治理问题的实质,从而影响政策建议与实践指导。

其四,对单个行业或领域的研究较全面,但忽视融合治理。现有研究显示,对部分行业和领域的研究相对比较全面,积累了较多的研究成果,但对公共文化各子系统间的融合治理研究不足。如从公共文化服务与文化产业的融合治理看,现有研究多是从公共文化服务的视角来分析文化产业,但是通过文化产业发展来促进公共文化服务的研究还不多,这就使得公共文化服务与文化产业的双向互动存在重心偏离,从而制约了公共文化服务与文化产业的协调发展。又如,从公共文化城乡一体的融合治理看,在现有相关研究中,有2016年王谓秋等基于文化治理视角对统筹城乡发展的讨论,[1]2020年吴江等对重庆市城乡融合治理机制的分析,[2]2022年陈建对"中心—边缘"城乡公共文化服务治理模式的优化,[3]等等,但需要指出的是,公共文化城乡一体融合治理是建构在认识和尊重城乡人口、经济、社会、风俗和资源等差异性基础之上,因而在宏观上试图建构城乡一体公共文化互动融合治理机制的同时,还要从微观上深入剖析城乡之间文化基础的差别和制约其治理能力发挥的不同症结,这样才能提

---

[1] 王谓秋、任贵州:《公共文化服务体系共建共享的社会动因与路径选择》,《图书馆与理论实践》2016年第1期。
[2] 吴江、张福磊:《城乡融合发展背景下重庆市公共文化治理与政策创新研究》,《图书馆研究与工作》2020年第6期。
[3] 陈建:《"中心—边缘":城乡公共文化服务治理模式及其优化》,《图书馆》2022年第3期。

出更有说服力的学术观点。

其五,在借鉴国外经验的同时,对外来理论的适用性分析还不够。在借鉴国外公共文化治理经验时,不少研究还停留在对这些理论的简单引介上,难以成为解释和指导实践问题的有效工具。一方面,伴随公共文化国际交流的深入,不少在国外运用比较成熟的治理机制在我国得以推广与运用,如理事会制度、年报制度、基金会制度等,但结合我国实际对其进行适用性分析的成果还不多,导致国外经验借鉴过程中理论和实践的脱节。更为重要的是,对国外公共文化治理经验的参考是为了吸收消化后促进我国公共文化治理制度的转型,但由于缺少对制度背后深层价值理念的研究与比较,在很大程度上制约了这些制度在实际运行过程中的功能发挥。实际上,因为价值取向和文化体制的差异,在国外比较成熟的制度引入国内后往往会在实践中产生很多变形,导致"水土不服"。因此,学界不能满足于对理论的包装与概念模式的一般性总结,应尽可能独立地进行客观分析,将西方成熟理论的适用性作为研究重点,逐步改变我国现行公共文化治理实践中自我摸索,或者简单照搬国外经验的状态,提出有现实针对性的制度化方案。

总体来看,在中国公共文化治理研究领域,近年来研究成果日渐丰富。将治理理论应用于公共文化领域,通过公共文化治理提升公共文化建设水平,符合国家战略导向与人民现实需要。但由于公共文化概念的宽泛性和跨界性,学界尚未形成对公共文化治理研究范畴的统一界定,这不仅限制了这一领域研究的知识积累,而且影响了理论研究的指导性、实践运用的适用性和各子系统间的关联性。学者的研究基于各自不同的问题意识,从多角度展开,虽然看似纷繁复杂,但仔细考察,笔者发现,大体可以将这些公共文化治理研究成果归纳为目的论和手段论两种。目的论将促进公共文化服务均等化以维护和实现公民文化权利作为公共文化治理的目的,而手段论则将公共文化视为国家治理的一种治理手段与治理工具,目标是以公共文化这一软性机制巩固社会主义意识形态,以观念的引导解决国家发展中有关政治、经济和社会等方面的问题。下面,简析这两种研究进路。

首先，在将实现公民文化权利作为公共文化治理目标的分析进路下，维护和实现公民基本文化权利是开展文化治理的核心理念和法理依据，是公共文化治理体系建立与完善的出发点和落脚点。这种分析进路下的公共文化治理与社会治理在治理主体、方式和内容上都有很大的一致性。这种分析视角下的研究重心是形成这种以实现文化权利为导向的"共建共治共享"的社会治理结构，建立政府与社会的合作伙伴关系以及做出相应的关键制度安排。依此分析逻辑，公民文化权利是在政府—社会互动体系中实现，而二者之间不合理的力量格局导致公共文化权利治理出现问题，完善公共文化治理体系的关键是对这种不合理的力量格局进行调整，引导政府向社会基层赋权增能，鼓励社会有序参与和共同治理。就笔者掌握的文献来看，较早从学术意义上进行关注的是毛少莹的《文化治理及其国际经验》一文，她通过梳理各国文化治理的实践经验，指出"文化治理理念是文化治理的逻辑起点和理论归宿"，"保障公共文化服务中公民享受文化成果、参与文化创造的文化权利，保障公共文化服务应有的包括公益性、公平性、基本性等在内的公共性的关键"，是共同治理结构的建立。在毛少莹看来，这种共同治理结构的建立需要与政府改革、政府转型的大背景联系起来："横向看，很多国家的政府都在核心行政部门之外大量设立具有一定独立性的公共组织，这类组织由公共财政支持或部分支持，大量公共雇员在这类组织中就业，这类组织一定程度上分散了政府部门的权力和义务。纵向看，很多国家发生了中央层面权力向地方层面转移的现象，即所谓的去集中化、去集权化。"[1]显然，毛少莹主要是从公民文化权利视角来把握公共文化治理概念，建立政社合作的共同治理结构是其公共文化治理研究的中心命题。

李国新虽没有直接讨论公共文化治理问题，但他对公共文化服务政策与实践的研究成果大多也延续了这一研究进路。不过，相比毛少莹等学者，李国新更为强调的是发挥政府在多元主体共治格局中的主导作用，唯此方能保证公众基本公共文化权利。他在《强化公共文化服务政府责

---

[1] 毛少莹：《文化治理及其国际经验》，《中国文化产业评论》2014年第2期。

任的思考》一文中指出,"对政府来说,提供基本公共服务是责任;对老百姓来说,享受基本公共服务是权利",所以"应该进一步提高全社会特别是各级党委政府对公共文化服务重要作用的理解和认识,充分体现政府责任,强化各级政府公共文化服务体系建设的主体意识、责任意识和自觉意识"。李国新从政府内部和外部两个视角提出了其主要观点。在政府内部,要推动公共文化管理体制改革,为解决公共文化服务条块分割、行业壁垒、资源分散、重复建设、效益不高的问题提供组织保障。从政府外部的分析进路看,和毛少莹观点的相似之处是形成政府、市场、社会共同参与公共文化服务体系建设格局,但李国新的立场更为强调公共文化服务的政府责任。他认为,责任主体始终是政府,而公共财政支持始终是公共文化服务的主要保障方式。虽然公共文化在资源配置、服务提供的具体方法上可以采用市场机制和社会机制,但要防止一些地方政府以社会化发展为借口对公共文化服务推责任、甩包袱,要防止社会化发展异化为"以文养文"和"以文补文"。①笔者根据自己有限的文献阅读,发现多数研究都是在这种权利目的论的分析框架下展开的,主要强调突破传统单一的政府自上而下"文化管理"的路径依赖,从"文化管理"向"文化治理"转变,构建政府、社会和市场协同共治的治理格局。围绕这个研究目标,学者从立法建设、绩效评估、标准体系、数字化转型、政府购买服务等不同角度,积累了不少研究成果,为进一步研究打下基础。

其次,是将公共文化作为国家治理手段的一种进行研究与分析。这种分析进路的主要思路是,以公共文化为媒介促进社会公众主体间的交往互动,在构建良性政社关系的过程中培育公共性。吴理财是较早从公共文化服务视角关注文化治理性的学者,其研究转换了在他之前多数学者的研究进路,主张公共文化服务要在这个公共性日趋衰落的转型社会中发挥重要的社会治理功能,强调公共文化服务是"引导社会、教育人民和推动发展"的手段。②吴理财还通过系统的文献梳理,从政治、社会和经

---

① 李国新:《强化公共文化服务政府责任的思考》,《图书馆杂志》2016年第4期。
② 吴理财:《把治理引入公共文化服务》,《探索与争鸣》2012年第6期。

济三个维度,从工具角度对文化治理进行了突破性的阐释,展示了文化治理所具有的政治面孔、社会面孔和经济面孔,并认为文化治理的实质就是要透过文化和以文化为场域(例如公共文化服务)达致治理。①显然,在这里,吴理财所强调的"达致治理"就是一种公共性的实现。他认为,公共文化具有政治功能和团结功能,要挖掘和开发公共文化的政治功能和团结功能,将公共文化作为国家治理的重要手段,推动解决国家发展中的政治、经济、社会和文化问题。例如,改变过去自上而下文化灌输的低效做法,转而通过正向引导和塑造公共文化,让公众在主体间交往中感受公共文化,实践公共文化,纠正信仰缺失及拜金主义、享乐主义、极端个人主义和历史虚无主义等思想偏差。

除了政治功能和社会团结功能,公共文化还具有产业功能和民生保障功能。胡惠林是我国较早从公共文化产业的角度关注文化治理性的学者,他认为,任何意义上的文化产业所供给的文化产品都具有准公共产品的性质,因而通过和借助于文化产品的生产和提供方式,平衡不同人群之间的社会需求,可以达到有效消解社会心理压力、疏导社会情绪的社会"减压阀"的作用。面对政府不能提供丰富的公共文化产品、缺乏足够的公共文化产品生产能力,进而不能回应公众期待的时候,发展文化产业应成为公共文化治理的选择。在胡惠林看来,通过政府采购,可以把满足于个人消费的文化产品转移成公共文化服务产品,这不仅实现财富的二次分配,缓解初次分配所带来的主体间差距,更能完善政府责任,增进社会文化福祉。胡惠林主要从公共文化作为国家治理手段的研究进路,强调发展公共文化产业最重要的治理性需求是服务于经济和文化、服务于社会和民生。他认为,文化治理主要是指国家文化治理,发展文化产业,实现文化的政治、经济、社会和文化的价值性转换,从文化治理方面完善国家治理。②

通过以上梳理,我们发现,学者从不同分析进路出发研究公共文化治

---

① 吴理财:《文化治理的三张面孔》,《华中师范大学学报(人文社会科学版)》2014年第1期。
② 胡惠林:《国家文化治理:发展文化产业的新维度》,《学术月刊》2012年第5期。

理问题,随着相关研究的不断拓展,逐步从学理上提炼出一些治理模式和实践样态。不过,学界对公共文化治理对象、治理理念和治理模式的观点分歧,以及目的论和手段论两种不同研究进路,造成现有研究成果侧重局部、较为零散、缺乏系统性,这在一定程度上影响了实务界对公共文化治理的全面认知。这时候,就特别需要用执政党关于进一步全面深化改革的要求来指导公共文化治理体系的建构,实现改革由局部探索、破冰突围到系统集成、全面深化的转变。近年来,已有研究者注意到运用系统方法的重要性,强调从理念、主体、机制、目标等多个层面,系统阐释从公共文化服务转向公共文化治理过程中的各个核心要素的变化。他们又用系统思维提出在将治理引入公共文化服务之后,要同时对公共文化治理工作的重要内容进行学理性反思,并提出了一些有待研究的命题。例如,如何能够确保既要倡导多元主体参与共治,又要有效化解由此产生的治理边界模糊问题?如何能既要保障基本公共文化权益,又要有效回应民众的多样化文化需求?如何既做到文化系统本身的优化,又要实现经由文化功能达成对于国家治理体系的善治?[①]这些命题之所以没有引起学界更多关注,系统方法论运用不足是一个重要因素。已有研究没有很好地将系统集成方法论与公共文化治理体系现代化转型理论紧密结合,两种研究进路的相互分离就是一个例证,治理目的与治理手段还没有在一个规范性框架内实现有机统一。还有学者试图从宏观、中观和微观三个维度来理解和把握公共文化治理。从宏观维度上,文化治理是作为国家治理组成部分的"经由文化的治理";从中观和微观维度上,文化治理是作为文化组织方式革新和个体能动性彰显"对文化的治理"。这种定义虽然体现了一定的全面性,但是仍未给出较为清晰的答案。在已有研究的基础上,笔者尝试进一步深化系统集成在公共文化治理体系现代化建构中的方法论意义,并用系统集成方法来分析公共文化治理问题。一是运用系统集成的整体论,将目的和手段两种研究进路纳入一个分析框架下展开,以整体性视角构建中国特色公共文化治理体系的理论框架,实现治理目的与治

---

① 赵军义、李少惠:《从公共文化服务到公共文化治理》,《图书馆杂志》2022年第9期。

理手段的有机统一。二是运用系统集成的重点论。不同于单纯的内容整合，系统集成是注重突出重点的集成。本研究超越其他公共文化治理体系研究的地方，是将研究着力点放在我国公共文化治理的中心主体——政府的行为逻辑上，既正面展示政府内部运行机理，又分析政府与社会、市场及公众的外部联系，深入批判行政驱动公共文化治理体系是导致当前公共文化治理面临结构性困境的主要根源，并将系统性的破题举措集成于对行政驱动公共文化治理体系的解构与扬弃上，更具现实针对性和理论实效性。三是运用系统集成的发展论。基于在既有框架中难以克服的公共文化治理的"内卷化"和"激励异化"问题，提出公共文化治理应和社会发展更好相适应的发展论，从理论逻辑、历史逻辑和实践逻辑系统论证以中国特色公共文化治理体系现代化推动当代公共文化发展的合法性、必然性和迫切性，在此基础上，进一步对中国特色公共文化体系治理现代化理论的价值取向、制度特征与运行机理等进行细致探讨，推动公共文化的物质形态与精神内核协同发展。本研究的贡献可能在于，运用系统集成方法论推进中国特色公共文化治理体系现代化，全面超越当前行政驱动公共文化治理体系"内卷化"和"激励异化"的结构性困境问题，推动公共文化治理与社会公共文化发展更好相适应，实现公共文化建设高质量发展。希望本书能够为后续研究提供参考借鉴，在推动国家治理体系和治理能力现代化的进程中，以中国特色公共文化治理体系现代化深化文化体制机制改革，助力建设社会主义文化强国。

第四节　研究框架

本研究以"中国特色公共文化治理体系现代化"为题，首先提出所要解决的问题，即中国公共文化治理体系走向现代化面临结构性的现实困境，继而从历史逻辑、理论逻辑和实践逻辑三个维度指出要以中国特色公共文化治理体系现代化走出现实困境，提出构建中国特色公共文化治理体系现代化的理论命题，进而就中国特色公共文化治理体系现代化的价值选择、制度建构和实践路径提出理论主张。

第一章,导论。主要内容包括本项研究的问题缘起、主要概念、基本观点、研究综述、研究方法、分析进路、创新点和各章节框架等,统领全文。

第二章,中国公共文化治理体系走向现代化的现实困境。公共文化治理体系与公共文化发展存在互动互构的关系,因此我们要从治理体系的视角剖析公共文化发展问题。分析展示,目前我国公共文化治理体系运行模式走入被锁定的"内卷化"状态:无论是其价值取向、运行机制还是自我完善方式,都定型于一种特定机理——政绩冲动取代现实需求、行政逻辑压制服务逻辑、监督空转消解转型动力,无法与社会公共文化的形成与发展相适应。造成这种"内卷化"困境的根源是公共文化治理体系的"激励异化"问题。行政驱动下公共文化治理体系在激励结构上存在主体错位、目标替代和方向背离,导致现实情况下激励机制与激励环境偏离了执政党"全心全意为人民服务"的激励预期,诱发了公共文化治理形态的诸多变形,如决策过程与执行过程的分离、工具理性与价值理性的失衡、供给内容与需求内容的错位、预期目标与实际目标的置换。

第三章,走出中国公共文化治理体系现代化困境的逻辑。面对激励异化下行政驱动公共文化治理体系的现实困境,笔者提出以中国特色公共文化治理体系现代化超越现实困境的理论思路,并从理论逻辑、历史逻辑和实践逻辑三个维度论证中国特色公共文化治理体系现代化的合法性、迫切性和必要性。

第四章,中国特色公共文化治理体系现代化的价值选择。中国公共文化治理体系现代化的历史逻辑、理论逻辑和实践逻辑并不是互相割裂的,而是内在统一于中国公共文化治理体系现代化的价值选择。本章强调,在中国特色公共文化治理体系现代化转型中要树立"以人民为中心"的核心理念,将重塑公共文化治理的激励结构作为价值选择,以激励结构重塑推动公共文化治理理念、机制和方式等核心要素的价值转向。"以人民为中心"为核心理念的激励结构不是抽象的,而是有其丰富的价值内涵,主要包括工具理性与价值理性的统一、宏观调控与内生动力的结合、整体均衡与个体差异的协调。

第五章,中国特色公共文化治理体系现代化的制度建构。当前激励异化下行政驱动公共文化治理体系的内卷化困境,说明行政驱动公共文化治理的价值取向与执政党"以人民为中心"的核心理念之间存在着错位,这不仅反映出当前行政驱动公共文化治理体系本身的结构性缺陷,也折射出政党与政府、政党与社会、政党与市场关系等宏观制度环境的不健全,这些宏观制度问题虽已超出公共文化治理领域,但与公共文化治理体系的成功转型紧密相关。本章首先以中国特色公共文化治理体系现代化的价值内涵嵌入这三大关系的制度安排,对其进行调整,在此基础上,提出用价值驱动机制、场景驱动机制和社群驱动机制等扬弃行政驱动机制,建构中国特色公共文化治理体系现代化的三维实现机制。动力机制的转换需要以激励结构的换挡作为前提,面对利益固化的藩篱,在当前阶段,需要执政党担负推动激励结构换挡的历史重任,通过构建政党嵌入治理制度以增进政治认同,完善政党推动行政制度以提升服务效能,健全政党回归社会制度以激发公共精神,保证新时代公共文化建设目标的实现,助力社会主义文化强国建设。

第六章,高质量发展背景下中国特色公共文化治理体系现代化的实践。中国特色公共文化治理体系现代化制度建构的主旨是为了走向实践、指导实践。中国特色公共文化治理体系现代化的制度建构也不是一成不变的,制度的日臻完善同样需要来自实践的探索与创造。高质量发展是全面建设社会主义现代化国家的首要任务。本章基于笔者亲身实践,运用中国特色公共文化治理体系现代化的观点及方法,分别深入公共文化机构理事会运行、公共文化展览、公共文化设施运营等不同场域,讨论其治理理念的分歧、治理模式的差异、治理实践的困惑以及高质量发展背景下的改革路向,理论联系实际,为实务界增强对理论的把握、提升理论的适用性提供一些可参考的内容。

第二章　中国公共文化治理体系走向现代化的现实困境

改革开放以来,在国家波澜壮阔的城镇化、工业化、市场化和信息化的发展进程中,中国社会的开放性、流动性和异质性不断增强,人们从高度集中、整齐划一、无所不包的"总体性社会"中脱嵌出来,从支撑"总体性社会"的单位制、集体制和城乡二元经济体制等非现代性规制中解放出来。在拥抱市场经济大潮的进程中,人们的公民意识不断增长,国家与社会的关系发生了重大变化,权利、理性等现代性要素持续生长。虽然中国社会出现了西方社会转型中的某些特征,但与西方社会转型不同的是,中国缺乏西方民主文化浸染和自治实践传统,中国社会转型不是现代性自然生长的结果,而更多是国家规划式变迁的压缩现代性(compressed modernity)[①],前现代、现代、后现代的各种矛盾、各种碰撞以非常密集的方式被杂糅压缩于四十余年的改革进程之中,这也注定了中国社会转型将经历自身的特殊复杂之路。有学者认为,从纵向上看,中国社会转型存在"去组织化"现象,人们逐渐从地方性、传统性共同体之中脱嵌出来,尽管获得了更多的自由和自主,可以对自己的命运进行掌控与选择,但他们的共同体归属感与认同感却被不断消解,人们不得不承受原有人生价值系统的崩塌和旧有观念中确定性生命意义的丧失,不得不独自面对瞬息万变的现代社会中的风险以及市场竞争中的不确定性,只能"为自己而活"和"靠自己而活"。从横向上看,中国社会则处于"原子化"的状态,尽

---

① Chang Kyung-Sup, "The Second Modern Condition? Compressed Modernity as Internalized Reflexive Cosmopolitization", *The British Journal of Sociology*, 2010, 61(3): 444-464.

管人们的权利和自由得到前所未有的彰显,但这些权利和自由在私人领域与公共领域的非均衡性发展,导致在市场大潮裹挟下的个体主义肆无忌惮地张扬甚至异化。[1]人们执着于追求私人利益的最大化,却未能受到公共领域、公共舆论的规范、约束和引导,沦为只强调个人权利、无视应尽义务与责任的"无公德的个人"。[2]总之,无论是"为自己而活"和"靠自己而活"观念的普遍化,还是"无公德个人"的不断涌现,都从不同侧面呈现出公共文化正在衰退的事实。这种公共文化的退化与人们是否存在主观的价值分歧本身无关,而是意味着人与人之间越来越没有办法达成共识,很难形成一种彼此合作、良性互动的观念制度来规范与包容主体间的价值分歧。具体而言,公共文化的衰退,外在的表现是主体间的公共交往减少、互动能力减弱、公共规范解体、文化活力不足,内在的表现则是交往理性丧失、公共精神衰弱、公民意识消解、政治文化认同下降,等等。公共文化的衰退对中国社会的现代化转型会产生很大的负面影响,不仅会极大增加政府的行政管理成本,还意味着"超越个体的组织性力量、达成社会共识的凝聚性权力以及动员社会力量参与公共事务的权威性认同都需要消耗极大的社会成本"[3]。中国幅员辽阔、人口众多,不同地域之间资源禀赋差异很大,这样一个大国要整体迈入现代化行列、要建设现代化强国,没有一致性的公共文化作为支撑,根本无法高效地协调各方资源,整合民智,也无法应对来自国内国外的重重风险挑战。仅从政府行政成本的角度看,如果当前这种公共文化衰退的趋势得不到及时控制,则公共权力将失去解决各个层次、不同领域诸多问题的灵活自处理机制,取而代之的是每每遇到问题,都需要依靠政府制定政策、投入资源,并大规模强力组织推行,这会导致人力资源、社会动员、政府注意力等行政成本方面的高昂代价,国家治理负荷将大幅攀升,久而久之,还可能面临不堪重负的政治风险。

---

[1] 张良:《乡村社会的个体化与公共性建构》,中国社会科学出版社2017年版,第1—2页。
[2] [美]阎云翔:《私人生活的变革:一个中国村庄里的爱情、家庭与亲密关系(1949—1999)》,龚小夏译,上海书店出版社2006年版,第257—261页。
[3] 耿达:《公共文化服务高质量发展的历史演进与逻辑理路》,《图书馆》2022年第11期。

公共文化的衰退，其表现在物质层面及各种社会关系的非协调上，但其问题的症结却要追溯到上层建筑与社会基础结构不相适应的辩证关系上。在推进国家治理体系和治理能力现代化的大背景下，推进公共文化治理体系现代化的诉求也日益迫切。在社会分工日益精细、社会利益不断分化的现代化转型进程中，完善公共文化治理体系的主旨是要改变过去自上而下的、全能型的文化行政管理格局，更加鼓励公民的广泛和平等参与，让人们在公共交往中自由和平等地表达其由各自接受的不同科学训练塑造而成的多元生活价值，通过培育文明健康的公共文化生活以维系与发展主体间的分工和相互依赖关系，重新建构现代社会的公共文化。由此观之，作为上层建筑的公共文化治理体系应致力于培育"个体的共同文化的理性信念与公共品格"，是"对一种文化的良性秩序、公正的伦理道德、合理的价值意义的公共生活、情感世界的建构"[①]。公共文化治理体系应能使这种"理性信念与公共品格"适应现代生产生活的方式，在培育公共精神与公共理性方面发挥积极作用。用官方政策文件话语来表达，就是要让人民群众"更好参与文化活动，培育文艺技能，享受文化生活，激发文化热情，增强精神力量"，进而"提高社会文明程度"[②]。但是，当我们从现实出发深入观察和思考，就不得不以实事求是的态度直面当前公共文化治理体系建设的政府体制运行现状及其诸多现实困境，不得不追问这些困境下的公共文化治理体系是否能够担当构建公共文化、培育公共精神和公共理性的重任。考察发现，中国公共文化治理体系的一个突出现象是，在执行来自上级部门特别是中央政府的各种指令和资源项目时，由于"行政驱动"的公共文化治理体系存在的结构性问题，致使公共文化政策的执行进入"锁定"的状态，形成特定的恶性路径依赖，固定的运行机制和方式在不断地重复再生、勉强维持，导致公共文化治理体系的功能性障碍。透过这种治理体系，无法治理好真正具有现代意义的促进国家整合

[①] 袁祖社、张媛：《走向一种实践的共同体文化：公共性视角下现代人的价值理性期待》，《东岳论丛》2021年第2期。
[②] 参见《文化和旅游部、发展改革委、财政部关于推动公共文化服务高质量发展的意见》，文旅公共发〔2021〕21号，2021年3月8日。

与推进社会进步的"公共文化"。这种现象可以概括为公共文化治理体系结构的"内卷化"。"内卷化"的结构特征是：功能取向上具有政绩冲动的特征，公共文化治理体系建设往往是在与公众生产生活没有密切关联的政府内部运作，政府官员对政绩的关注度远超对公众现实文化需求的回应力，政府追求的是政绩显现和向上展示；功能运行上具有行政逻辑的特征，将公共文化治理体系建设作为一种为实现上级要求或自拟目标的行政任务，没有将服务社会文化需求作为其逻辑起点或政策设计靶向；功能评价上具有监督空转的特征，公共文化治理体系建设的绩效缺乏由社会意志和民众意愿所根本制约的制度刚性，无法产生驱使公共文化治理体系走向现代化的倒逼力量。政绩冲动、行政逻辑、监督空转的特征，三者互为补充，也互为因果，实际上从不同角度向我们表明，当前行政驱动的公共文化治理体系建设与公众公共文化生活诉求之间存在着较为严重的"两张皮"现象。这种现象如果不及时得到纠正，将无法担负公共文化治理体系建设所应有的使命，甚至可能诱发公共文化治理的悖论：在公共文化治理体系呈现"内卷化"结构性问题的情况下，越是加大治理强度（如增加输入资源、提升考核压力等），公共文化服务的供需矛盾就越突出，公共文化生活就越乏味，民众的公共精神和公共理性就越发衰弱。

第一节　内卷化：行政驱动中国公共文化治理的结构性困境

我国公共文化治理体系走向现代化的建设目标包括满足公众公共文化需求、引导文明健康公共文化生活方式以及培育现代公民精神三个维度，三者之间存在一致的地方，也存在一定的张力。在这三个维度中，满足公众公共文化需求是前提和基础，只有在满足公众需求、实现公民文化权利的基础之上，才能激发人们主动参与公共文化生活，引导公民主体之间形成良性的生活方式，塑造现代公民精神也才具备有效的实现载体。如果公共文化供给与民众实际需求脱节，后两个维度的目标就如同无米之炊，缺乏必要的实现条件。不过，三个维度之间还存在着一定的张力，如果不加育导而一味迎合公众需求，健康文化生活方式、理性公民精神的建构目标则可能会走偏；但如果单纯依靠思想灌输而忽视公众真实需求，则公共文化治理的效果必然是事倍功半甚至是适得其反。"民众连听都不想听，听都听不进去，何谈价值观引导？"就当前我国公共文化治理体系建设走向现代化的改革实践，不可能在每个维度上面面俱到，当务之急是要把握公共文化建设诸目标之间内在的逻辑关联，首要解决的是供需脱节、文化需求引导机制不健全等现实难题。但在提出改革设想之前，我们应当首先反思当前行政驱动下中国公共文化治理体系存在的结构性困境，深入剖析产生供需错位矛盾的体制机制障碍，特别是解析制约公共文化服务和文化产品供给效能的深层机制，这样才能找准关键问题，定位公共文化治理体系走向现代化的逻辑起点，把握进一步深化中国公共文化治理体系现代化改革的实践路向。

一、政绩冲动取代现实需求

笔者曾参加过一次文化活动意见征集座谈会，在座谈会上，政府部门邀请了一些青年人对如何做好文化活动发表意见和建议。这些青年人思想活跃，提出了不少想法，如希望创造一个轻松的氛围与宽松的环境，结合美食、露营、烧烤等举办一些让年轻人可以自主参与的音乐会、读书会、分享会，等等。刚开始，政府部门负责人还很有兴致地倾听青年人的声音，不过，后来他们就提出了疑问："如果这些活动都由年轻人自己来开展，那我们在其中的作用怎么体现？""我们好不容易争取经费来搞这些活动，总要通过这些活动，来促进一下我们的工作吧？"这位政府工作者口中的"我们的工作"，其实质就是一种体现其业绩成效的工作，也就是所谓政绩。基层干部从上级领导那里获得资金，举办活动，就要向上级领导展示业绩，不然如何体现出工作的成效？笔者观察发现，在政府体系内，有类似想法的人并不在少数，已形成了一种思维上的定式。但是，将这种思维定式的形成归咎于他们个人是不公允的，因为其背后隐藏的是深层的结构性问题，导致"政绩冲动取代现实需求"的情况重复出现，反复再生。

对处于"锦标赛"[①]体制下的各级官员而言，政绩是中国地方官员职业

[①] 周飞舟：《锦标赛体制》，《社会学研究》2009年第3期。

发展、获得重用和擢升的重要资本。政绩攸关其命运。公共选择理论认为,政治家也是理性人,不能相信一个人在经济市场上是个追求自身利益的理性人,而到了政治市场上则会自动地追求社会利益。在政治市场上,政治家们追求的是政治支持最大化。在西方政治活动中,这种政治支持最大化,最直接和最具体的体现就是追求获得选票最大化。①在我国的政治制度环境中,政府官员则将有助于其留任和晋升的政绩作为获得政治支持最大化的主要动因。由于考评这些官员政绩的主要是他们的上级,这些官员追求政治支持的方式则是尽最大可能地显现、展示其政绩。不可否认,用追求政绩作为一种合理性的解释视角,在一定程度上契合了这些年来中国高速发展的实际情况,离开官员对获取政绩的冲动,就难以解释改革开放以来各级地方官员开拓进取、创新实践的内在活力,以及惊人的发展成就。但是,如果将单纯追求政绩作为驱动官员行为的动力,或者说,将其作为获得政治支持的唯一依据,则是相当危险的。②其原因在于,官员为了最大化显示其政绩,就会尽最大可能让这些政绩在有限的任期之内可见可闻。一旦政绩观发生偏离,就难免会出现政绩的悖论,官员认为对其职业发展或个人目标有意义、有价值的举措一般都只与其个人的利益相关,往往与民众的实际利益需求相错位乃至脱节,而且在实践中很可能会催生出各式各样形式主义和官僚主义,还极有可能诱发寻租与腐败,背离公权力存在之本义。

现实考察也发现,对于大多数不具备特定社会背景和关系网络资源的公职人员来说,获得晋升的主要途径就是创造优异的政绩,用优异成绩在同级别领导人员的"锦标赛"中胜出。而成绩优异与否的评判人,实际上是他们的共同上级,而评判的标准则是复杂多样的,有客观考核,也有主观印象。客观考核就是上级党委、政府根据考核指标对干部进行政绩比较,同级别人员之间为获取可能与考核成绩有关的职务晋升、项目资金或荣誉奖励而开展激烈的政绩竞争。政府官员行为所遵循的考核逻辑,

---

① 陈家喜、汪永成:《政绩驱动:地方政府创新的动力分析》,《政治学研究》2013年第4期。
② 龙太江、王邦佐:《经济增长与合法性的"政绩困局"——兼论中国政治的合法性基础》,《复旦学报(社会科学版)》2005年第3期。

不是基于社会需要,而是基于超越其他官员考核分数进而获得上级官员(特别是上级党委"一把手")表扬的政绩冲动。当然,直接地看,这些考核的要求也可以说是直接或间接体现了社会民众的需求,但是因为这些考核指标要求的落实没有基础性的社会权力作为依托,是否适应社会民众的真实需要缺乏有效的反馈机制与自我完善机制作为支撑,就很容易变成为应对上级考核而做工作,于是我们就会看到那么多的形式主义甚至弄虚作假的现象一再发生。

在行政驱动公共文化治理过程中,这种政绩冲动取代现实需求的情况十分普遍。例如,陈水生在某省 B 市的调研反映出这类通过指标体系对下进行考评的机械性与不合理性:"很多政策是自上而下制定出来的,包括公共文化服务体系有很多指标,这些指标与老百姓的现实需求、社会文化发展水平都有些脱钩,但我们又不能不按照这些上面规定的项目来完成各种指标,一旦完不成,我们考核就会不达标,个人和部门的评估可能就会受到很大影响,而且项目财政拨款等资源的分配都是与考核相挂钩的。"[①]笔者在沿海某城市的考察中也发现,随着近年来政绩考核指标的日趋量化和精细化,也开始引入以往一般用在经济指标考核上的办法来衡量公共文化建设与发展的绩效,如该市文旅局设置"公共文化场馆服务人次"考核指标并将其纳入对各区级政府的考核体系后,各区级文旅部门就围绕这一考核指标,为提升场馆访问人次各显神通地展开横向竞争。由于尚未建立统一的测量技术,这种竞争在实践中就演变成一场场"心理战"或者数字游戏。各区在向上级报送本区服务人次前都会反复开会进行研究,这些研究并非是对如何举办增强场馆吸引力的活动和项目的分析,而是对"数字"本身进行反复琢磨,既不能把人次报得太高显得不合理,又不能太老实报得太少而屈居人后。他们宁愿花很大的精力在虚假的数据上做文章,而不是操心民众的真实需要。除了条线考核,地区块上又有另一套考核。该市下辖的 A 区主要领导人十分看重该区在全市的排

---

① 陈水生:《项目制的执行过程与运作逻辑——对文化惠民工程的政策学考察》,《公共行政评论》2014 年第 3 期。

名,而全区排名又是由其下辖各个部门在全市的排名所构成的,为了激励各个部门争取考核高分,他在该区推动了各单位间的竞争,竞争的核心指标就是看各区级部门在全市的排名情况。该区文旅局为在本区各部门中获胜,在"服务人次"的数字统计上十分慎重,不仅通过各种手段做高数量,而且还千方百计地打听其他区的上报数字,生怕在考核中屈居人后,引起主要领导人的不悦,从而影响自身的职业生涯发展。

考察发现,不少干部就是在这种年复一年、日复一日的考核式的训练中养成了某种定了型的思维惯性,以至于面对任何问题都会首先想到用某种形式或手段来应付。这种被长期考核驯化而成的思维惯性成了他们的工作哲学,使他们既无心也无力将主要精力用于真正提升公共文化服务的质量。他们精心美化而成的考核性答卷、耗费心力制作的考核性产品、耗费资源印制的考核性材料,与当地公众的实际感受存在着严重的"两张皮"现象,造成公共资源的极大浪费,催生了屡禁不止的形式主义和官僚主义。值得关注的是,一旦这类勤于包装、善于对上"表演"的官员得到重用或提拔,则又会在当地干部中起到负面的作用,或打击一批实干型干部的积极性,或催生出更多的投机干部。

除了争取在工作考核中获得高分,地方和基层官员为给上级留下更深的好感,还要通过实物性表达的方式,抓住一切机会向上级显现、展示这些能够引起感官刺激的实物性政绩。21世纪以来,随着国家对文化建设的不断重视,各类文化惠民工程大力开展,各级政府在公共文化建设领域投入了巨量的资金。但在展示逻辑下,这些文化惠民工程项目成为各地积极争抢的重要政绩工程,地方官员会将其视为自己任期内的主要政绩,努力打造为"典型经验"和模范试点项目以积累获取晋升的政治资本。由此,我们就不难理解经常看到的颇为反讽的现象,虽然各地文化项目、文化工程越来越多,但这些项目和工程却被打造成一个个与人们生产生活没有多少关联的"盆景",这些"盆景"的形式大于内容,不在意实用性和持续性,只看重其是否在恰当的时机向上级展示出了迎合某种需求的工作业绩[1],是否

---

[1] 吴理财:《公共文化服务的运作逻辑及后果》,《江淮论坛》2011年第4期。

有利于成为当地官员职业生涯进一步发展的筹码。早在2009年，吴理财在湖北某乡镇调研时就发现，在许多地方的新农村建设中，兴建了高标准或豪华的村级图书室或文化活动中心，然而这些图书室、文化活动中心极少对农民开放，往往是上级来检查的时候才开门，找几个农民表演给上级看。10多年过去了，这种情况还是没有从根本上得到改善，上级调研时地方上安排"群众演员"的情况屡见不鲜，群众也见怪不怪。又如，2024年一份沿海城市某区针对公共文化设施综合利用效能情况的调研报告显示，该区大多公共文化设施都存在不同程度的"牌满为患"问题，特别是在村居一级，区级部门热衷于将工作触角延伸到村居文化设施设立工作站室，主要方式就是悬挂各类标牌和标识。经统计，区级部门要求在村居一级公共文化设施上挂牌的就有30多种，几乎所有居村文化设施都采用"一门多牌"的方式来照顾到各上级部门的展示需要，但即便如此，有地方标牌和上墙制度过多还是挂不下，只好"谁来检查，挂谁的牌，上谁的制度"。与区级部门积极挂牌相比，这些单位在实际作用发挥上很不充分，甚至存在为了追求空间独用而挤占服务资源的情况。被相关部门独占的空间一般都长期空置，成为专供上级领导检查、调研的"景点"。考察还发现，某地区在一次基层公共文化专题调研的筹备过程中，负责部门综合考虑调研工作所需，拟定了相对合理的调研方案，方案提交给领导后，其他内容都没有修改，唯独调研报告提交时间被大幅提前，给出的修改理由颇让人无语，却十分契合政绩展示的逻辑，因为"要让上级领导看到，我们对这项工作已经有基础，早就着手对这项工作进行准备了"，在这种向上展示逻辑的驱使下，调研部门只好压缩甚至删减有关调研工序仓促上马，调研报告质量大打折扣。

不仅如此，在这种展示政绩的内在驱动下，似乎向上发出信号越强烈，越能表达出对落实上级要求的决心与意志。[1]向上展示政绩的前提是要创造出政绩，而政府长期采用的自上而下的动员机制十分适应这种创造政绩的需要。根据国外学者研究，动员型政府的主要特征是，国家垄断

---

[1] 陈家喜、汪永成：《政绩驱动：地方政府创新的动力分析》，《政治学研究》2013年第4期。

一切动员性资源,垄断所有政治性组织,只有国家可以动员国民。动员型政府以集权为特征,表现为组织集权和个人集权的双重结合。①虽然《公共文化服务保障法》中规定,"国家鼓励公民主动参与公共文化服务,自主开展健康文明的群众性文化体育活动;地方各级人民政府应当给予必要的指导、支持和帮助",但是,地方政府在创造政绩的冲动下,将法律规定的指导、支持与帮助之责统统理解为"管理",习惯大包大揽地设计方案,调动各类资源打造程式化的政绩产品,向上级展示其宏大的业绩。当前政府提供的公共文化服务或产品,如演出、赛事、节庆、论坛、展览、讲座、沙龙等,花大量人力、物力和财力,虽看上去品种多样,但其中绝大多数都属于这类被政府创造出来的政绩产品,公众不是自主自愿参与的,而通常是被动员来做观众。而许多文化工作者却花费大量气力在这些产品上的重复性劳动上,这不仅占据了他们大部分时间,也严重挤占了他们真正从事基层服务的精力。政府创造的政绩产品,其最大特点在于上级领导是这些产品的主要消费者,创造政绩产品的政府主体是最大受益者,而真正的消费者(公众)则并不需要。曾有文化干部向笔者表示,"一项活动是否成功,一半成功因素在接待上,把上级领导保障好了,这项活动就基本上办好了"。我们时常看到,相关部门会围绕接待问题专门制定详尽方案,如行车路线、接待室安排、用餐住宿、安全保卫、医疗预案、接待人员等都会精心安排,落实到人头,精准到分秒。不过,最让活动举办者劳心费神的还是上级领导出席活动的相关礼仪性安排,如领导座次顺序,谁排在 1 号位,谁排在 2 号位,这个讲究很大。还如领导动作的编排,谁来致辞,谁来颁奖,谁来宣布开幕,涉及几位领导同时上台怎么站,怎么把这些信息传递给他们,就算这些事先已经经过反复演练安排,常常也会因临时的情况变动而重新调整。这些政府创造的产品每年数量庞大,内容大同小异,区别在于产品的档次和规模,而这些档次规模和出席领导的行政级别紧密相关,出席领导越重要,则公共文化"产品"的花费、要求也会越高,彩排次数也越多,接待规格也会相应升级。除了形式更精致、舞美更华丽,往往

---

① 赵树凯:《乡镇治理与政府制度化》,商务印书馆 2018 年版,第 255 页。

看不出有多少内容上的实质创新,文化部门也没有将多少气力去做真正有价值的创造与提升方面的研究,而是将主要精力花在让上级领导满意上,在豪华舞美灯光渲染的掩盖下再生出乏善可陈的内容,徒有绚烂外表,缺乏思想内核,陷入精致内卷的运行轨道。

对于大多数官员而言,在压力型体制下获得上级领导的认可是推动他们持续努力的驱动力,由此不断强化政绩的竞争性、比较性和展示性等特征。现实中,还有少数一些官员,他们往往并不甘于被外力牵着鼻子走,他们是自我驱动的,这些具有政治抱负的官员特别是地方主要官员,上任后往往会开展自己的施政计划,打造带有自己个性化特色的核心政绩。政绩的个体性特点,意味着政绩会贴上创造者的"标签"和"印章"[1],代表这是某某官员的政绩,这会带给那些自我驱动的官员以莫大的心理满足感和自我实现感。这些官员自拟的施政目标,就必然会带有其独特的价值偏好,这些价值偏好往往是主观性很强的,缺乏细致调研来做支撑,会掩盖大多数人的实际需求,所制定的政策也不可避免地会偏离当地的实际状况。这个时候,官员的权力越大,其影响力越强,这种个人的价值偏好就会更加明显地呈现出来,在其面前,公众需求显得更为渺小,甚至忽略不计。从另一个角度看,这种官员个性化的政绩,还会随着官员的升迁流转而难以持续,造成又一新问题的产生。笔者曾在沿海某镇考察,发现该镇新开发老街上的一座投入巨资、建成多年的博物馆总是空关着,当地官员告诉我们:"这座老街是前任书记投巨资开发的,这位书记颇有文化情怀,挖掘不少古镇上的历史名人,启动建设了这座以历史名人为主题的博物馆,他因为颇有政绩,所以在换届时提拔走了。接任的书记似乎对文化就没那么浓的兴趣,加之这几年镇上经济收入大不如前,前几年开发古镇的资金还有很大缺口,所以这座博物馆就只装修了外墙和门头,里面没有装修,等确定了运营方案再着手启动。"其实,我们对这种"等确定了运营方案再着手启动"之类的理由也都心知肚明,前任的政绩项目,做得再好也都是前任的成绩,对继任者来讲,最好的选择就是既不去否定,

---

[1] 陈家喜、汪永成:《政绩驱动:地方政府创新的动力分析》,《政治学研究》2013年第4期。

也不花力气推进,当继任者提出自己的施政主张后,这些前任的政绩工程就会自然而然地消失于无形。在一些地方的公共文化建设项目中,类似的公共文化设施不少都成了这种"昙花一现"的政绩工程,这样的工程往往很少考虑以后它能否持续发挥效益,也忽视运营成本的现实问题,有的甚至异化为了对官员私人乐趣的满足,浪费了不少公共资源,还让地方背负了极难还清的债务。

基于官员的政绩冲动,而不是根据现实需求的驱动,这就造成公共文化治理体系建设暴露出诸多实际问题。一是价值理念的缺失,缺乏系统性和体系化的思考。许多文化项目受官员任期约束影响,过度追求功利目标和短期效应,缺乏对长远价值的考量。二是催生"政绩工程"。官员从追求政绩的角度出发,而非从解决实际问题、满足民众需求、优化政府流程的角度来建设公共文化,体现为重"显绩"而轻"实绩"。对经验提炼、对上展示、媒体宣传的过分"拔高",使得公共文化项目变味。三是项目难以持续发挥功能。由于政绩一般难以从继承前任工作中得到,而是要靠个体创造,因此不论项目多好、效益多大,往往都会随着政绩创造者个人的升迁流转而偃旗息鼓。因此,充分解析政绩冲动下的现实困境,改变政绩获得的价值取向,从让领导满意转向根据民众需求加以引导和规范,是当前深化中国公共文化治理体系改革首先要面对的重要课题。在政治学中,合法性是一个重要的概念,一个制度的合法性取决于它是否获得被统治者们的普遍认同,合法性问题总是与承诺、同意、赞成、默许等概念相关。合法性被认为是政府行政的最基本条件,如果一个政府缺乏必要程度的合法性,就将迅速崩溃瓦解。长期以来,我国政府的合法性实际上被片面理解为政绩合法性,执政者认为只要持续做出工作业绩,保持经济增长,提供公共福利,就可以获得合法性。但是,合法性并不总是能够从政绩中获得,从"政绩合法性"向"政治合法性"转变是政府执政合理性不断提升的标志。原因在于,只有民众相信政府治理的正当性,采取支持与合作的态度,政府才能有效施政。否则,政府从社会提取资源、分配资源和实施管制的能力,都会因民众的不合作乃至抵制而受到削弱。政府一旦失去了政策制定和实施的能力,也就失去了持续推动经济社会发展的能力,从而也难以获取新的政绩。①近年来,中央反复要求各地要树立正确政绩观,可以说就是要纠正过去政绩冲动所带来的行政行为的偏差。然而,说观念总是容易的,但官员的行为逻辑并不总是取决于其观念认识,而是取决于整体的制度环境。

二、行政逻辑压制服务逻辑

在中央加强干部政治教育的大背景下,很多官员已经意识到政绩观需要转变的必要性,但是,现实中,政府的基本运行机制还没有转过来,而运行机制的转变说到底离不开整个制度环境的转型。当前,从公共文化治理体系建设的目标来说,对上级考核评价结果的追求,或对显性政绩的追求,仍然处于主导地位,而回应民众需求、承担公共文化服务的职责缺乏刚性的约束,服务机制由于驱动力不足而往往流于形式。换言之,较之对上级负责之于官员职业生涯的重要性,对公众负责之于官员职业生涯的重要程度还不明显。从公共文化治理机制而言,政府官员往往将公共文化建设视为一种上级政府布置的行政任务,公共文化服务像其他的行政事务一样是自上而下贯彻落实的,遵循的不是服务的逻辑,而是行政的逻辑。

吴理财指出,服务的逻辑就是把服务对象——民众当作"顾客"来看待,民众对服务的满意度是服务评价的主要标准,行政的逻辑简单地说就是对上级负责的逻辑,在这个逻辑里民众是可有可无甚至是缺位或离场的。②笔者认为,行政逻辑与服务逻辑有不同的特征,两者具有质的区别:一是行政是对统治意志的执行,它强调执行行为的整体性和统一性,服务则必须适应社会的差异性和自主性;二是行政强调权力主体的单一性,政府是执行统治意志的唯一主体,服务的权力主体和中心则是多元的;三是行政强调通过纵向多等级组织实现统治意志的有效贯彻,服务则主张通过横向多主体间的协作互动满足包容多方需求;四是行政倾向于控制和吸纳社会,服务则主张平等主体的互动与协作;五是行政通过垄断资源配

---

① 何增科:《地方政府创新,从政绩合法性走向政治合法性》,《中国改革》2007 年第 6 期。
② 吴理财:《公共文化服务的运作逻辑及后果》,《江淮论坛》2011 年第 4 期。

置权维护权力的单一性,服务主体的多元化则决定资源供给方非单一的,而是多元的。可见,行政逻辑作为对上级组织意志的遵循,更凸显出工具理性的特征,而将视公众评价为主要标准的服务逻辑,更具治理的意蕴,服务作为公共事务的解决机制,更强调价值理性,是工具理性与价值理性的统一。下面,试以我国沿海 H 市已建立 10 余年的公共文化内容配送机制为例,对行政逻辑压制服务逻辑的现实状况进行详细分析。

2014 年,我国沿海 H 市构建了市级、区县级、街镇级的三级公共文化内容配送机制,直面基层社区公共文化内容不足、城乡间公共文化服务不均衡等问题,通过配送机制调动、整合全市公共文化资源,以期满足市民的基本文化需求。[1]该市三级公共文化内容配送机制强调全市公共文化配送资源的统筹,并依托市公共文化配送中心(文化类事业机构),借助互联网技术,牵头搭建了市公共文化内容配送服务平台。这一平台的主要功能有四项:一是公共文化资源的遴选,二是公共文化资源的分配,三是公共文化资源使用的监管,四是公共文化资源的"变现"(即政府将费用支付给文化配送主体)。机制设计者的理想状态是,通过面向社会发布征集令等方式,鼓励各类国营和民营文化机构的公共文化资源归集到统一平台上,然后进行项目评审,发布符合评审条件的资源目录,入选的国营和民营文化机构有资格成为当年度的文化配送主体。在这些公布的资源目录的范围内,全市各街镇可以通过网络平台进行资源点选,各街镇不论其地理位置或经济发展程度,都可以点选相同数量的资源内容,在规定数量内点选资源后就可以与文化配送主体网上签约。根据设计者的想法,这一流程化的机制,既能够解决资源供给衔接不畅的问题,又能够实现文化资源向基层分配,特别是在一定程度上缓解远郊地区文化资源的不足,促进城乡公共文化资源供给的均等化。资源遴选和分配环节完成后,设计者还考虑到了监管和支付等环节以实现机制流程的闭环,主要做法是:基于公共文化资源使用的特点,市公共文化配送中心借助网络平台,依托第三方机构、平台工作人员、专业人员队伍、区县巡查队伍等,对文化资源供给

---

[1] 黄凯锋等编:《现代公共文化服务体系建设》,学林出版社 2017 年版,第 62—70 页。

主体、街镇村居承接主体、街镇管理部门等进行巡查和反馈跟踪，要求巡查人员赴活动现场拍照取证，并形成资源配送质量、效果、受众口碑等的量化评估报告。根据监管情况，市区两级文化配送中心分类别向文化配送主体结算相关经费，对评价情况不佳的配送主体可以扣除经费，不符合要求的还可以动态调整出配送名录，这就意味着其没有资格参与下一年度的文化配送。经官方统计，这一整套配送流程走完，共计有18个步骤。实事求是地讲，这套公共文化资源配送机制依托现代信息技术实现了配送标准化、管理规范化和过程数字化，其依托的行政机制逻辑严密、环环相扣，堪称行政技术理性的典范，在一定程度上改善了以往公共文化资源配送工作中实际存在的内容质量参差不齐、城乡严重失衡、远郊资源匮乏等状况。但是，根据笔者在H市A区的深入考察，这套公共文化资源配送机制由于遵循的是行政逻辑而非服务逻辑，是行政机制而非服务机制，先天不足，因此还是无法有效解决配送内容与公众需求之间的矛盾，必须进行进一步改革。下面，依次从公共文化配送主体的遴选环节、公共文化资源的分配环节、公共文化配送的监督环节和公共文化资源的"变现"环节四个方面进行讨论。

首先是公共文化配送主体的遴选环节。该市公共文化内容配送机制在发布公告、接受申报后，由市、区两级配送中心组织专家开展项目评审，根据评审结果决定进入市、区两级配送名录的主体和项目，并向社会公布。这种召开专家会议对候选项目进行集中性打分评审的方式会产生两个问题。其一，这些专家一般都由各级文化配送中心指定并邀请前来打分的，部分文化配送中心会预先设定意向主体，并告知其熟悉的评审专家，让他们在打分时给予倾斜。有些专家碍于情面，一般都会给予照顾，这样，靠专家打分来产生配送主体和项目的机制可能会沦为一种形式。其二，这种评审机制属于一种典型的黑箱（black box），黑箱的特点是只知道其输入、输出及这两者之间的关系，而不知道其内部的结构，往往不太透明。各申报主体缺乏通过正式制度与各级文化配送中心就评审情况进行沟通的渠道，或者说即使选择了这些渠道，其效果也是令人失望的，他们只能另辟蹊径。考察发现，有的会通过私人关系写信给当地领导，婉转地表达其希望为当地文化事业做贡献的愿望。如果能够获得当地领导的批示或关心,就可能会对项目评审结果产生影响。虽然地方领导主观上往往也并不想去打破评审规则,但由于其所给出的"只言片语"分量很重,负责执行的官员吃不透情况,一般情况下都会对这个机构更为关注一些,这势必又会影响到评审过程的客观公正性。还有相对激化的情况,就是有些在项目评审中落选的人会写信给当地官员,质疑评审的公平性,虽然这些信件内容大多是道听途说,缺乏实际证据,但却从一个侧面反映出这种评审机制存在着明显的信息遮蔽问题,影响到公共文化资源遴选的公信力。公共文化资源遴选机制一旦缺乏公信力,各文化资源供给主体之间就无法形成相对一致的价值标准,在这种情况下,供给主体就可能不会在打磨产品本身上下功夫,而是会花大量精力"搞关系",甚至互相拆台揭短,这必然会造成劣币驱逐良币,影响内容的质量。

其次是公共文化资源的分配环节。市、区两级配送中心将公共财政预算资金以一定算法转换成"额度"[①]后,将"额度"分配给各街镇有关管理部门,再由各街镇部门在分配的"额度"内,根据当年度发布的公共文化资源名录进行选择。这种分配机制基于一种理想假设,就是基层政府及其部门既有足够的信息收集能力"汇集市民的真实需求,同时研究调查行业协会、社会团体、文艺院团及艺术院校等机构的公共文化产品供给情况,使供给与需求之间有效对接",又有强大的信息决策能力来"确立年度配送资源的种类和方向,在实际操作中产品供给向更受市民欢迎的艺术普及、特色活动、文艺指导倾斜"[②]。应当讲,这种做法比过去粗放的文化配送机制进了一大步,使得优质资源更能实现直达基层,而基层政府比其上各级政府都更接近民众,更了解需求,能够在一定程度上增强供需匹配度。但是,观察发现,当前的这种分配机制离真正做到按需配送还差得太远。虽然在制度规定上,基层政府要设计调研表,要开展详尽的调研,摸

[①] "额度"是指一种各街镇用于点选公共文化配送内容的类货币资源,各街镇可在"额度"内用其来选择需要的公共文化配送内容。一般情况下,各级公共文化配送中心会根据各街镇下辖村居数量来进行"额度"分配,以保证每个村居能够分配到均等的公共文化配送内容。

[②] 黄凯锋等编:《现代公共文化服务体系建设》,学林出版社 2017 年版,第 64 页。

清本地区民众的文化需求,实际上,虽然这种机制在有关概念上用"点单""购买"等词汇试图将公共文化配送机制包装成一种基于需求驱动的类市场机制,但由于缺少明确的消费者与消费媒介(货币),因此公共文化资源配送机制本质上还是一种计划型的行政机制。计划型的行政机制在资源分配上是缺乏效率的。实地观察发现,一位颇有名气的说唱艺术名家在接受点单之后,驱车近百公里到远郊A区某村来演出,但观众却寥寥无几。这位艺术名家十分不解,平时他的演出都是卖票的,观众也很多,这次是免费演出,而且他花了很长时间在路上,最后只有四五位老年人在看,而且其中几位看到一半就回去领孙子孙女了。他对镇上点选的人很不满意,演出后向A区文化资源配送中心进行了投诉。A区文化资源配送中心专门进行了调查,询问了当时点选的文化干部,这位干部也觉得很委屈,他向文化配送中心领导抱怨:"我们知道下午三点多老人们都要去学校领孙子孙女,但平台上配送的时间是定死的,我们没法选择。""我们也想点选一些符合实际需求的文化产品,但我们根本没有条件,也没有这个精力,更没有能力按照制度规定上讲的,就每一项文化内容的选择征求老百姓的意见,我们平时要承担大量的镇上工作,很多工作比文化活动要紧迫得多,常常是'一把手'一声令下,我们就要放下手头工作,执行一些急事难事,根本没有那个功夫去做什么调查研究。"她进一步讲:"根据我们那么多年的基层工作经验,即使征集了老百姓意见,对于这种主观性很强的文化活动,也往往会'众口难调',年龄不同,兴趣爱好不同,业余时间不同,各个村居活动场所的条件也不同,这些都会让意见难以达成统一。"在基层干部看来,这些文化配送规定是难以完成的苛求,在过高的要求下,基层干部只能用最简单的方式来进行应对。在他们看来,按时完成点单任务,然后组织好观众,把巡查人员应付过去,不出安全问题,就算是完成了这项工作。至于是否供需匹配,民众是否知晓活动,观众的体验感是否好,这些都很难去准确衡量,也不影响对基层的考核。因此,把这些问题完全归咎于基层文化干部或村居工作人员是不公允的,问题的症结还是在公共文化资源配送机制的缺陷。在行政逻辑下,不同层级的行政主体名义上根据"指令—执行"的规则开展行动,但实际上,不论是指令下达方,还是执行方,都有其自身在不同治理情境下不断变化着的利益诉求。政府利益是客观存在的,各级政府都有本级政府的利益,不同部门也有不同部门的利益,基层街道部门当然也有自己的利益,而官员的个人利益也是重要因素。[①]在资源分配环节,选择什么样的主体、什么样的内容、什么样的时间和地点,都由一级组织或一位具体政府人员作为代理人,代替民众做选择,主观意愿很强,只要在"额度"内,点选什么样的演出具有很大的自主性。这种选择机制就必然会大开"关系"之门。在政府体系内,下级与上级之间保持良好的个人关系十分重要,上级领导的个人要求往往成为下级的重要工作,选择上级领导所推荐的配送主体,将公事当成私事办,就能维系住与上级的良好关系。而在政府体系外,对于千方百计想获得点选进而获得资金支持的文化配送主体而言,则也会想方设法与手中握有点单权的部门及关键人物保持良好的私人关系,以获得某种特殊的关照。

H市文旅部门也关注到了这些问题乱象,相关领导人经过研究,提出了通过举办一种名为文化资源采购洽谈会的机制来打破文化资源供需双方的信息壁垒,减少政府作为中介的环节,促使供需双方更好地衔接。那么,让我们来看看文化资源采购洽谈会到底有没有起到预设的效果。市文旅部门举办文化资源采购洽谈会,邀请文化资源配送主体、社会组织、区镇等政府部门及公众共同来到洽谈会,面对面地进行商谈,解决过去单纯由基层政府代替公众来与文化资源主体进行接触的"信息遮蔽"问题。可以说,这种想法的初衷是好的,打破了所谓的"黑箱"操作,将"交易"过程置于公开的环境之中。特别是首届洽谈会,听主办方讲效果特别好,供需双方都有在线下见面沟通的强烈意愿,此举还极大地拓展了公共文化资源内容配送主体的来源,使不少文化企业、社会组织和民营剧团都有机会来到洽谈会现场,产品被"购买"后纳入公共文化配送体系中。洽谈会还为各类文化主体和文化产品提供了相互竞赛、相互学习的平台,将产品好坏的评价权交给民众。作为该市的创新项目,"洽谈会"得到国家部委

---

① 赵树凯:《乡镇治理与政府制度化》,商务印书馆2018年版,第270页。

的肯定，并作为一项经验向全国推广，一时全国各地都纷至沓来学习"洽谈会"的成功经验。"洽谈会"被作为经验得到肯定与推广，这是否意味着"洽谈会"的参展主体会越来越多，内容会越来越丰富，资源交易热度会越来越高？其实并不尽然。笔者在亲历一届洽谈会的组织筹办后发现，洽谈会举办数届后，已经与其初衷渐行渐远，市、区两级文化部门已经将举办这种"洽谈会"作为他们共同的一项工作业绩，其展示政绩的意义远超实际功能作用的发挥，并在"共谋"机制的掩盖下，将其演变为一场轰轰烈烈的行政表演。

既然是行政展示活动，不论是否有实际需求，每年都要举行，这是规定任务，也是政绩需要。透过亲身考察，笔者更加真切地感受到周雪光所提出的行政逻辑下基层政府间的"共谋现象"，为完成"洽谈会"任务，上下级政府之间共谋应对，相互之间配合默契，合力演好这出"大戏"，将为使公共文化资源配送过程变得公开透明的努力，置换为一个新的更为复杂的"黑箱"操作过程。在外人看来，这场热热闹闹的"交易会"吸引了很多市场主体和社会主体前来参展，交易双方充分沟通交流，交易金额巨大。但是，当如果我们走进"黑箱"内部，就会看到不一样的情景。通常情况下，市文旅局将每年举办"洽谈会"纳入工作计划，并在各区中选择一个区作为承办地。通常情况下，各区都会积极争取，承办市级项目，意味着本区获得一项重要的工作业绩，得到一块在各区考核竞争中胜出的重要筹码。既然将其作为一种政绩，承办区举办"洽谈会"的重点并不是真的服务于供需双方的洽谈需要，而只是以一场让领导满意的表演秀"向上交账"。恰如一位政府官员所言："(洽谈会)作为一项长期开展的品牌活动，年年要有不同，年年要有'创新'，去年部委领导来参加了，今年领导肯定还会来，你们区一定要让领导看到和上一届不一样的亮点和特色。"为此，基层政府就会花大量时间和精力，在上级政府指导下，来研究如何做到"不同"、如何进行"创新"，特别是精心设计、反复排演领导行动路线，组织足够多的群众演员用来烘托场面，"洽谈会"沦为"行政秀"。一方面，为体现出本届活动的"不同"之处，最直接的做法就是通过技术性的操作让洽谈成果(成交金额)超过上届。为此，市、区两级已有成熟的经验，将市、区两级财政用于公共文化配送项目的资金量作为基础数据,再运用一些技术手段做增量,如将一些观众对产品的"点赞数"视为"交易额",这样就形成了本届"洽谈会"亮眼的交易数据。虽然这些数据与供需双方实际成交情况几乎没有什么关系,但却对显现政绩帮助很大,特别是这些数据能够成为各大官方媒体对"洽谈会"进行报道的重要新闻点。另一方面,为体现"创新",主办方会选择当地地标建筑来举办"洽谈会",对各个文化产品展示区域进行规划和设计,使用专业剧场来举行现场节目"路演",用酷炫的舞美、灯光和高科技装置对"洽谈会"的会场进行点缀与渲染。实际上,这些所谓的创新无非是一些外在形式上的变化,新瓶装旧酒,和供需双方洽谈的过程与内容并没多大关系。这种现象并非一时一地,在许多地方已经成为不同层级政府之间的某种"共识",即在资源有限的情况下,通过上下级政府之间的联合,创造出一项亮眼业绩,同时分享由此带来的政绩红利。当然,如果联合得好,能够整合资源,但问题是,上下级政府之间的这种"联合",是基于政绩冲动下的"联合",是基于一致的对上级展示政绩的"联合",是一种重形式不重实质内容的"联合",是一种虚假的"联合",是一种典型的"共谋"式的"联合"。那么,为什么这种现象会重复发生呢?周雪光认为在现有体制下,基层政府的共谋行为已经成为一个制度化了的非正式行为,这种共谋行为是其所处制度环境的产物,有着广泛深厚的合法性基础。他指出,共谋行为不能简单地归咎于政府官员或执行人员的素质或能力,其稳定存在和重复再生是政府组织结构和制度环境的产物,是现行组织制度中决策过程与执行过程分离所导致的结果。[①]吴理财在此基础上进一步做了补充,他认为,"这不仅是现行组织制度中决策过程与执行过程分离所导致的结果,更是决策、行政行为与民意表达、民主参与相脱离所导致的结果。如果在公共文化服务中缺乏民众需求表达和民主参与的环节以及与之相应的制度化机制保障,公共文化服务仅仅在行政体系内部运作的话,公共文化服务沦为'行政秀'似乎不可避免"[②]。

---

① 周雪光:《基层政府间的"共谋现象"——一个政府行为的制度逻辑》,《社会学研究》2008年第6期。

② 吴理财:《公共文化服务的运作逻辑及后果》,《江淮论坛》2011年第4期。

笔者认为,在决策过程、执行过程与民意表达、民主参与相脱离的背后,还存在着更为根本的成因机制,即使民意表达、民众参与其中,并不一定就能起到立竿见影的效果。在"洽谈会"案例中,不少所谓的"民意代表""社会机构"参加交易会,他们配合政府参加这场"行政秀",并不是为了来参与公共文化内容配送的决策过程和执行过程,而是为了通过满足政府的政绩需要,与政府保持良好关系,以期在日后政府举办的活动或项目中分得利益。这些所谓的"民意代表""社会机构",目的性极强,善于表演,懂得配合,主动加入"共谋"行列并以此为荣,擅长运用体制达到其个人目的。当然,把问题完全归咎于这些"民意代表"和"社会机构"也是不公允的,他们不过是在当前激励制度环境下经权衡利弊后所做出的合乎理性的行为。

再次是公共文化配送的监督环节。市文化资源配送中心为保证公共文化资源配送内容的质量,依托市、区两级巡查队伍对产品配送的情况进行动态监管和综合分析。这种监督机制往往是围绕着一套指标展开,他们对各配送主体完成配送任务的情况进行考核评价,遵循的也是行政的逻辑,一般是由自上而下的考核压力驱动的。由此,来自上级制定的巡查指标体系,就成为基层应对上级监督的主要工作内容,换言之,完成巡查指标的考核任务就成为基层开展文化资源配送工作的行为指向。考察发现,上级管理部门会根据当年度文化配送工作,制定巡查方案和巡查表,下发给巡查员开展巡查工作。一份巡查方案的内容记载,"巡查员要根据公共文化内容供给中心现场巡查表对活动时长、上座率、宣传标识等进行打分,如现场涉及扣分的项目,需写清楚扣分原因,并拍照记录留档。收集现场活动的节目单、讲稿或宣传品,对活动全景、舞台、讲台、观众席、展览区等场景拍摄不少于 5 张的照片,录制不少于 10 秒的现场活动场景视频。巡查结束后,要将巡查表、照片、视频在平台进行上传,纸质材料汇总后统一提交公共文化配送中心"。在这种巡查机制的作用下,被巡查的基层文化部门只关心是否能够完成巡查的要求,也将工作重心放在应付这些指标的对标达标上,特别是对节目单、背景、舞台、观众人数等刚性内容特别上心,并不在意公众的感受,因为公众感受很难量化评价或者说很容易"造假"。由于在公共文化配送过程中缺失公众的表达和参与环节,便会出现文化资源巡查评价良好但公众感受度却大多不高的情况。王列生在论述上述现象时,将其归纳为一种"文化体制逆向性结构矛盾"。他认为"现行文化体制在运行过程中很大程度上属于向上负责,基层文化部门的公共服务意识及其责任明显低于对上级执行使命的承诺,文化责任上行及价值逆向性内在地支撑着体制的行政存在方式"[1]。王列生所论述的文化体制逆向性结构矛盾在公共文化配送的监管环节就十分突出地表现出来。在当前制度环境下,自上而下的考核压力远大于自下而上的民意压力,必然在实际运作中诱发基层文化部门的行为扭曲,考核机制异化,考核成绩与民众感受相脱节。

最后是公共文化资源的"变现"环节。财政资金通过公共文化内容配送机制支付给文化类社会组织、文化企业等配送主体,以覆盖其成本,获得可持续运作的资金支持。公共文化配送的监督环节与公共文化资源的"变现"环节(即政府向公共文化配送主体拨付经费)是紧密关联的。根据机制设计,如果巡查评价下来达不到合约标准,就要扣除相应经费,情况严重的,还可能被调整出公共文化配送主体的名录(取消下个年度的配送参与资格)。但在现实观察中,被扣除经费的情况很少,调整出名录的更是凤毛麟角。经过多年运转,这些公共文化配送主体与相关政府部门之间的关系网络早已形成。这种关系网络与现代治理结构有本质上的区别,其往往是一种非正式的相互依赖关系,这种相互依赖关系的交往规则不是基于正式制度,而是隐性规则。在早已形成的关系网络中,基层文化部门有足够的动机去维护一些特定的关系,或者说,不愿意在无损自己利益的情况下,去阻挡他人的利益。现实观察也印证了这一点。调研中,有一位文化干部曾发现一个文化演出团队的巡查结果很不理想,想将这个团队移出配送主体名录,这个团队的负责人得知后,就千方百计透过各种关系找上级官员来说情,还造了这位文化干部的谣。迫于各方面压力,这

---

[1] 王列生、郭全中、肖庆:《国家公共文化服务体系论》,文化艺术出版社 2009 年版,第53 页。

位文化干部还是妥协了。

更大的问题还在于,这些问题虽然暴露出来了,不少地方官员也意识到这个机制的缺陷,但对于造成这些问题的根源却找错了方向,以至于提出的改进举措所遵循的还是自上而下的行政机制,没有从根本上转变制度环境。在他们看来,这些问题的原因是巡查频次和力度不够,认为上级如果不严密管控,基层就会出很多问题,因此,出现了这样的逻辑循环:因为上级不信任下级,所以,上级就将若干本应该属于基层的权力集中在自己手里。结果是,越到基层越没有权力,而且责任越大,风险越高。观察发现,针对同一个公共文化配送活动,不仅街道社区自己要进行检查,区里也要进行巡查,市里还要检查,检查内容和标准还不一样。其实,这样的高强度的密集巡查,事情未必办得好,不仅造成人员、经费的资源浪费,更可能会因巡查人员权力的扩大而增加寻租风险。这种状况是不可持续的,长此以往只会让公众对公共文化配送这项"惠民"之举越来越失望。

进一步分析发现,这些问题的产生与长期以来对行政技术治理的迷信有关,总以为依靠逻辑严密的治理技术是可以解决好公共文化服务问题的,而之所以还存在公共文化服务问题,主要是因为治理技术还不够完善,因此,我们会看到,互联网、信息技术、大数据、人工智能等现代技术被陆续运用到技术治理过程。不过,辩证唯物主义强调,任何事物都有两面性,行政技术也存在其局限性,治理技术只触及行政体制中的工具和操作层面,未从根本上改变行政权力运行的布局和架构。[1]不同行政主体以自身为中心展开的制度设计往往容易使具有整体特征的公共空间被技术性地"碎片化"。[2]

从长远看,这种基于行政逻辑的公共文化治理方式必须进行改变。如果不用这种行政机制,靠什么力量来推动基层政府为公众提供公共文

---

[1] 渠敬东、周飞舟、应星:《从总体支配到技术治理——基于中国30年改革经验的社会学分析》,《中国社会科学》2009年第6期。
[2] 李友梅、肖瑛、黄晓春:《当代中国社会建设的公共性困境及其超越》,《中国社会科学》2012年第4期。

化服务？那就要用"服务的逻辑"来替代"行政的逻辑"，以市场机制来平衡行政机制。服务的逻辑就是将民众作为服务对象，让民众满意是其追求的主要标准。服务的逻辑也不是完全排斥行政机制。公共文化服务作为公共产品的一种，具有公共物品供给中容易"搭便车"的特点，特别是保基本的公共服务，市场主体一般无利可图，政府就要承担主要责任。承担主要责任并不意味着要大包大揽，政府要尽可能向民众公开服务的全过程，增加行政透明度，以此取得民众信任，这样其自身也能规避腐败风险。当前从中央到地方正不断完善公共文化服务相关的法律法规，靠法律制度的刚性约束，来保证政府履行法定职责，其实效性上还有待进一步观察。随着公众生活水平和文化需求的提高，市场机制的运用终究将成为服务逻辑的主流，如果只是在政府体系内部进行改革，不论怎样改，行政、计划的方式终究是低效的，而市场机制才是资源配置最优的方式。笔者所在团队在实践中试点开展了公益性收费的改革，不再使用免费赠票的方式，而是每年用财政经费购买一些文艺演出活动，以30元、50元和80元的票价向公众出售，用市场反应来检验这些文艺演出活动的质量。市场反响好的演出活动，后续还会继续作为政府采购内容，反之则不再购买。此外，通过市场渠道，将这些演出信息向全社会公开，使更多的民众能够知晓这些演出的信息，而不像从前，政府公益演出只有少部分人知道并有机会参加。之前是免费送票，获得赠票的人觉得反正是免费的，去不去都无所谓，现在虽然票价也是很优惠的，但毕竟是自己花钱，没有特殊情况都不会无故浪费，这样现场参与的人也多了。对于一些特殊人群，如文化志愿者、困境青少年等，还是会定向送票，但因为有了票价作参照，这些人群的获得感就会更高，政府对特殊人群的关爱价值也更能得到彰显。

　　除了政府和市场，根据国际通行的做法，各类社会组织也是公共文化的主要供给主体。公共文化与公民社会具有天然的亲缘性，公共文化服务最终要靠社会公众来自我管理。笔者在多地考察发现，凡是公共文化服务做得好的地方，都有若干优质的社会组织在发挥着重要功能。这些社会组织都有一些骨干成员，他们来自社会，懂得社会的需求，又经过专业的培训或长期的工作历练,具有娴熟的社会工作能力,了解公益项目的运作过程,也善于整合各方资源来推动公共服务。未来公共文化资源配送的改革,可能就是要在各街镇、社区,充分挖掘和培养这样的社会力量,地方政府要努力为这些社会组织创造良好的工作环境,并将资金、资源输入这些社会组织,让这些社会组织有能力开发公共服务产品,有持续的资源进行自我运转,因地制宜探索更高效的公共资源运作模式,让政府资源与社会需求之间更好地衔接。作为政府与社会之间的桥梁纽带,培育高质量的社会组织并充分发挥其公共文化资源配置功能,是更好解决文化资源供需矛盾的关键,也是转换行政逻辑的主要动力。

三、监督空转消解转型动力

要将公共文化治理体系及其运行逻辑从"行政的逻辑"转向"服务的逻辑",就必须在运行过程中建立由社会意志和民众意愿所制约的刚性的监督机制,否则,行政逻辑就会压制服务逻辑,根本无法抑制政府领导的政绩冲动,公共文化建设就不会基于社会需要,而是基于上级的要求或者官员自身的需要。同时,我们应正视中国社会的客观历史条件,这种历史的条件及其惯性,在一定程度上使得这种转型变得十分艰难。从政治文化的传统来讲,中国并没有民主政治的传统,历史上,中国政治以集权为特征,这种传统具有根深蒂固的影响力,对当前政府体系和国家的治理的影响仍在持续。政府自上而下的行政逻辑与中国政治文化传统有内在关联。这种行政逻辑热衷于以自上而下的政府规划推动社会变迁,而忽视或者缺乏吸纳自下而上民众表达的天然基因,导致政府运行绩效的评价、测值和监管缺乏法治和民意的有效监督,其规划推动的内容和项目往往是上级的"规定动作"或者是官员的"想象"甚至是其一厢情愿。由于政府对社会变迁不由自主的控制意图,一方面,不能严格按照"依法行政"的要求,促使政府运行的各个实践环节嵌位于依法行政而非权力操作的现代治理框架之中;另一方面,不会实质性地遵循"以人民为中心"的思想理念,实质性地形成民主参与的渠道和自下而上的民意表达机制。只有做到公众的实质性参与,政府运行才会总体吻合于人民意愿并始终处于社会和民众的有效监督之下。

当前，在国家治理体系和治理能力现代化的战略指向下，中国政府运行的理念和方式都在进行转型，主要的思路就是推进人民民主和强调依法治国，用民主监督、法治监督来推动政府职能的转型。但是，当我们深入观察当前由行政驱动的公共文化治理体系时，就会清醒地认识到监督空转的消解力和破坏力，将在较长时间内导致中国公共文化治理体系与治理能力的体制性固化。相比过去，虽然法律、规则和标准已经建立起来了，要求民众参与公共文化建设的规定也在相关制度中有所体现，有关监督机制也看似在正常运转，并或多或少被写进各级政府的相关方案、总结与报告之中，不过这些监督的运转多数是在空转，而不是在实转。这些监督机制看似在不停运转，但这不过是参与者及其运转进程自身的体制损耗，是一种内耗型或者说内卷化的监督空转，对公共文化治理建设与发展而言，这种监督空转由于缺失公众的实质性参与而根本无法实现其完善与推动治理的目的。

下面，以公共文化设施运营为例来讨论监督空转问题。在《公共文化服务保障法》《公共图书馆建设标准》《博物馆建设标准》《公共美术馆建设标准》等相关法律法规和国家标准中，对于公共文化设施的规划、设计和建设的要求与标准，可以说已有了很大的完善与进步。这些规范、标准不仅凝结了大量的实践经验，而且经过了严格的民意征集、专家研讨和合法性审查等程序，具有很强的规范性和指导性，符合科学理性的治理原则，为各级政府建设公共文化设施提供了重要的操作指南。但是，由于监督空转，这些法律、标准并没有对各级政府起到刚性的约束作用，很多规范标准都没有很好地被执行，没有实质性地发挥其应有的作用。《公共文化服务保障法》中规定，"公共文化设施选址应当征求公众意见"，其目的是用征求公众意见的方式来监督公共文化设施选址的决策过程，约束地方政府决策的随意性。从形式上看，事前征求公众意见、事中开放公众参与、事后邀请公众评价等环节一个都不少，台账记录都有，看似完成了法定事项，但事实上，这条规定的原则性非常强，过于宏观，缺乏具体的操作规程，使得公众实际参与规划选址决策的可行性非常低。征求哪些人的意见，开放给哪些人参加，邀请哪些人来评价，这些对象都是被精心选择过的,其代表资格的合法性是值得商榷的。考察发现,政府虽然必须公示设施选址方案,但却在公布时间、渠道、方式上拥有很大的运作空间。他们可以选择公布在几乎无人浏览的网页上发布,而不是阅读人数更多的微信公众号,以减少社会公众的知晓范围。社会公众即使看到了方案,也没有足够的时间去进行研究,并在十分有限的信息条件下提出合理的建议。这种监督空转现象是长期以来民众参与缺位的结果,以致社会公众对这些情况已经习以为常、冷漠无感,对政府公共项目建设已经形成了无应对、无反馈的态度。笔者在一项调查中也印证了这种无应对、无反馈的态度。对公众来说,之前很少看到政府在公共文化建设上有这么大的动作和投入,特别是对居住在郊区和农村地区的民众而言。近年来,在乡村振兴战略的带动下,很多乡镇都兴建或提升了高等级图书馆、文化活动中心等,但对于这些文化设施的建设,普通民众并没有什么发言权,也缺乏提出不同意见的渠道。考察发现,大多数新建公共文化设施的利用率虽然不高,但民众并没有表现出失望或者不满,对他们而言,项目建设前没有征求过他们意见,使用过程中也一般不会询问他们的需求,这一切似乎是自然而然的,人们习以为常。何止是普通民众持有无应对和无反馈的态度,有些基层干部亦然。文化项目的规划建设,其决策权一般都高度集中在少数主要领导,有时就连文化行政管理部门的主要负责人都无权过问。访谈中有文化管理部门负责人说:"我们连参会资格都没有,更别提从行业标准、行业规范的角度对场馆建设提出意见建议了。等我们知道规划建设方案的时候,往往就是需要我们单位履行法定盖章程序的时候了。虽然心里憋得慌,但没办法,领导决定的事情,你敢不盖章?"在决策与执行相分离的制度环境下,文化行政管理部门只能根据上级决策执行,配合履行好一些法定程序环节。将上级的要求快速落实好,起码还能留下一个讲大局的好名声。

  公共文化设施建设的监督空转,给公共文化治理效能的发挥带来了诸多问题。

  首先,公共文化设施规划布局的随意性、片面性和主观性很大,不是根据实际的社会需求,而是主要从政绩角度来考虑,用行政逻辑来操作,从根本上讲还是遵从着"长官意志"。比如,某沿海城市新建公共图书馆,选址只距离该市某区级大型图书馆不到3公里,且两座图书馆的规模均在市里数一数二,这就人为加剧了公共文化资源配置的不平衡。居住在这两座图书馆周边的市民,享受到了极高的文化福利,他们的房价也得到增值,但生活在其他地区的居民,就很少有机会享受到这些花费了财政巨资建设的场馆资源。当笔者在调查时追问原因时,该市图书馆馆长告诉笔者,"时任市里主要领导在图纸上圈画了一下,就这么定了这个建设地址"。

其次,有些投入大量人力、物力和财力建设的公共文化场馆,因为在建设规划阶段没有遵循行业标准,导致建成之后的利用效率很低。比如,美术馆建设应遵循公共美术馆建设的国家标准,这份标准是在"充分考虑了我国不同地区经济社会发展水平、人口结构、环境条件,并结合公共美术馆的建设特点和发展趋势,广泛征求各有关部门、专家的意见"[①]后审定发布的,应当成为"编制、评估和审批公共美术馆建设项目建议书、可行性研究报告和初步设计的重要依据,也应该是有关部门审查初步设计和监督检查工程建设全过程的标准尺度"。《公共美术馆建设标准》详细列明了公共美术馆用房分区、层高、面积等功能性指标参数,具有很强的指导性和操作性,但是考察发现,该市某区的一座新建美术馆,其规划建设之初就带有强烈的"长官意志",当地文化行政主管部门在决策过程没有发言权,规划建设没有按照美术馆建设的标准要求,结果每层的净高低于4米的层高标准,建筑也没有配套放置美术作品的库房,造成了建设缺陷。这种建设缺陷一旦形成,后期是极难弥补的。事实也是如此,这座美术馆建成投入使用后,在承接美术展览方面就受到了很大的限制,从而长期闲置。还有一些文化场馆,当地在还没有予以明确功能定位的情况下就急不可待地启动建设,建成之后都变成了"四不像",做什么类型的场馆都不达标,都不适合,让负责运营的部门苦不堪言。如果要使其发挥某类文化场馆的功能,就又要花费大量经费去做功能改造,这种重复改造又会导致

---

① 参见《公共美术馆建设标准》建标193-2018。

大量的重复建设和资源浪费。另有一些文化场馆，在建设规划前没有全面系统地考虑到建成运营后可能带来的巨大能耗压力，以至于项目一建成，就面临政府财政无力支撑的窘境，只能将部分场馆租给市场主体进行商业化运作以减少财政支出，但这种做法又滑向了新的"以文养文"。公共文化设施的高效能运营是公共文化善治的重要体现，也是塑造公共精神和公共理性的重要手段与媒介，显然不应只追求公共文化设施的建设规模与新颖外观，而是要追求其功能发挥的实效，发挥其应有的促进公共文化发展的作用。如果不解决好监督空转问题，任由长官意志作祟，政绩观错位，不仅会继续在低效场馆建设上浪费大量的人力、物力和财力，而且根本无法透过公共文化建设推动形成服务型政府自我完善和持续改革的倒逼力量，公共文化的社会效能与价值导向功能发挥也将无从谈起。

　　公共文化治理的有效性在于政府和公众的共同认可与步调一致，如果公众的需求得不到有效的回应，长期不能感受到公共文化服务所带来的变化，政府公共文化治理能力就会失去公信力，政府主导公共文化建设的合法性就会被逐步消解。缺乏监督的政府看似拥有更大的自主权力，但是政府权力与治理能力之间存在着某种悖论（paradox），政府权力越不受限制，治理能力反而越虚弱。改革开放多年来，尽管国家接续出台了如政府购买服务、社会参与公共文化服务、文化消费市场培育等公共文化政策与制度措施，但对公共文化治理体系建设现实困境的考察中可以发现，行政驱动公共文化治理的价值取向没有根本改变，行政驱动下的公共文化治理的行为逻辑也没有变化，其运行机制并没有发生实质性的变化，还是那个自上而下的行政控制、自下而上的考核应对和自娱自乐的监督空转，服务型政府转型在监督空转的情况下难以真正形成，反而陷入更为繁杂低效的内卷消耗。

　　改革开放四十多年来，中国社会发生了巨大且深刻的变化，人们的日常文化娱乐活动已经几乎完全脱离以往的集体化体制，与市场经济融合在一起，草根文化、大众文化、非主流文化等不同文化形态不断涌现，Z世代文化的新社交、新生活、新玩法蓬勃生长，文化消费、文化众筹、文化志愿者等一系列制度措施为公共文化建设与发展注入了新的活力，社会文化生产力飞速发展。但同时当前公共文化治理体系却并没有及时调整和转型来适应当前新的社会文化生产力的变化。基层官员大多在自上而下的各种指令、任务、考核中被动应对,并以上级领导对任务完成情况的认可度,以及在各类考核中的分数与位次作为其工作的目标,从中获取属于自己的政绩,无暇关心是否真的满足了多少民众的文化需求,解决了多少民众期盼的问题,也没有什么动力切实履行通过公共文化建设引导社会价值取向的根本职责。在当前治理体系下,政府与公众之间存在很大的割裂,治理与社会发展之间衔接不佳,这是我们必须正视的严峻现实。近年来,随着国家能力的增强,中央政府已经在以人民为中心价值理念的驱使下于国家公共文化建设与发展领域投入了大量资金资源,文化惠民工程在全国遍地开花,并随着乡村振兴战略的深化带动了不少薄弱乡镇和农村文化设施面貌的极大改观,但各级政府公共文化治理体系转型的严重滞后,使得大量投入文化领域的资源资金使用绩效不佳,不少文化惠民工程建设低效运转,还在诸多地方催生了形式主义与政绩工程,引发民众的怨言。由此,我们应当正视当前行政驱动公共文化治理体系的结构性困境,这是找准公共文化治理体系走向现代化逻辑起点的关键所在。以上所分析展示的公共文化治理困境还只是一种表面的现象,我们提出要破解制约公共文化治理体系走向现代化的现实困境,必须透过表象,反思这么多年来为何在屡次文化体制改革下公共文化治理体系转型还是如此艰难,进一步深入分析和把握困境的本质。

第二节　激励异化:中国公共文化治理困境的本质

政绩冲动的思维定式、行政逻辑的路径依赖、监督空转的机制缺陷,使得公共文化治理体系在运转过程中陷入内卷化的运作空间,转型艰难。这种结构性困境造成置身其中的各级干部有心无力,虽然知道存在诸多问题,但无法通过自身的努力来改变现状,只能心有余悸地看着公共文化建设与发展的过程持续偏离政策设计的初衷。从纵向看,这种治理结构抗拒和回避基层社会的实际需要,其决策和运行的驱动力并不是基于真实社会而只是来自上级的激励或压力,对上负责而不是对公众负责,政绩显现的行为取向很难被打破。从横向看,治理结构缺乏内在的平衡,企业和社会组织等不同治理主体不仅在公共文化建设中的优势能量无法得到释放,而且企业和社会组织的行为取向还会发生扭曲,其行为逻辑被行政逻辑强制同构,被吸附进行政驱动公共文化治理体系的"黑洞"中。笔者借用组织学的学科视角,尝试对这种现象提出一个理论解释,其中心命题是:当前由行政驱动的公共文化治理体系陷入了一种制度化了的路径锁定的"内卷化"状态,这种状态是其核心驱动机制的产物,其制度环境有着广泛深厚的合法性基础。本研究强调,这种"内卷化"状态不能简单地归咎于地方干部或者企业和社会组织人员的素质与能力,他们的行为被这种核心驱动机制锚定在固定轨道上难以改变、重复运转。这种特定路径的恶性依赖在很大程度上是多年来政府迷信行政技术主义,热衷于通过自上而下增强激励强度来推动公共文化建设所导致的结果。提高激励强度本是为应对社会需求而做出的制度安排,但在实际运作中却成为政府体系内部强化对下管控的手段,超脱出社会环境、独立于外在的社会需求。激励制度(客体)本应是公众需求(主体)的产物,却本末倒置地变成了真正的主体,这种情况即为激励异化。笔者认为,在激励异化被锁定的状况下,国家单纯增加对公共文化建设的激励强度(如强化考核评价或向该领域加大资源、资金、政策、技术和人才等要素的投入),反而会造成公共文化治理"内卷化"程度的持续恶化,加剧路径依赖,公共文化建设低效状态会更加严重。笔者提出,进一步全面深化公共文化治理体系改革势在必行,而系统把握"激励异化"问题本身是找准改革突破口的关键所在。

一、异化

早在黑格尔提出"客观精神的异化"、费尔巴哈提出"宗教的异化"时,"异化"(alienation)作为哲学用语的意思就已经明确,指的是将自己拥有的东西转化为同自己对立的东西,也就是所谓的主体被对象化,变成了客体。费尔巴哈在《基督教的本质》中认为,基督教就是一种异化,上帝本是人类自身的属性,而人类却把自身的内部属性抽象出来,加以想象夸大和人格化,上帝就变成了一个从人类中独立出来、远强于人类自身的实体来顶礼膜拜的东西。因此,是人将自身的本性异化给了上帝,与其说上帝创造了人,还不如说是人创造了上帝。正是看到了这一点,费尔巴哈努力要使人从盲目的宗教信徒转变为善思的思想者,摆脱对宗教的依赖感和奴役,认识人类自身,确立人在自然社会的核心地位。

马克思也认识到了"宗教的异化",可他没有止步于此,而是进一步深入现实的社会生活之中,深入探究异化的概念本质。他在《1844年经济学哲学手稿》中,对异化的概念做了深入的分析,他认为,"劳动者把自己外化在他所生产的产品中,这不仅意味着他的劳动成为对象,成为外部的存在,而且还意味着他的劳动作为一种异己的东西不依赖于他而在他之外存在着,并成为与他相对立的独立量;意味着他灌注到对象中去的生命作为敌对的和异己的力量同他对抗"①。在异化的情况下,"劳动者在自己的劳动中并不肯定自己,而是否定自己,并不感到幸福,而是感到不幸,并不自由地发挥自己的肉体力量和精神力量,而是使自己的肉体受到损伤,精神遭到摧残"。马克思的"异化劳动"将异化概念升华到一个更高的层次,从费尔巴哈的绝对精神或自然的人转向了现实的、具体的人。在马克思看来,现实的、具体的人是"类存在物",生产生活本身就是人的自由自觉、能动的"类生活",但异化劳动使人的自由自觉的"类生活"特性丧失,变成了像动物一样的生存,导致人的本质的异化。在马克思看来,异化是指一种自身分离出来的素质或力量逐渐跟自身疏远化,从而成为异己的支配统治自身的素质或力量的过程。②

在马克思之后,匈牙利思想家卢卡奇根据马克思对资本主义社会"商品拜物教"和人与人之间的社会关系金钱化的描述,提出了"物化"的概念。"物化"是指人生产出商品,但在商品世界里人自己也变成了商品;商品按照市场法则运行,不以人的意志为转移,而人也像商品一样丧失了自己的主体性。商品社会中的物化现象、物化结构和物化规律最后都会变

---

① [德]马克思:《1844年经济学哲学手稿》,人民出版社1985年版,第45页。
② 赵树凯:《乡镇治理与政府制度化》,商务印书馆2018年版,第257—260页。

成人们心灵深处的牢固信念,集中表现为"拜物教",即用物的价值来评估人的活动和价值。①"异化"还被更广泛地用来分析社会现象。弗洛姆在《逃避自由》一书中,认为资本主义的自由竞争打破了封建社会的桎梏,"一方面,人日益摆脱外在权威获得了独立;另一方面,人日益孤独,并滋生了个人无意义感和无权感"②。他认为,在资本主义社会,人们所获得的自由总是伴随着个人的孤独感与无力感。要摆脱这种状态,从积极方面看,出路是使个人获得较为合理的发展,个人的聪明才智得到较为充分的发挥,在创造性的工作中实现自我;从消极方面看,出路则是放弃自由,因而产生逃避自由的心理机制。随着对劳动异化、人的异化等研究越来越广泛,异化也被用来描述人以外的制度、组织和行为。

赵树凯在对中国基层乡镇政府问题的深入考察中提出了"制度异化"的概念,用来描述制度在运行中所出现的反常现象:"直观地看,这是制度设计的目标与制度运作的结果发生背离;内在地看,则是制度与社会需求之间的关系被导致。"民众对于政治参与和公平正义的需求以及政府对于政权稳定和政治秩序的需求,直接催生了各项制度安排,但制度产生之后,它与制度环境之间的关系就日渐分离,变成了脱离于环境和需求的"主体"。受启发于此,本研究在主客体倒置的思考中产生联想,从近年来政府在行政驱动公共文化治理体系框架下,虽然不断增加激励(压力)强度但收效甚微的观察中,提出"激励异化"的概念。

二、激励异化

激励制度是为人们的行为提供奖惩措施的一系列的规定,简而言之,即对合规者有什么激励、对犯规者有什么惩罚进行制度安排。近年来在政府改革的一系列举措中,一个重要的组成部分就是强化对官员政绩的考核,并通过提高激励强度,希望各级官员的行为更好契合激励设计者的期待,使得地方利益与中央意图保持一致。③然而,这些激励机制在实践中

---

① 赵树凯:《乡镇治理与政府制度化》,商务印书馆2018年版,第258页。
② [美]弗洛姆:《逃避自由》,刘林海译,国际文化出版公司2002年版,第57页。
③ 周雪光:《基层政府间的"共谋现象"——一个政府行为的制度逻辑》,《开放时代》2009年第12期。

往往没有产生预期作用,有时甚至适得其反。本研究认为,激励制度本是为应对社会需求变化而做出的制度安排,但在实际运作中却超脱出社会环境、独立于外在的社会需求,甚至还异化为上级政府谋求其自身利益的手段。激励制度(客体)本是公众需求(主体)的产物,却本末倒置地变成了真正的主体。在本研究中,我们在公共文化治理语境中,提出"激励异化"这一概念,并用来描述与分析这类问题。

组织学认为,在一个组织中,激励制度设计的目的是诱导有利于组织目标的行为。有效激励设计的基本前提是,设计者必须对组织激励及其强度与人们组织行为之间关系有着准确的把握。[1]在经济学家米尔格罗姆和罗伯特看来,对组织激励的准确把握需要遵循两个原则。其一,要考虑"员工努力程度和产出之间的关系",如果员工无论怎样努力,都难以改变其产出的话,增加激励强度只能诱导员工通过作假来达到自上而下的预期。其二,激励强度应该与"测量表现的准确程度"成正比,如果一个官员的政绩表现难以准确测量,提高激励强度只能是诱使他们将主要精力用于加强其与上级官员的非正式关系,以规避仕途风险。[2]

从这一角度来看,激励异化问题表现在激励设计的目标与激励运作的结果发生背离,激励机制与社会需求之间的关系被倒置,激励机制的正式目标被官员因自身利益诉求而催生的其他目标所替代,变成了脱离于社会需求的主体。激励异化问题有以下三个显著的特征。

其一,激励制度脱离现实,超出实际能力,下级政府面对无法完成的目标和强大的激励(惩罚)压力,被迫采取做出符合其切身利益的行为以应对上级政府。类似情况已在学界受到广泛的关注。例如,周雪光指出,干部晋升制度中关注短期政绩的激励机制诱发和强化了基层政府向下攫取资源的倾向。[3]他在另一篇文章中用相似的观点来解释这种现象:正式

---

[1] 周雪光:《基层政府间的"共谋现象"——一个政府行为的制度逻辑》,《开放时代》2009年第12期。

[2] Paul Milgrom & John Roberts, *Economics, Organization and Management*, Englewood Cliffs, N.J.: Prentice Hall, 1992.

[3] 周雪光:《"逆向软预算约束":一个政府行为的组织分析》,《中国社会科学》2005年第2期。

制度的激励强度(如一票否决)加大了问题暴露的后果风险,诱发在目标无法完成的条件下以共谋行为规避风险的冲动。①陈锋描述了基层干部在无法承接输入乡村社会资源的情况下,遵循"不出事逻辑"而呈现出的消极作为或难以作为的状态。②笔者考察发现,由于部分文明城市创建指标体系对地方文明办提出了脱离地区发展实际的过高要求,且不少指标内容并非地方文明办所能牵动协调,由此诱发某些地方文明办采用一些表面化、形式化应对的非常规"应试"举措来获得高分。不论是向下攫取资源还是做出共谋行为,不论是消极避责还是突击应付,都是这些地方干部在那时那刻面对几乎无法完成的超越实际的激励目标而通过权衡利弊后做出的理性行为。这种激励异化的特征表明,超出能力限度的激励机制会导致与激励目标相悖的行为,诱发官员根据其所处情况采用对自身最有利的行为来规避风险的倾向。这样的激励强度越大,其无法完成的后果越严重,官员行为扭曲的现象就会越突出,避责、推责甚至作假的行为就会越普遍地发生。

其二,激励机制缺乏明确可测的责任目标,下级政府的工作成绩主要取决于上级部门的主观判断,政府官员为了应对主观判断所带来的对其职业生涯的风险性与不确定性,他们建立起上下级部门和同级单位之间的非正式的关系网,以便在出现问题时得到保护,以免仕途安全受到影响。比如,党群部门的工作成绩很难定出明确可测的责任目标,这就造成其工作考核优劣主要取决于上级部门的主观性评价,下级部门就需要利用各种机会与上级部门培养发展特殊关系,以在关键时候得到通融和方便。还如,激励制度中连带机制的责任目标也存在很大不确定性,因为一旦出现问题,不仅具体负责人要承担责任,还要视情况追究主管领导和上级政府领导的责任。这种连带责任机制也同样诱发上级政府产生与下级政府结成利益共同体的强烈意愿,加剧了上下级之间建立非正式关系的

---

① 周雪光:《基层政府间的"共谋现象"——一个政府行为的制度逻辑》,《开放时代》2009年第12期。
② 陈锋:《分利秩序与基层治理内卷化资源输入背景下的乡村治理逻辑》,《社会》2015年第3期。

行为。还如,近年来从中央到地方都高度关注工作的统筹协调,每个部门或多或少都承担了在同级单位之间牵头推进某个项目或工作的职责。在实际操作中牵头单位要对项目成败负最终责任,但其自身又缺乏推动某项综合性任务的完整权力,必须将分割在各单位的权力跨边界地整合起来,同级单位之间因为行政级别相等,在正式关系中往往谁都很难牵得动谁。因此,政府部门为规避承担所牵头项目失败的最终责任,或者为应对未来可能遇到的类似情况,就不难理解官员总有花费很大精力经营各种关系网络,以便在有跨单位资源整合的需要时能够顺畅地进行协调,降低沟通成本,并尽可能少地请求上级进行工作协调。因为一旦需要上级领导介入,不仅意味着更烦琐的汇报程序,而且对于下级官员而言也是自曝不足,这可能会带来上级领导对本单位工作及官员本人的负面评价。激励异化的第二种特征表明,缺乏实际可测责任目标的激励制度,会诱发政府官员利用各种机会培养发展私人间关系的行为以便获得上级官员主观好评。在这种情况下,激励强度越大,政府官员所面临的不确定性和失败风险也就越大,其经营各种关系网络的冲动就会越强烈。

其三,政府官员的关系网络编织完成后,关系网的自身利益会逐渐凸显,而且可能会从政府内部向外延伸,将政府体系以外的企业家、社会人士等纳入其关系网络,官员既可以利用这些关系网应对上级政府压力为自身谋得政绩,也会诱发其动用私人关系网谋取私利的冲动。这种激励异化的特征让我们看到,上级政府越是集中权力,越是对下增加执行过程中的激励强度,各类关系网就会越来越紧密,诱导、强化极个别官员利用这些关系网寻租和贪腐的风险就会越高。

本研究所关注的公共文化治理的"内卷化"状态正是激励异化的一个突出表现,即政府官员用政绩取向、行政逻辑和监督空转的治理体系来应对近年来不断提高的激励(压力)强度对其职业生涯所带来的不确定性风险。

首先,激励异化使政府官员的政绩观发生扭曲,政绩取向发生偏离。在中国行政体制下,政府官员在职业生涯上的发展,需要具体实在的政绩表现,但是上下级政府官员的关系中存在着严重的信息不对称。从政绩考核的角度看,这种信息不对称性主要体现在下级官员对自己工作中需要克服的困难、工作绩效等方面有着比上级官员更多的信息。而相比之下,上级官员对下级官员的工作业绩难以准确全面地了解把握。①下级官员为解决信息不对称所造成的问题,其本身就有通过各种方式发出信号,将自己能力和业绩告诉上级的主观意愿,而一旦与"激励异化"的现象相结合,便会将这种向上展示政绩的意愿迅速转变为对追求短期政绩的冲动,其心态发生骤变。一方面,官员面对超过其实际能力的激励(压力)强度,虽明知难以完成任务,但在这种强大的压力下,下级政府就亟须创造一些可以实际展示的短期政绩来向上级部门发出有关自己能力和忠诚的信号。官员心里清楚,打造这些短期政绩,并不是也不可能真正完成上级官员提出的可能脱离实际的目标,而是一定要响应速度够快,落实向度够准,要透过这些短期政绩在其任期内向上级官员表明一种尽责尽职的"担当"态度,以保障其所关切的职业前途的安妥。例如,地方主要官员向该地文旅部门下达每天都要有文艺演出的任务,但所配给的资源不够,年初的部门预算又没有安排这项内容,在这种情况下,文旅部门官员所做的一般就是象征性地开展一场"天天演"启动仪式。在这场启动仪式上邀请上级领导参加,通过启动仪式向其报告这项"天天演"活动的规划安排,以便给上级官员对自己留下尽责尽职的印象。这种主观印象一旦在上级官员那里形成,就算没有真正做到"天天演",一般也无大碍。另一方面,上级政府的激励(压力)强势且主观性很强,这就给下级官员趋于打造投入大、规模大、难度大的政绩工程的冲动。这些超量规模的项目之所以能够成为政府官员发出有关自身能力和忠诚的一个有效信号,可以从几个方面来分析:其一,既然工作成绩主要取决于上级官员的主观判断,那么一个人人都可以发出的廉价信号对区分同级官员之间的能力或绩效没有意义。大多数官员面临着相似的资源和约束,是否可以在同等条件下上马,完成投入更大、规模更大、难度更大的项目便成为能够区别同级别官员间

---

① 周雪光:《"逆向软预算约束":一个政府行为的组织分析》,《中国社会科学》2005年第2期。

能力和业绩的一把标尺。其二，迅速响应上级关切的能力长期以来是考核干部政治素质的一个重要指标。上级官员加大对某项工作的激励强度，意味着对这项工作有了更高的价值期待，也希望下级官员能够将注意力集中到这项工作上来，此时下级官员如能迅速提出符合甚至超出上级官员预期的政绩主张，则更能得到上级的认可和赏识。其三，这种可展示的政绩工程将上级政府尚停留在纸面文字表述的概念具体化和可视化，在一定程度上将原本模糊的激励目标变得实在可测，不仅比主观解释更有说服力，而且一旦这种政绩被上级认可、采纳并作为经验推广，政绩创造者就会在该领域占据其他同级官员无法超越的优势地位，而这种优势地位一旦形成，对于干部职业生涯发展而言就是权重很大的加分项。由此，对打造高显示度政绩工程的追求就成为一股强大的力量牵引着政府官员的行为。相反，那些需要长期摸索，可能无法迅速见效的工作，因为没有立竿见影的效果，很少有官员愿意投入精力为之。

其次，政府官员内心强烈的政绩显现欲望往往使他们深陷行政逻辑的行为定式，落入单纯依赖行政机制推动公共文化建设与发展的路径依赖。这不难理解，一位政府官员必须动员大量人财物等资源来实现他所追求的政绩目标。举例来说，要建设大型公共剧场等文化设施以推动地方文化产业发展，地方政府需要在土地征用、设计建造及周边配套设施上有大量的投资，还有许多额外的支出。在缺乏市场投资的情况下，政府官员要实现其目标，只有通过行政机制要求下级部门不折不扣地按照指令来落实工作，否则根本无法实现政绩目标。而在这些下级执行部门中，由当地政府管理的国有企业占很大比重。国企相对政府部门的优势在于，其可以突破地方政府的预算约束，运用担保、抵押、融资等"市场手段"为项目建设筹集资金，而且可以迅速上马项目直接开工建设。虽然这些项目运作看似运用了市场手段，但其本质还是依照行政逻辑，做出决策所依循的不是对投入产出的理性分析，而是对上级指令的无条件服从。又如，上文中提及的II市所设计推行的公共文化资源配送"供单、点单、派单、接单、评单"服务操作流程复杂，每个文化配送活动都要足够的点评数，否则就无法完成考核任务。由于居民使用平台不便，不少活动评价由居村干部自行完成,有的居村之间为了达标,甚至互相点评充数,要落实完成硬任务,只能依靠行政动员来推动,别无他法。还如,上文中所提到的公共文化资源"洽谈会",主办方要确保在上级领导莅临现场时有足够的参与人数,还是要运用行政方式给下级单位下达参与人数要求,并同时使用行政考核机制来保证下级单位完成任务。

最后,激励异化下政府官员的行政逻辑与"空转"的监督机制也是一个双向加强的过程。要将通过行政机制花费巨资倾力打造的政绩工程塑造为有效信号,政府官员需要各类批示、专报、官方媒体等对这些工作业绩进行正面背书。但有效的信号未必就是有效的公共产品,未必就能满足公众的真实需求,政府官员急需一种外部声音对其工作进行肯定、正向的评价,但又不敢将这些评价真正交给公共产品实际的使用者。换言之,政府官员需要外界对其政绩进行评价和反馈,但他们需要的是积极、正面的评价,是将负面影响排除在外的评价,这就为这种长期空转的监督机制提供了合法性,给予了其存在的充分理由。这种证明工作业绩的空转监督机制又在一定程度上掩盖了行政机制运行中的共谋、拆借、挪用等非正式行为,规避了公众实效监督所带来的效率受损和不可预测的风险,美化了各级官员所十分关切的政绩需要。行政机制与监督空转的双向加强,会诱发一种值得警惕的情况,政府官员总是看到他们想要看到或者下级希望他们看到的内容,听到他们想要听到的或者下级希望他们听到的声音。

由此,我们看到了一个互为强化的怪圈:高层为了打破下级政府运行中的"内卷化"困局而增强自上而下的激励(压力)强度,越来越多地将对下级政府的考核结果与领导干部职业生涯发展进行挂钩,期冀此举能促使下级政府走出路径依赖,切实为公众提供服务,但是,这些做法却在一定程度上诱发了激励异化问题,非但没有减轻,反而进一步固化了地方和基层政府的政绩冲动、行政逻辑和监督空转的路径依赖,导致"内卷化"程度的不断恶化。这种互为强化的怪圈,是本研究在对当前行政驱动公共文化治理体系结构性困境的近距离观察中所得出的一项基本判断。

三、公共文化治理的激励异化

在经济学领域,"激励"一词通常指的是诱导个体从事或不从事某种行为或活动,当人们面临选择时,会考虑边际量的成本和收益,从而会对激励做出相应的选择。与企业激励机制相比较,政府激励机制是一个更加复杂的问题。政府激励机制有其独特的制度环境和组织基础。我们将企业激励机制与政府激励机制作一对比,可以理解为什么在政府组织体系内更容易发生激励异化问题。其一,在市场中的企业可以通过讨价还价的方式形成激励合约,而政府机构作为一个特殊的垄断组织,是建立在上下级行政隶属关系的组织基础之上的,当上级政府要求下级政府执行某项行政指令,后者是无法拒绝的。在这种权力体系框架下,上级官员必然会考虑边际收益,利用这种权力机制自上而下地赋予下级政府以超量的责任,设计复杂庞大的政府内部考核体系来推动这些责任的落实。以某地一项公共文化服务中心考核评估体系为例,从增加服务数量到提高服务质量,从保证服务时间到拓宽服务广度,从提供场地保障到强化宣传报道,甚至连每个中心要开展多少类别活动、分别服务多少人,都有具体的、强硬的考核规定。上级所以能强加给下级政府这么多任务,最关键的,是因为上级领导可以对下级政府官员职业生涯发展产生重要影响。其二,市场中的企业可以在履约结束后选择退出并终止合作,但是,对于身处政府组织结构中的官员来说,他们几乎没有退出"合约"的机制,因为政府官员的职业生涯处在一个严密的组织之中,人员的流动升迁都受到组织制度的严格约束。[①]换言之,即使官员明知上级政府下达的工作任务难以完成,也无法通过"退出"来逃避。基层官员为了应对这些高度不确定又不得不接受的职业风险,就会想方设法建立起与上下级部门和同级单位之间的非正式关系网,以便在出现危机时得到保护。例如,面对一项难度很大的行政指令,下级官员虽然无法要求上级领导撤销其工作命令,但可以凭借着与上级官员的私人关系,通过游说等方式在时间和内容上

---

① 周雪光:《基层政府间的"共谋现象"——一个政府行为的制度逻辑》,《开放时代》2009年第12期。

得到上级的通融和理解。这种私人关系的渗入就损害了激励制度公平性，进而降低其有效性。其三，企业家主要关心的是市场利益，他们所考虑的是如何满足市场需要，他们需要对自己做事的后果承担责任。而政府官员关心的是他们在职业生涯中晋升或者避免被淘汰出局的问题，他们主要考虑的是上级官员对其个人的业绩评价，而产生这些工作业绩的花费则并非都由其个人承担。这意味着，政府官员可以无须"自掏腰包"对自己所做出决策的全部成本承担责任，却可以享有这些工作业绩对自己所带来的好处，这种责权利的不一致状况就会诱发政府官员持续产生政绩冲动以获得其所关切的考核业绩。基于以上对政府激励机制的分析，我们不难理解为什么在政府体系内"激励异化"状态很难改变。现有的上下级间非对称性的组织机制和制度环境提供了这种状态以稳定存在、重复再生的基本条件。

公共文化领域的治理能够对人的价值观念产生巨大影响，对推动人的精神现代化而言意义深远。鉴于此，国家将公共文化纳入由政府主导的建设责任之中。改革开放以来，国家资源的不断输入，为公共文化发展和公共文化治理带来新的契机。然而，资源输入公共文化建设领域，基层政府却由于"内卷化"和"激励异化"而无法对这些资源进行有效利用，遭遇公共文化越建越弱、越治越糟的尴尬窘境。本研究认为，这种公共文化治理的"激励异化"主要表现在三个方面：

一是"激励缺失"。公共文化治理忽视来自社会公众的实质性监督，地方政府推动公共文化建设的激励评价不是主要由民意表达来完成，或者说，现有民众参与公共文化建设机制和其日常文化生活习惯不相契合，政府官员的激励结构没有在本质上得到改变，感受不到来自公众的诉求与自下而上的压力，公共文化建设与发展的目标价值就必然无法真正落到实处。所以会这样，一方面，基层官员在应对与国家输入资源密切相关的考核与督查上耗费了大量的时间和精力，使得他们缺乏摸清民众真实需求的能力；另一方面，中国社会在四十多年里的变革非常迅速，尤其是在当前新一轮科技革命和产业革命深入发展，人工智能、大模型等前沿技术创新集中涌现的背景下，当前治理体系中相对传统与滞后的社会参与机制跟不上变革的节奏,无法满足新的社会表达需求,这就造成大量真实的社会诉求被掩盖,无法将有效信息传递给政府决策层与管理者。

二是"激励错位"。首先,政府通过建立复杂的政府内部考核体系并加大问责压力来强势推动公共文化建设的治理法则,造成了问责压力强劲但是激励方向错位的局面。政府官员的业绩目标应该是提供更好的公共文化服务,但现在却要面向上级政府提供这些的考核性产品。其次,地方主要官员一般都具有向上级政府主动显现其特殊政绩的内在动力,但在有限资源条件下,不可能做到面面俱到,这就造成公共文化建设的均衡性被打破,某些方面被高度张扬而另一些方面则被忽略。如许多官员热衷于打造高大上的文化产业项目,忙着出经验、争发言、发新闻,却往往忽略普惠性的基本公共文化服务的供给,使得两者的建设情况反差鲜明。最后,这些激励机制只能为存在升迁可能性的人提供比较充分的激励,却不能为没有升迁机会的人提供激励,而在金字塔式的晋升结构中,恰恰是大多数人都很快就达到了晋升天花板。如果这些人无法在现有激励机制中得到有效且充分的激励,那么大量具体的公共文化建设与发展的任务非但不可能很好落实,反而可能会诱发寻租、贪腐等问题。

三是"激励逆变"。"激励缺失"和"激励错位"的一项后果是造成"激励逆变"。公共文化治理激励机制实施的结果与激励设计的初衷相背离,甚至激励机制在执行中朝着激励目标相反的方向变化。比如,将本应用于提升普惠性公共文化服务质效的资金,用在了少数几场向上级政府显现业绩的活动上,只有极少数人从中获益。还如,主要领导急于求成滥用激励工具,超出实际能力的奖惩机制倒逼下级官员合谋造假以应付上级检查,这样的激励强度越大,基层政府的行为就越扭曲。又如,在缺乏公共规则实践的强制力保证的前提下,加大资源向公共文化建设领域输入力度会诱发个别官员动用其核心关系网络形成分利秩序,将普通民众的利益诉求排除在外,导致国家公共资源损耗,等等。

总体而言,公共文化治理的"激励缺失""激励错位""激励逆变"是公共文化治理"激励异化"的三种形态,这些扭曲的激励机制从不同角度锁定了当前公共文化治理内卷化的结构性困境。而在不改变"激励异化"

的情况下,单纯增加激励(压力)强度,则非但不会对困境的改善起到积极作用,反而会进一步加剧公共文化治理的内卷化程度,诱发更明显的诸多公共文化越建设越衰弱的悖论现象。不仅如此,考察发现,激励异化下公共文化治理的内卷化只是其中的一个比较典型的现象,在实践中还表现出其他方面的问题。进一步剖析这些现实表现,我们可以更加立体地感受到当前中国公共文化治理体系走向现代化所面临的困境,这将为我们建构中国特色公共文化治理体系现代化理论提供不同维度的启示。

第三节 激励异化下公共文化治理的现实表现

一、决策过程与执行过程的分离

地方和基层政府在公共文化治理中决策过程与执行过程分离的现实表现,可以从激励异化这一角度来加以认识。"激励异化"的特征之一就是政府官员面对几乎无法完成的目标和强大的激励(惩罚)压力,被迫采取做出符合其切身利益的行为以应对上级政府。在实际运作中,政府官员特别是各单位存在晋升预期的主要官员,则往往会将这些在大多数人看来难以完成的任务作为向上级显示其能力水平的机会,这种动机触发了其集中决策的行为倾向,因为只有在集中决策的过程中才能够将分散在各个方面的资金资源调动整合起来,集中力量应对重点任务。如上文所述某地文化行政管理部门承接大型公共文化资源洽谈会,要确保上级领导在特定时间进行现场调研时必须气氛热烈,决策层会专门研究并制定应对的方案,调动基层单位人员在特定时间段到现场参加活动,这种方案因为可能涉及形式主义和官僚主义问题,一般会由极少数人内部决策,然后口头通知可靠人员来具体执行,一般不会留下什么书面痕迹。再如,文化馆接到超出自身组织策划能力的节庆演出任务,而馆内专业技术人员无法承担,只能由馆里委托能够承接的第三方社会主体来执行,委托第三方企业涉及动用大额资金、招投标、主体比选等事项,这些一般都由馆领导主要是馆长根据上级任务要求进行决策,馆内普通馆员一般情况下是没有什么发言权的。这些事例表明,面对超出能力范围的公共文化建设任务,政府或事业机构的集权决策行为带有一定的普遍性。换言之,只有在决策过程与执行过程分离的情况下,政府部门或文化场馆的领导者才能完成工作任务,说到底还是为了保证其职业生涯发展的安全稳妥。一般情况下,集权决策过程会促使公共文化治理体制形成决策层和操作层两个界面,决策层根据其切身利益最优化原则进行集中决策,而决策一旦做出,就会通过行政指令(或政策)的机制向下级部门和人员(执行层)进行工作部署以推动执行其决策目标。因此,我们提出这样一个命题来理解公共文化治理中决策过程与执行过程分离的现实表现:激励(压力)目标超量越多或难度越大,集中决策过程的动机就会越强烈,决策过程与执行过程的分离程度就会越大。

观察发现,这种决策和执行的分离现象在实际操作中会衍生出其他分离问题,导致公共文化治理的低效运转。就其具体表现来说,一是"价值"的分离。下级对上级做出决策的服从往往只是象征性的,对于上级的部署精神,下级往往从思想上就不认同,只是表现出表面上的顺从。例如,在上述文化部门举办大型公共文化资源洽谈会的案例中,基层单位虽然会按照要求组织人员到现场来临时凑数,但是,如几次三番地采用这种方式,基层单位对于其上级部门举办类似活动的认同度就会降低,质疑声音乃至抵制举动可能会越来越公开和强烈。还如,在一些重要工作任务面前,我们往往会看到,真正焦急的往往只是主要领导,其他人通常是漫不经心地在应付差事。二是"体制"的分离。在20世纪末,各乡镇的文化站是群众文化工作的主要承担者,文化站既当决策者,又当执行者,根据当地群众需要开展文化活动。那个时候,文化站里的文化干部普遍都能拉能跳、能弹能唱,还能根据村居民需求组织排练、策划活动,多数的群文活动都由这些文化干部组织村居民们自己策划、自己开展。相比而言,当前公共文化运行机制已经发生了很大的变化。政府文化部门将公共文化建设视为行政事务,作为争取其部门或个人利益的手段,热衷于游说上级"赐予"或根据领导"要求"来举办显示度高的文化活动和项目,用以彰显自己的政绩,获得上级领导的关注和重视,提升本部门的地位和作用。这种高显示度的活动和项目通常需要很多专业演员和专业道具,作为执行者的文化馆专业技术人员不能独立完成,就不得不聘请专业演员或购买第三方企业的服务,文化馆的角色从带领群众开展群文活动的组织者转变为大大小小不同类型项目的发包方,从"以群众为本"滑向了"以项目为王"。观察发现,在实际运作中,文化行政管理部门和其主管的文化馆之间还可能会因为其不同的利益诉求而在对第三方企业选择的问题上产生分歧。通常情况下,作为上级主管单位,文化行政部门会以行政指令的方式要求文化馆服从,但由于相关文化活动涉及很强的专业性,有时文化馆也会以专业性为由予以拒绝,在这种情况下,文化行政部门有时会绕开文化馆,直接选择其他承接主体来落实工作。如此这般,我们可以窥见,看上去层级严密的组织体制其实蕴藏着内在的割裂。内在割裂的直接原因即决策层和执行层的分离,在行政机制驱动的制度环境下,决策层和执行层的分离导致他们很难共享一致的观念,在行为上就会根据自身需求做出对己有利的选择,导致工作方向不一致,公共文化建设难以取得实效。三是"责任"的分离。决策层和执行层的分离还意味着两者承担责任的分离,往往决策层行使权力,占尽先机,而执行层则被迫承担责任,有时甚至成为"背锅侠"。如现在不少公共文化设施项目建设就是典型的"上级决定,下级担责",权责的分离导致上级与下级之间心理距离被不断拉大,下级官员在表面上由于忌惮上级领导的权势而唯唯诺诺,背地里则往往充斥着无尽的吐槽与不满。

笔者认为,公共文化建设与发展的决策过程意在动员全社会或者说要影响全社会,科学决策尤为重要,若政府及领导干部不熟悉基层情况,不了解公众的现实需求,没有学会用公众视角、站在公众立场想事情看问题,以个人的体验代替公众的感知,以脑子里的幻象代替公众的实际需要,必然无法正确地做出决策。而决策过程与执行过程的分离以及由此产生的价值、体制和责任的分离进一步加剧了这些非恰当决策的破坏力,使公共文化治理的运行沦落为政府体系内部的"游戏",对社会的影响力非常有限,甚至很多时候起到相反的效果。或者说,许多目的在于动员和影响民众的决策事项,其实在民众中没有什么反响,甚至民众并不关心,却耗费了政府大量的资源,消耗掉了许多公职人员宝贵的时间和精力。决策过程与执行过程的分离是激励异化的产物。这种隐秘、强大且无处不在的激励机制,扭曲了各级领导干部的行为,形成了越来越突出的封闭决策过程,也批量生产与再生产出心中没有公众、只知道向上级献媚的官员。要改变决策与执行日益分离现象,并解决由其引发的诸多严峻问题,就必须变革当前的激励机制和激励环境,重塑激励结构。

二、工具理性与价值理性的失衡

笔者试将德国社会学家马克斯·韦伯(Max Weber)将人的理性划分为工具理性与价值理性两种类型的观点来对激励异化下公共文化治理的又一种现实表现进行分析。[1]所谓工具理性,是指以外界因素作为手段或条件,实现自己合乎理性之目的。工具理性者并不在意手段本身的价值,而是在意其所采取的手段是否能以最低的成本和最高的效率达致既定目标,属于"目标合理性思维"。所谓价值理性,是指行动者对于手段本身固有价值的纯粹信仰,强调基于纯正的动机和正确的手段实现自己意欲达到的目的,并不在乎手段和后果,属于"价值合理性行为"。[2]公共文化治理作为一项"人的社会行为",其实践过程饱含着行动者的工具理性和价值理性。从工具理性角度来看,公共文化作为政府公共职能之一,是衡量政府工作成效的重要指标。长期以来,政府部门为快速获得政绩的褒扬,单纯注重完成上级制定的考核指标和任务要求,将其工作重点局限于可量化、可展示的业绩上,忽视服务对象的内在精神实质,虽然各类硬件设施大幅提升,文化活动数量不断攀升,文化活动形式越来越精致和"高大上",但却因供需错位等问题导致公共文化建设效果并不理想。从价值理性的角度来看,基层社会对公共文化服务、文化空间交往、公共舆论塑造和公共精神引导等一系列需求,都是政府所肩负公共文化建设职责所应当恪守的价值追求。但在公共文化治理中,由于工具理性与价值理性失衡,工具理性凌驾于价值理性,政府很少花精力去考虑生产符合公众真实

---

[1] [德]马克斯·韦伯:《经济与社会》上卷,林荣远译,商务印书馆1997年版,第56页。
[2] 赵军义、李少惠:《从公共文化服务到公共文化治理》,《图书馆杂志》2022年第9期。

感受的公共文化产品,也很少有官员认真研究如何透过公共文化及其场域培育公共精神和公共理性,而是不遗余力地利用公共资源向上级政府生产考核性产品,严重浪费了公共资源。

地方和基层政府在公共文化治理中工具理性与价值理性分离的现实表现,也可以从激励异化这一角度来加以解释。激励异化的第二项特征表明,激励机制如果缺乏明确可测的责任目标,工作成绩主要取决于上级部门的主观判断,政府官员的行为就可能会发生变异。相比文化场馆设施的覆盖率、文化服务受众人次、文化活动举办次数等量化指标的可测量性,民众满意度、服务公平性和文化生活的实质改善等的变化很难进行测量。对于这些主观性强的标准,提高激励强度只能是诱使他们千方百计加强与上级主管官员的非正式关系,以便利用这种私人关系在这些很难测量的指标上获得上级领导的主观好评。在激励异化下政府官员很难去坚持民众导向、公平性和满意度等价值准则,对他们而言,民众感受度和满意度这类即使花了大量气力也不一定能够在短期内提升,还不如将这些精力花在与上级领导搞好关系上,这就诱发了他们使用这种便捷的手段(与上级建立非正式关系、盲目执行上级指令等)来达成目标的行为。为深入理解这种表现及成因,笔者尝试用某沿海城市 A 区的一场迎新年文艺晚会的举办过程作为案例来进行分析。

2021 年末,在某东部沿海城市 H 市 A 区的标志性剧院,按照惯例要准备举行一场迎新年文艺惠民演出活动。这本是一场面向市民免费参与的惠民演出活动,这样的惠民活动一般在确定主承办单位后,由承办单位(一般情况下是文化馆)根据当地民众文化需求进行节目编排,挑选活动场地,制作舞美道具,面向社会进行宣传和预告,并具体组织实施惠民演出活动。不过,这次活动有两个特殊的背景,使得这场活动不同于往常。第一个是在活动举办的时间上还处于全国严格疫情防控的阶段,对举办方提出了很高的防控要求;第二个是因为这场活动是由该地主要领导人直接下指令推动举办的,地方主要领导人的高度关注对于该地文化行政管理部门负责人来说有着不言而喻的重要性。在这双重背景下,在活动举办的每个环节,我们发现,政府官员的行为表现无不是将工具理性凌驾于价值原则之上,亦步亦趋地听从上级官员指令,以力保自身职业发展安全。

办文化活动首先要确定的是举办单位。这场迎新年文艺惠民活动举办的时间正处严格的疫情防控阶段,根据上级防控办的要求,该地大型赛事、论坛和活动都要进行严格管控,落实"谁举办、谁负责"的要求,在那个当口,这意味着举办方要承担很大的工作责任。原本,文化部门就没有在那时举办大型惠民演出的打算,本打算暂停举办一年,因为这种文艺演出必然会形成人员的聚集,增加疫情传播的风险,一旦发生问题,就得承担作为举办者的严重责任后果。但举办这场活动是当地主要领导人做出的决定,文化部门官员无法违抗,只能服从,道理显而易见,因为比起疫情防控不足所带来的潜在风险,直接抗命所带来的后果更为直接、更为立竿见影。文化部门在向上级领导表明态度的同时,考虑到对其本身而言不可预测的风险,也如实汇报了那时上级疫情防控部门对文化演出举办条件的严格要求。考虑到可能对地方政府会带来的连带责任,在活动实际发起者、当地主要领导人的授意下,指定了一位体制外的文化人士Y先生来具体运作这场活动,由其公司作为举办单位(以规避政府责任)。但是,一场大型文化活动要牵涉到公安、消防、卫生、市场管理、安监等方方面面的行政管理部门,而且各个部门在疫情防控要求下都提高了工作手势,为保证文化活动的顺利推进,主要领导人还是要求当地文化部门要积极配合这位Y先生做好协调保障工作,必须保证迎新晚会顺利举办。换言之,虽然明面上这场活动由Y先生及其公司举办,但实际上这个任务还是落在文化部门头上,办得不好,就意味着文化部门负责人办事不力。在这种情势下,文化部门官员只能按照该地主要领导人的要求,在活动举办全过程乖乖听从这位颇有来头的Y先生的"差遣",以求安全完成这项"特殊的任务"。具体而言有以下几项:其一,根据Y先生为迎新晚会量身定制的演出方案来为其筹措举办资金。根据Y先生的转述,这些方案中的演员和节目都是经由他递给该地主要领导人审看过的,有的内容还是领导修改完善的,言下之意就是文化部门只有马上落实相关资金的份,是没有提出不同意见进行商榷的资格的。公共文化活动一般是由政府财政资金保障,但这项活动是临时起意的,没有纳入政府预算,文化部门只好通过多方面"化缘",争取到某艺术基金会的资金支持,为Y先生公司举办活动提供了足够的经费。其二,文化部门官员还必须不折不扣地完成每一项Y先生即交即办的事情,如果稍有怠慢,Y先生就会把领导名号抬出来给文化部门施压。例如,他要求文化部门向其所邀请演员的单位出具正式邀请函。在严格疫情防控的背景下开具这类官方邀请函是要冒很大的责任风险的,如果有任何防疫问题就要由邀请方来承担责任。起初,文化部门以其并非举办方为理由予以婉拒,但Y先生连续致电文化部门官员并以近乎命令式的口吻反复提出要求:"这些演员没有邀请函就不能来本地演出,进而会导致活动品质受到很大影响,领导肯定会不高兴。""领导听说了,对你们的这种不作为态度很有意见。"他还告诫文化部门负责人:"如果演出不好,谁来向领导交代?"虽然这些都不是当地主要领导人直接和文化部门负责人讲的,但还是迫于隐性的压力,文化部门最终向Y先生妥协,根据其要求一一开具了官方邀请函。

在Y先生的特殊身份所带来的隐秘压力下,文化部门选择妥协并协助其一一落实活动场地、交通车辆、核酸检测、人员住宿等各项事宜,活动看似能够顺利举办了,但就在这当口,遇到了更棘手的事情。在疫情防控的背景下,所有大型文艺演出都要报上一级防控部门及相关领导的审批同意。虽然文化部门很早就将方案上报,但是上级防控部门迟迟没有批下来,由于上级防控部门不在Y先生的能力影响范围内,因此他也只能与文化部门一样焦急等待。直到演出前一天,上级H市防控办对这项活动做出了批复,要求A区"认真研究活动的必要性,坚持非必要、不举办"。上级领导的要求已经十分明确,其实就是否决了该地区在这个时候举办这类人员聚集性演出的申请。在这个情况下,Y先生再怎么游说也不起作用了。经请示当地主要领导人同意,文化部门迅速将迎新晚会活动从线下举办改为网上直播,并紧急通知了所有观众临时取消线下演出的信息。演出当晚,台上演出热烈,台下空无一人,至于网络上有多少人观看,似乎没有人会关心。

在这个案例中,我们观察到,文化部门负责人始终遵循的都是工具理性的行为原则,为完成当地主要领导的任务,即要在严格防控手势的背景下实现"精彩、圆满"等要求,文化部门在每个环节上以工具理性做出了在当时处境下对自己最有利、最现实的选择,不论是向Y先生的鲁莽要求妥协,还是最终将演出形式从线下转为线上,都是运用工具理性原则分析利弊得失后理性计算的选择,其中丝毫不见价值理性所内含的恪守不变的原则与操守,没有将公众利益置于首位。工具理性与价值理性失衡的根源可以透过激励异化来解释。在激励(压力)标准模糊易变的制度环境下,政府官员无法形成由恒定价值原则所驱动的外在行为,诱发其遵循不断调适方法手段的工具理性来功利性地适应变化无端的目标要求。这种激励机制越是强劲,基层官员被迫更改行为以应对来自各个方面的要求的情况就会越频繁地发生,工具理性就越是会凌驾于价值理性之上,就会诱发更多"风派"行为,促成更多精致的利己主义干部,从而导致公共文化建设在低效率中严重内耗,无法推动民众文化生活的实质改善。可能的改革思路在于,一是要尽可能形成长期、稳定和明晰的激励制度,为政府官员提供可预期的施展空间,让政府官员能够遵循恒定的价值原则(如为公众负责而不是一味对上负责)来规范自身行为,发挥自身才能,进而惠及公众福祉。二是要改变应对自上而下政绩考评的压力强度远高于回应自下而上基层社会需求激励强度的现状,完善必要的激励机制来保障政府切实回应社会需求,将重视民众文化生活的实质改善作为政府工作的主要目标和首要责任。

三、供给内容与需求内容的错位

构建现代公共文化服务体系是国家致力于满足公众日益高涨的真实文化需求而提出的战略举措。公共文化治理体系建设需要以现代公共文化服务体系建设为支撑,充分发挥公共文化治理的正外部效应。近年来各地方政府普遍加大对公共文化建设领域的资源投入,公共文化设施在各地纷纷拔地而起,宽敞的空间、一流的硬件、设计感的外观,成为各地的城市景观,然而走进一些图书馆、美术馆、博物馆、文化馆,感触最深的就是缺少人气和吸引力。特别是不少基层设施,尽管达到各种验收标准,设备也基本完善,但却没有多少群众使用,大妈们更喜欢去公园、广场跳舞唱歌,大爷们似乎更喜欢到棋牌室、麻将馆或街头巷尾找乐子。一些公共文化机构向公众提供的文化服务内容往往是一厢情愿,其供给内容与公众实际需求相脱节,这是公共文化服务缺少吸引力的一个主要原因。对此,已经有不少学者针对公共文化服务和产品的供需矛盾问题及其改善路径和保障机制开展了大量研究,笔者在此不再赘述,这里主要从"激励异化"的角度对供需错位现象的产生做出一种新的解释。

构建公共文化服务体系,不能忽视政府文化部门在其中所起的重要作用。激励异化的第三个特征表明,政府官员在特定制度环境中为其职业生涯安全考虑或多或少地会结成关系网络,关系网的自身利益会逐渐凸显。在我国,文化部门(上至国家主管部门,下到省市县的文化主管部门)是具体负责公共文化建设的行政部门,与其他行政事务一样,公共文化服务也是自上而下贯彻落实的,并最终由基层政府直接提供给民众。因此,基层政府往往将公共文化服务视为一种(上级政府交代的)行政任务,而不完全是属于自身的一项公共服务职能,因而在运作过程中政府官员很大程度上是属于向上级负责。对于基层文化部门而言,要落实这些自上而下的行政任务,又要让上级满意,必须有可以依靠的工作力量。但现实中,由于主要是对上级负责,这些文化活动就很难发挥民众的主体作用,更不会放手让民众自主开展,因为放手让民众自主开展意味着可能带来的内容失控和形式无序,这是政府部门最担心出现的状况,特别是有上级领导在场的情况下,更要确保活动的精致与完满,不能有任何差池。政府文化部门本身人手有限,加之越来越高的任务要求,其缺乏独自开展文化演出活动的专业能力,这个时候,如部门层级较高,像省市级文化部门可以将相关活动交由县乡基层文化部门来承办,或者交由其下辖的事业单位来承接(一般省市级文化事业单位专业力量配备较强)。而最基层的文化部门通常无法再在体制内向下派任务,在这种情况下,面临超出其能力范围的任务要求,就会通过购买服务的机制,选择一些第三方企业或社会组织来协助其完成任务。这些第三方企业和社会组织的主要工作是协助基层文化部门完成其工作目标,随着合作次数的增加,有的配合度颇佳的第三方机构就会得到基层文化部门的青睐，久而久之，不可避免地会结成紧密的关系网络，长期为基层文化部门提供支撑服务。这些第三方机构通过长期配合政府部门开展活动而获得稳定的收益；基层文化部门则依靠这些可信赖的第三方机构，来应对上级不确定的任务目标，彼此之间的相互依赖形成并固化了形形色色的"关系网"。

笔者深入观察发现，在公共文化治理实践中有以下三种不同性质的"关系网"。最为主要的一种是，文化部门会与某些第三方机构建立长期稳定的专营化关系，例如不少城市的文化部门会将每年举办的艺术节、文博大展、节庆赛事等公共文化服务的部分或全部内容长期交由特定社会文化机构来供给，或者某些公共文化设施与专业化组织机构签订长期委托运营合约。这些做法其实已将某些特定社会文化机构视为政府运营团队的一分子，有的时候其作用甚至比一些业务科室和事业单位还要大。道理显而易见，这些第三方组织机构的运营机制比较灵活，其专业化、市场化与社会化运行能力较强，在获取利润的驱使下其态度又相对积极主动，在一定程度上改善了政府及其下属事业单位直接供给所带来的机制不畅、效率低下、内容老套等问题。尤其是在工作人员不在状态的情况下，这些第三方组织在应对急事难事上发挥了重要作用，使得基层政府部门或事业机构负责人能够向上级领导交账。这些社会机构在长期合作中验证了其工作能力，与政府部门或事业机构也在持续磨合中建立了一定的默契与信任关系，不仅让政府官员能放心将这些活动托付给他们，而且在组织筹备中可以减轻政府部门原本要承担的大量协调沟通、设计策划、资源对接等方面的琐事烦事，这就极大减轻政府部门的工作量。在保证质量的前提下减轻工作量，对于大多收入几乎不变的政府官员而言，意味着一种额外的收益（虽然收入不变，但可节省体力精力），于是，他们有足够的动力去建立这种专营化的网络关系。

另外一种"关系网"的情形体现在上级部门与某些下级部门之间的人缘化关系。省市级的文化部门经常会碰到一些遴选性任务：如选派非遗作品赴外地开展文化交流活动，一般这种文化交流只需派出若干个非遗节目参加；又如，要在本省承接国家级文化主题品牌交流活动，并向文旅部推荐若干个示范展示活动的地区;还如,国家部委或外省市来本地调研交流,要选择若干个可供调研参观的点位;等等。这些遴选任务一般时间上都十分紧张,来不及全面铺开来进行发动和比选,而且如果每次都大张旗鼓地组织动员会消耗很大的精力和组织成本。通常情况下,许多省市级文化部门的业务处室就会利用以往形成的特殊关系,和几个平时工作关系密切的区县级文化部门联系进行定向邀约,因为对这些单位的情况比较熟稔,可以更加高效地进行信息沟通和材料报送,以按时按质完成这些遴选任务。下级部门也十分乐意配合上级部门完成这些任务,因为被上级部门遴选在更高层级乃至全国平台上交流展示,意味着某种政绩的取得,可以写进年度工作总结报告。事实上,很多类似的遴选性任务在很大程度上都是这样予以落实的。由于有若干关系密切的下级单位的鼎力支持,上级部门能够顺利按质完成其上级委派的任务;而下级部门通过屡次达成任务要求,获得上级部门肯定,留下好印象,这对本单位在未来获得更多遴选机会,尤其是提高年底考核分数都是大有裨益的。在这个双向互动的过程中,上级部门与某些下级部门之间的关系也经历了一个微妙的转换:从正式上下级间的行政隶属关系转换到一种非正式的伙伴支持关系。科层等级制度也随之被弱化,上下级官员之间由纯粹的工作关系转变为私人朋友关系。这种等级制度人缘化的现象在一定程度上降低了组织成本,提高行政运作效率,这给予了上下级之间形成特殊关系网的合法性基础。

最后一种"关系网"情形是,在承接自上而下输入项目或本地公共文化服务的过程中,某些群体为维护自身私利的目的而结成的谋利化关系。这种群体的成员身份是多种多样的,可以是政府、事业机构,也可以是企业和社会组织。一般情况下,这些群体成员分别掌握着一些资源承接和项目运作的关键环节,在一定程度上形成彼此依赖、相互利用的"分利秩序"[①],可以为了本群体的利益而牺牲群体之外的利益。例如,

---

① 陈锋:《分利秩序与基层治理内卷化:资源输入背景下的乡村治理逻辑》,《社会》2015年第3期。

在落实开展惠民演出的过程中,执行人员可能会利用权力假公济私,安排群体内部的人员来承接这些活动的开展,上台演出人员也只从群体内部选择,排斥群外人员参与,将公共文化服务扭曲为交换人情、谋取私利的工具。

以上三种情况是为了理论分析方便而提炼出的"理想类型"(ideal type)。从公共文化服务的角度来看,第一种情形是合理的,只要符合相关规定,遵循一定的竞争机制优胜劣汰,则符合政策制定者允许、鼓励的社会化发展方向。第二种情形从政策制定者来看是不合理的,但是从执行者和直接上级甚至任务完成角度来看则可能是合理的。在许多情况下,通过人缘化关系网络产生的项目或点位,其一般都能很好地完成任务目标,而且可节省大量沟通与协调成本,提高遴选效率。第三种情形从政策意图和公共利益角度来看是不合理的,应使用各类严格手段予以杜绝。但是在实际运作中,这三种情形常常相互交织,难以明晰分辨。一方面,谋求私利的行为也常常打着提高项目执行效率的合理性的幌子;另一方面,提高项目执行效率本身是一个各种机制交织互动的过程。例如,某城市为提升文化影响力,希望获得承办国家级项目的机会,地方领导人会要求文化部门通过与上级部门建立的人缘化关系网络获得承办这项活动的资格,而当如愿获得举办权后,文化部门通常只有将这种重要活动交由其专营化关系中的文化类事业单位或国有企业来承办才放心。这类活动一般规模较大,安排资金较多,涉及舞美、演出、交通、接待等众多子项目,承办单位一般还会进一步利用其关系网络中的特定机构来协助其落实这些子项目,在子项目分包过程中还可能会给一些人员利用其谋利化关系中饱私囊以可乘之机。不难看出,在这个国家级活动的执行过程中这三种情形同时出现,互为交织,共同影响着公共文化服务与产品的供给结构。

在实际考察中,将三种情形通过某种理性设计来进行明晰界分的想法也是很难做到的。因为一个组织制度承认特定对象的"专营化"关系和上下级间的"人缘化"关系的合理性,意味着鼓励官员突破正式行政关系束缚,发挥主观能动性建设其非正式的关系网络,来满足上级政府和其本人的政绩需求。为此,需要有意识地选拔有这些特点的人员并鼓励这类行为,在组织结构中提供相应的空间,而且使这些做法成为组织的常规(routine)并得以保存。①因此,那些为打击"谋利型"关系网络的有选择干预方法与已有行为方式、共享认知和运作机制等不相兼容。而且,各种不同性质的关系网络在实际生活中交织融合,难以在执行过程中将政策允许的合理的关系网与不合理的关系网严格区分开来,所以"有选择干预"的策略无法有效实施。但问题是,如果在"有选择干预"策略无法有效实施的情况下,将"有选择干预"变为"全面干预",抽去各类性质关系网络的合理性基础,则会大幅增加协调成本,甚至可能带来组织失灵。如上文所述案例,在全国级大型文化活动的复杂运作中,如果文化部门事无巨细地窥视每一个子项目的实施细节以严防以权谋私的行为发生,则必然会大幅增加行政成本并导致整个项目的推进迟缓甚至根本无法顺利进行,导致的潜在后果是,上级任务无法按时按质完成,地方政府则要面临政绩失败风险。

  在这里,笔者发现,这些在行政驱动公共文化治理过程中形成的各类"关系网",无论其是否具有合理性,都在激励异化下导致公共文化服务和产品的供给内容与民众需求的错位。公共文化服务这项政策应以公众需求为基石,但是,政府本身及其形成的三种关系网络却逐渐成为主体,在扭曲的激励机制与激励环境下,三种"关系网"的自身利益需求被强化。与此同时,三种关系网络在现实中交织在一起,相应的监督管理机制又陷入结构性失灵状态,这就造成公共文化服务需求虽日益提高,而供给结构却被一种强大的工作惯性所牵制,无法适应民众的文化需求。在现实中,由于我国现有公共文化及其运行逻辑还没有从"行政的逻辑"转向"服务的逻辑",往往难以达成"融合型"的公共文化服务(公共文化服务满足民众公共文化需求,公共文化服务所传播的核心价值也被民众所接受),以至于公共文化服务主体与客体的"分离"甚至"对抗"现象也并不罕见,正

---

  ① 周雪光:《基层政府间的"共谋现象"——一个政府行为的制度逻辑》,《开放时代》2009年第12期。

如大卫·莫利(David Morley)所言,"意识形态只有与现存的常识形式和它所针对的群体的文化相联系时才会产生有效性"[①]。由于具体实施公共文化服务的各级地方政府、文化部门及其官员的运作逻辑基本上都基于对自身利益的考量,"激励异化"问题导致公共文化服务或产品的供给主体总是封闭在各类关系网络之中,使公共文化实施效果发生偏离,既偏离国家要求,也偏离民众需求,从而持续生产与再生产出脱离实际需求的文化内容。但如果在不改变"激励异化"问题的情况下,只是单纯增加对各种类型关系网络的管控力度以严防基层干部结党营私,则可能会造成的悖论是:这种严格管控的激励(压力)越大,基层政策执行的自主性和灵活性则反而会变得越低,文化服务和产品供给主体的选择面会越窄,基层政府在政策执行过程中也会越缺乏主动回应外部情况变化的自适应能力,公共文化服务供给内容与基层实际需求的错位情况非但不会改善,反而会进一步拉大。这一逻辑可能还会造成的情况是,这些已经形成的关系网可能会从明到暗、从开放到紧缩,诱发部分"专营化"关系网和"人缘化"关系网向"谋利型"关系网蜕化。因此,只有从根本上对激励机制和激励环境等方面进行系统性变革,才能对实际存在的各类关系网进行规范与引导,放大其合理性功效,使其朝着有利于公共文化服务效能提升的方向上健康发展。

四、预期目标与实际目标的置换

中国公共文化治理体系建设的目标包括了满足基本公共文化需求、引导文明健康公共文化生活方式以及塑造政治文化认同等多个维度。首先,在"物"的维度,满足民众需求是公共文化服务供给的导向,公共文化治理的有形目标首先应该设定在对民众真实文化需求的认识和实现上。如果公共文化供给内容不符合民众需求,那么其后的公共文化生活、公共文化塑造等实践活动则难以开展,文化设施也容易沦为摆设,政府投资等亦成了浪费。其次,在"制度"的维度,要建构一种促进文明健康公共文化

---

① David Morley, *The "Nationwide" Audience*, London: British Film Institute, 1980: 151.

生活形成的机制。如果不加以引导一味迎合民众需求,则各种私性文化会被裹挟进入人们的日常生活当中,社会则无法形成健康向上的稳定的价值共识。由于当今社会环境已不再是那个全能主义的传统社会,政府直接干预人们的微观生活变得非常不现实,这就需要政府透过合理有效的制度安排,建构一种文化生态系统来培育民众的文明健康的生活方式,以此间接培育社会的公共性。例如,沿海H市文化部门通过开展社会大美育计划,整合各类文化场馆和公教活动资源,发布优惠政策与推广方案,引导人们更多走进博物馆、美术馆和文化馆等公共文化机构体验公共文化教育内容,在这过程中培育公民的公共理性或公共精神。还如,营造一种志愿服务的社会氛围,发布志愿者激励政策与各类保障措施,搭建各年龄段市民都能方便参与的服务平台,鼓励成年人和青少年在文化场馆做讲解员等公益服务,以此培养他们的公共道德和公民意识。最后,在"人"的维度,培育公民意识、公共精神和公共理性是公共文化治理体系建设的价值目标。社会凝聚力是公民意识的重要体现,公共文化治理体系建设不仅要满足民众文化需求,形成公共文化生活,而且要加强社会主义核心价值体系建设,重视中华优秀传统文化的挖掘和阐释,赓续民族文脉,踏准时代脉搏,在无形之中影响公众的价值观。可以说,以上三个维度的内容构成了国家推进公共文化治理体系的预期目标。

然而,相比日常运作中的实际目标,当前公共文化建设在这三个维度上都发生了目标置换。目标置换是组织管理的概念,指组织运行过程中预期目标被实际目标所置换。本文从"激励异化"角度对目标置换现象的成因进行解释。

在激励异化下,公共文化治理体系在运行过程中必然会发生目标替代现象。预期的目标在当前公共文化治理体系的激励机制和激励环境下被置换,显然是激励结构本身的问题。

其一,满足公众真实文化需求的目标置换。作为公共文化内容的主要供给者,政府文化部门是现代社会分化的一个结果,而专业化的公职人员作为一种社会角色,其价值、规范乃至行为模式,与其背后的激励机制密不可分。观察发现,在政府部门和事业单位中有不少人员,如果已经失去了升迁预期或安于现状,则会心安理得地不思进取、无所事事,什么样的考核都对之无可奈何。对他们而言,在收入基本恒定的情况下,于工作上花最少的气力就是最合理的选项。我们常常会看到,在一些上级重要工作任务面前,真正焦急的往往只有部门或单位的主要领导,其他人通常是被动地接受指令,漫不经心地应付差事。这是政府部门激励机制不健全的逻辑结果,也是公众需求被自利目标替代的直接原因,政府工作人员的自身利益在一定程度上取代了公共责任,为公众工作演变成为自己工作。

其二,构建文明健康公共文化生活的目标置换。2013年7月,时任国务院总理李克强提出要加大推进政府向社会力量购买公共服务力度,要求凡社会能办好的,尽可能交给社会力量承担;要将适合市场化方式提供的公共服务事项,交由具备条件、信誉良好的社会组织、机构和企业等承担。[1]国家就公共服务社会化改革发出的强烈信号,以及之后一系列改革性文件的出台,表明中央政府加快形成社会共治合力,鼓励社会力量、社会资本参与公共治理的政策导向。在公共文化治理领域,激发出社会参与和共治活力是公共文化生活得以构建的基本条件。这些年来,我国公共文化治理社会化进程加速发展,在政策引导下,越来越多普通民众为追求公共文化生活走进公共领域,参与公共交往,从单纯的被治理对象逐步转变为主体的建设力量,公共文化生活发展取得了历史性进步。但是,由于社会化进程中实际存在的有关体制、机制与技术等方面"激励异化"现象的存在,社会主体在公共文化生活中所扮演的社会角色的价值规范和行为模式呈现出不同样态的变异,导致公共文化生活的建构目标被置换为个体对某种功利性目标的追求,初步建构起来的公共文化生活逐渐偏离预期轨道,这种片面的社会参与反而造成公共文化的持续衰弱。例如,不少文化志愿者参与公共文化服务活动并不单纯为了服务公众,而是在积分排名等其他因素的影响下使然。有的单位在3月5日学雷锋当天要

---

[1] 参见《国务院常务会研究推进政府向社会力量购买公共服务》,新华网,2014年9月26日。

一而再、再而三地动员,甚至要用行政指令来强制规定志愿者人数以达到上级规定要求,这些行为都在一定程度上影响了服务水准和志愿者在社会公众中的正面积极的形象。例如,大多数的公共文化事业单位并没有利用好图书馆、博物馆、文化馆等文化场馆的空间治理功能,以引导社会形成发展公共文化生活的良好氛围,而是将这些场馆沦为政府谋取政绩的一种工具化应用,政府以行政逻辑取代文化逻辑,导致公共文化事业单位染上官僚制病态,出现大量"有支出、无服务"或"有服务、无需求"的现象。①由于缺乏有效的政策引导,大量群众自发成立的文化团体处在自娱自乐的状态,潜藏在这些团队中的文化能量并没有得到关注。他们开展的文化娱乐活动虽然很热闹,但由于缺失公共精神内核而无法推动良好公共文化生活的形成。在现实生活中,广场舞音响扰民、公益演出抢座等现象经常发生,很多人在社会交往中只追求自己的小团体利益,还没有形成共同的社会价值和行动自觉。例如,有市场主体经营者为获得政府项目而努力迎合某些文化部门领导的政绩需要,有企业负责人直截了当地和当地官员表示:"这个项目如果交给我们做,我们不会花你多少预算,我们将活动规模控制好,但是,我们会把对外宣传的工作做好、做大和做足,我们有市级媒体的资源,可以将文章写得很好很漂亮,发到这些市级媒体上。""我们还会通过我们的公众号做宣传,你放心,每一张照片都会精心拍摄,绝对是物超所值。"可见,这个企业负责人并没有想着要把这个项目办好,办得让公众满意,而是把主要精力花在揣摩政府官员的心理上,即花尽量少的预算资金,获得尽可能大的可显示的政绩。还比如,有地方在执行政府购买公共文化服务政策时内外有别,倾向于将公共文化活动举办和公共文化设施运营都交由其下属的国有企业来承接。这些国企一般是由原有的某些公共文化事业单位按照市场机制改企转制或联合组建而成,政府直接对其控股、管理。政府与国企之间的关系并没有摆脱原有行政管控关系,换言之,这些国企既能承担部分政府的公共服务功能,又在

---

① 吴理财等:《文化治理视域中的公共文化服务体系建设》,高等教育出版社 2016 年版,第 227 页。

运作机制上更为灵活便利,还不用受到公共预算的约束与人大代表的监督问询,这就成为地方政府领导人谋取政绩的有效工具。相对弱化的监督机制导致政府与国企之间很容易结成"从左口袋到右口袋"的谋利型关系网络,从而阻碍现代治理机制的形成。政府购买服务的政策初衷在于利用市场竞争机制提升公共文化服务供给绩效,培育多元供给主体,繁荣公共文化生活,但是部分地方国企的实际垄断行为却排挤压缩了民营企业的生存发展空间,绝大多数市场主体无法获得公平的参与机会,有的只能选择依附于国企在夹缝中求生存,没有作为"市场主体"应有的尊严。在这种情况下,很难建立具有充分市场竞争性与选择自主性的政府购买公共文化服务的市场竞争格局。有民企负责人向笔者坦言:"本来他们可以直接从政府承接到文化项目,但现在区里成立了国企,他们自己又不会做,还是要发包给我们做,不仅利润上少了一大块,而且还要听从这些国企的指令,很多时候做的都是一些形象工程、面子工程,真正为老百姓服务的很少。"原本应当增进公共交往的市场机制从天生的"平等派"硬生生地被划分出三六九等,这显然不符合社会主义公共文化建设的公平导向,更不符合中央提出的全国统一大市场的发展要求。凡此种种,都是公共文化治理在异化的激励机制作用下所产生的问题。这种畸形的公共文化生活不仅不能担当凝聚社会认同、塑造公共精神的重任,反而制造着个体困惑、社会焦虑和心理扭曲,并引发人们对生活意义感的深层忧虑,以及对平等、民主等社会主义核心价值观的怀疑,还导致越来越多的人宁可相信潜规则,也不会选择信赖规则。

其三,培育公共精神和公共理性的目标置换。构建公共文化生活的主旨是促进人们走进公共空间开展公共交往。公共文化场馆是公共交往开展的天然载体,公共文化活动是公众互动沟通的良性介质,人们置身于这些空间与活动中可以训练一种如哈贝马斯所言的"交往理性",使得"为真正理解彼此而展开对话交谈"成为人们生活中规范性共识的源头,有助于孕育出真正的公民精神。一种可理解、真实和真诚的氛围让人们能够平等地、自由地开展讨论,就算人们对某个问题存在着分歧,有不同的意见和看法,也不会采用某种强制策略或运用某种道德观念来迫使对方接受,而是通过"交往理性"策略,用事实支撑论点,用依据阐述理由,用宽容寻求共识。以讲道理所达成的共识会有真正的约束力,因为这种共识有真正的理由,即使有所让步和妥协也能够让彼此都心悦诚服地接受某种观点。但是,目前公共文化建设的策略却没有将这种规范性共识作为目标导向,而是在很多情况下试图将某种"道理"说得振振有词,将某种"观点"美化得天衣无缝,这种单向度的治理策略压制了公民主体之间的交往行动,也使公共文化供给机制出现"悬浮化"问题[①]。由于民众的接纳不是通过"交往理性"达成的共识,因此这种接纳是一种没有规范的妥协或宽容,也加大了官方的表述与民众的感受的不一致。在这种情况下,公共文化运作机制在一定程度上脱离了"交往理性"的社会功能,不能培育出理性、真诚、真实的公民精神,人们不仅对公共文化服务绩效评价不高,而且对形象政绩工程的反感和厌恶会不断累积,进而会消解民众对政府公信力的认同。按照英国文化研究学者霍尔的观点,民众会"以一种全然相反的方式去编码"文化灌输中所包含的"信息",使得公共文化治理机制产生相反的作用。在这种相反作用下,民众无法在"对抗"的分歧中形塑"公共的观点"。不仅如此,人们长期缺乏必要的交往训练和思维训练,不能在崇尚"交往理性"的环境中展开"交往行动"(communicative action)、"商谈行动"或"沟通行动",就不会真正孕育出社会主义核心价值观所倡导的爱国、敬业、诚信、友善等核心价值。道理显而易见,在平常生活中,人与人之间没有相互理解与真诚合作,没有彼此信任和平等尊重,人们传递观点的方式不遵循摆事实讲道德的规范性共识,说到底,人们没有感受到生活中点点滴滴流淌出来的诚信与友善的举动,怎么可能真正信仰和自觉践行这种诚信、友善的价值观?

因此,笔者认为,我们必须谨慎使用文化福利、文化配送、文化民生等政策思路作为公共文化治理的主要行动策略。这些政策思路从根本来说,是单纯将民众视为被治理的对象,将公共文化服务和产品作为一种自

[①] 黄雪丽:《我国农村公共文化服务"悬浮化"的阐释——基于历史制度主义的分析视角》,《图书馆论坛》2018年第2期。

上而下的恩赐馈赠给治理对象,而人们在这种"福利观"下总是被动地享受免费的午餐,长期的"温水煮青蛙",导致人们很难有机会在公共文化生活中训练自身的交往、讨论及参与社会治理的水平。如果长期缺少这种训练与培养,公民个体之间基于平等讨论与理性思辨的能力就难以得到提高。人们会老想着免费获得福利,只会关注自己个人利益的得失,只会为了获得这种利益而开展行动,执着于追求自身利益的最大化。他们还会在主体之间的利益纠葛与过度伸张之中不断抬高社会期待,强调私利但无视应有义务与责任,从而加剧权利和责任的失衡。[1]在这样的制度环境下,阎云翔所说的"无公德的个人"[2]就必然会大量涌现出来,引发整个社会风气的持续衰弱。这些问题必须得到纠正。在国家全面深化改革背景下探索出破解公共文化治理体系结构性困境的方法,应是当前文化体制机制改革的战略重心。

---

[1] 吴理财:《把治理引入公共文化服务》,《探索与争鸣》2012年第6期。
[2] [美]阎云翔:《私人生活的变革:一个中国村庄里的爱情、家庭与亲密关系(1949—1999)》,龚小夏译,上海书店出版社2006年版,第257—261页。

第三章 走出中国公共文化治理体系现代化困境的逻辑

从动力角度看,中国公共文化治理体系内卷化的结构性困境从根本上说是激励异化下的行政驱动机制所产生的,各级政府盲目迷信技术理性,导致公共文化建设成果偏离预定目标。我国向公共文化建设领域注入大量资金资源却越来越低效,而且始终问题不断,这些情况虽然得到了政府高层的关注,但在政府系统内进行治理技术的优化只能在表面上缓和或延迟这些问题的发展,并不能从根本上解决这些问题。要打破行政驱动下公共文化治理的路径依赖,走出制约公共文化治理体系走向现代化的体制机制困境,必须进行治理范式的系统性变革,驱动我国公共文化建设与发展回归价值理性,实现工具理性与价值理性的统一。本章从理论逻辑、历史逻辑和实践逻辑三个维度,论证以中国特色公共文化治理体系现代化的新范式走出公共文化治理体系现代化困境的合法性、紧迫性和必要性。

第一节 理论逻辑

中国特色公共文化治理体系现代化是在中国政治体制架构下将马克思主义运用于中国公共文化治理实践而得出的逻辑结果,是在公共文化建设领域推动生产关系和生产力、上层建筑和经济基础、国家治理和社会发展更好相适应。从马克思唯物史观的理论思想出发,我们才能把握走出当前中国公共文化治理结构性困境的理论逻辑,即以中国特色公共文化治理体系现代化破解激励异化问题,转换各方主体的驱动机理,合力提升公共文化治理实效。

马克思在《1844 年经济学哲学手稿》中,在对资本主义社会的观察中对异化概念做了深入分析,并将异化理论引入对劳动本身的分析中,提出"异化劳动"的观念及其四种具体的表现形式,分别为:劳动产品与劳动者的异化,劳动过程与劳动者的异化,人与人之间关系的异化,人与自己的类本质关系的异化。马克思强调:"劳动的异化性质明显地表现在,只要肉体的强制或其他强制一停止,人们就会像逃避瘟疫那样逃避劳动。"马克思将异化劳动与作为自由自觉活动的劳动区分开来,强调前者是"一种自我牺牲、自我折磨的劳动",会使人的自由自觉的特性丧失,变成了像动物一样的生存,导致人的本质的异化。而产品、劳动及人的本质的异化,则必然导致人与人的异化。在马克思看来,劳动异化、人的异化是私有财产的内在本质,私有财产是异化劳动的外在表现。异化劳动和私有财产之间,是一种本质与现象的关系,而不是原因和结果的关系。在马克思看来,异化劳动同"人类发展进程"相联系,并且"以人的发展的本质为根据",所以必须将其置于人类及其本质的整个发展进程中加以理解和把握。换言之,异化劳动不过是人的本质发展的一个特定阶段,随着人的本质的不断向前发展,异化劳动必将归于消亡。从这个意义上说,马克思在《1857—1858 年经济学手稿》中从历史大视野构想的三大社会形态的演进表现,其实质就是人的本质、人的价值的不断向前发展的过程。

随着对劳动异化、人的异化等研究越来越广泛,异化也被用来描述人以外的制度、组织和行为。笔者从政府视角观察公共文化治理的实践中发现,公共文化治理运行正表现为一种结构性的内卷化困境,其实质是公共文化治理的激励异化,即政府体系自上而下的激励机制和封闭空转的激励环境脱离于社会文化需求、公共文化生活和公民意识培育职能,使"公共文化治理"变成一个独立于外在世界的实体,其运行从根本上而言沦为近乎无意义的资源内耗。激励是调节各类行动主体行为取向的重要因素。面对价值日益多元、利益不断分化的当代社会,政府为推动公共文化治理而设置的激励机制、营造的激励环境,不能为多方主体以治理效能为导向协同共治提供正向的激励驱动,无法回应社会需求的变化,在实际运作中超脱出社会环境、独立于外在的社会需求。激励异化问题诱发地方和基层政府追求对上显现政绩和竞争考核位次的行为冲动,抑制了回应社会真实需求的精力和愿望,导致公共文化治理连接社会环境的能力严重不足,表现出对社会结构现状及其发展趋势的不适配。

中国改革开放四十多年,随着社会结构的分化,必然会产生不同的社会系统以及相应的角色、组织制度、规范价值等。不同要素又会各自产生出独特的内部法则和外部联系,产生出自主性和专业性,并内在地要求在新的基础上建立新的整合形态。①专门化的政府机构是现代社会分化的一个结果,而专业化的政府官员作为一种社会角色,其价值、规范和行为模式,与其背后的激励结构密不可分。目前这种激励异化的情况,在一定程度上扭曲了政府官员这一角色的社会分工,使政府官员的价值、规范和行为发生偏离,表现在政府官员脱离公众,在公共文化治理过程中决策过程与执行过程的分离,工具理性与价值理性的失衡,供给内容与需求的错位,预期目标与实际目标的替代,原本为增进民众政治认同而组织实施的公共文化服务体系建设,却在运行中导致公众的认同感的逐渐丧失。从表面上看,这是政府行政体系改革总是落后于社会发展变化,但从本质上而言,就是激励机制和激励环境异化的结果,激励异化问题关上了服务型政府改革的大门,将社会呼声拒之门外。

延续马克思异化理论的思想脉络,激励异化的实质与(政府)主体自身的发展相联系,因为如果没有政府激励机制与激励环境的实质性变革,即不从本质上寻求改变,再多的公共文化建设领域的资源输入,再花哨的所谓创新经验,也无法使公共文化服务和产品受到公众的真正欢迎。由此,要改善激励问题,破解公共文化治理的内卷化困境,就应持续推动政府激励机制和激励环境的改革与发展。符合逻辑的改革思路,就是要以一种合理的激励结构,有效激发政府积极为民众提供适应需求的公共文化服务和产品,逐渐将公共文化治理过程纳入实现与公共文化有关的文化权利、公共理性、公共精神等基本价值的良性轨道。在目前阶段,政府

---

① 赵树凯:《乡镇治理与政府制度化》,商务印书馆2018年版,第153页。

面临的巨大挑战是,还没有能够找准自身的定位,或者说,还没有意识到深层次的激励异化问题,这种认识上的缺陷,使得改革方案往往隔靴搔痒,无法透过这些改革举措真正将公共文化建设目标实施到位。近年来,执政党强化了对各级领导干部树立正确政绩观的教育,可以说就是要纠正过去发展中的偏差,也就是政府行为取向上的偏差。说是政绩观的问题,更实质的是要解决政府行为转变的问题。政府行为转变的基础不是理念,而是大的制度环境,说观念总是容易的,但知易行难。笔者观察发现,不少领导干部在内心里是非常认同要全心全意为民众服务的,但是,激励异化严重损耗了这些领导干部的自主感,经常让他们落入知行不一的窘境,被迫消耗大量精力去应对与为民众服务无关的琐碎事务上。因此,笔者认为,政府行为转变并不直接取决于各级领导干部的思想认识,虽然思想认识是非常重要的,但更直接的是要构建能够促使其行为转变的激励机制和激励环境,激发各级领导干部为民服务的自主感和能力感,让他们能够有能力、条件、时间和精力,将各类政治教育成果所带来的思想转变真正转化为服务民众的实际行动。

事实上,当前虽然不少官员已经意识到政府行为转变的必要性,但是,政府的基本行为还没有转过来,而行为转变说到底是一个激励结构变革的问题。从激励目标来说,对于向上展示业绩的追求,对于考核分数的追求,依然处于主导地位,而执行公共文化建设职责并没有获得真正的激励保障。例如,我们看到,虽然不少文化部门开展有关调查研究,但这些调查研究是在上级领导要求的推动下方才实施的,这种调研本身还是对上负责的产物,而不是来自对民众需求的关切。从激励机制来说,是自上而下考核、表扬或问责的激励(压力)传递特征,还是以控制干部职业生涯、调控他们的升迁流转为实质的激励方式,而面对已丧失晋升预期的干部则往往激励失灵。从激励环境来说,主要局限在政府体系内部的运转,仍是那个占据干部主要精力的一系列会议、文件、汇报、接待、检查的政府控制系统,政府官员在这样的环境中周而复始地消耗着时间和精力。在这样的情况下,政府自己提出的施政口号和实现这些口号的激励方式,其实是冲突的。正是在这样的大背景下,公共文化治理的问题就凸显出来了。表层是公共服务供需错位、文化设施利用低效等问题,深层则是政府行为取向的问题,尤其是地方和基层政府行为没有在民众期待的方向上演进。在这样的情况下,公共文化治理要走向现代化,就不能就事论事,或单纯借鉴西方治理理论并将其转换成一些政策建议,而是要深入研究政府体系内部的运行机制,尤其是需要推动公共文化治理激励结构的变革。

2015年,中央在全面深化改革的大背景下,提出关于加快构建现代公共文化服务体系的意见。坚持转变政府职能、完善体制机制是其重要内容,改革公共文化管理、运行和保障机制,形成政府、市场、社会共同参与格局是其重点。那个时候,上层的改革路向很清楚,就是以创新公共文化管理体制和运行机制重塑激励结构,由此转变政府公共文化行政行为,促使政府关注效能和绩效,关注质量和社会评价。但是,十多年之后,这些改革口号似乎还在,现实中政府公共文化治理体系运行却走入结构性的内卷化困境,转型力量被一种强大的路依赖径排斥在外,改革动力被不断消解。这些现象告诉我们,公共文化治理体系并没有按照决策者的改革设计演进,这种治理体系及相应的公共文化资源分配的设计思路有待进一步完善。由此引申出来的更深层的问题是,如果说社会的改革和发展有自己的规律,那么,果真就如我们通常所坚信的那样,这个规律是可以被"认识和把握"的吗?文化建设的改革进程显示,广州首家音乐茶座不是决策者设计的结果,红遍大江南北的广场舞也不是决策者设计的结果,大大小小高人气的私人博物馆、美术馆及街头巷尾的创意空间也不是决策者设计的结果。决策者的英明,其实不是表现在圈定这个那个的发展方向,而是承认并支持社会民众的自发探索。具体到公共文化治理领域,要破解其内卷化和激励异化的困境,也许合适的选择是,决策者先不醉心于"设计",而是透过营造良性的激励机制和激励环境给基层与社会释放更大的选择与探索空间,让社会在自主摸索中找到前进的道路。公共文化治理体系走向现代化的道路及其所承载的公共理性和公共精神的培植,不是被研究者设计规划出来的,而是公众在经年累月的公共交往中自然生发。马克思说社会发展是一个自然历史过程,他强调这个过程的物质运动特性,强调这个过程具有独立于人们意志的逻辑。公共文化治理体系的现代化转型也是主动适应这样的一个过程。在这个过程中,不论是强调政府、市场和社会的协同共治,还是压实政府在基本公共文化服务中的主体责任,基本原则是,必须根据社会公众的公共文化生活的现实变化来调整治理范式,用善治为公共文化生活的健康文明发展创造良好的激励机制和激励环境,尤其是驱动地方和基层政府行为取向的转变,让基层政府行为在彰显公众文化权利、服务公众公共文化需求、促进公共理性和公共精神不断生长的方向上持续演进。

党的二十届三中全会吹响了进一步全面深化改革、推进中国式现代化的时代号角,强调改革要更加注重系统集成、更加注重突出重点、更加注重改革实效。这就要求我们在中国特色公共文化治理体系现代化的理论构建中,应推动治理体系与社会发展更好适应,将治理体系改革的重心置于激发社会活力之上,将其改革方向设定在激发文明健康的公共文化生活之上,而不应花大量气力去规划设计一些看上去名称响亮、实际上脱离民众生活的项目或计划。那么,如何主动回应不断变化的社会需求,引导蓬勃发展的社会文化思潮?从现代中国的国家建构进程来看,执政党先进的阶级性和革命性,使其成为"从社会中产生,并日益超然于国家和社会"的政治组织。相比垂直化、层级化的行政科层网络对群众利益诉求的选择性遮蔽,各级党组织具有上级服务下级的优良传统,党组织不仅可以通过各类党建实践活动引导党员常态化了解群众的真实需求,进而不断感知和回应社会的变化,而且具有引领各类社会主体适应日益多元与不断分化社会现实的权威性,"把社会上合法的理性要素整合进其正式结构的组织,能够最大化其合法性,并增强其资源获得和生存能力"[①]。中国特色公共文化治理体系现代化的最大特色,就是执政党引领下的激励机制与激励环境的重塑,尤其是党组织通过公共文化及其场域,完善与公众之间的联系机制,推动各级干部转变价值取向和行为取向,从对上级负责

[①] [美]沃尔特·W.鲍威尔、保罗·J.迪马吉奥:《组织分析的新制度主义》,姚伟译,上海人民出版社2008年版,第57页。

转为对公众负责,切实做到"听民情、察实情、增感情",进而更有效率地利用其政治优势与资源优势推动各方在不同实践场域因地制宜地构建起具有适应能力的、灵活多样的公共文化生活。在这些公众主体之间透过公共文化及其场域自愿互动交往的公共文化生活中,文化需求能得到充分表达,文化权益能自主协调,基层监督评议机制也可以实效运转,民众参与公共文化治理的积极性、主动性与创造性也能够得到最大限度激发。在这样的环境中,社会的公民意识和公共理性方能得以生发。而人们在不断感知自身公共性和能力感提升的过程中也会认同给他们带来实质精神变化的公共文化生活场景,并感受各级干部为民众服务的真情实意,进而增强文化认同和制度认同。

第二节 历 史 逻 辑

中国公共文化政策的历史演变,特别是改革开放以来国家提出发展文化事业和推进现代公共文化服务体系建设的治理策略,深度影响着当前公共文化治理样态及公共文化的发展现状。改革开放以来,在政策取向上,我国总体上是遵循着从全能型文化事业体制逐步向市场化与社会化方向改革的治理体制转型思路。公共文化治理的转型努力,凸显了国家对克服行政驱动公共文化治理效能不足等问题的探索与调适。但是,一种长期以来根深蒂固的治理机制却延续至今,这些治理机制依托特定的利益分配结构,自觉或不自觉地会将公共文化治理过程集中于政府单一主体,在实践过程中又最终简化为文化行政管理部门具体治理技术的运用,导致公共文化治理至今仍深陷结构性困境,无法实质性跳脱出路径依赖。故而,从历史逻辑看,中国特色公共文化治理体系现代化要破解公共文化治理困境,必须深刻解析并系统超越这些具有浓厚历史渊源的传统治理机制,以新激励结构系统重塑公共文化治理理念、治理机制和治理方式,推动中国公共文化建设与发展更好走向未来。

一、政策思路

改革开放初期,国家针对公共文化发展的政策思路主要是仿效经济体制改革经验,在文化单位推行以承包经营责任制为主要内容的市场化改革,以解决统得过死和吃大锅饭等体制弊端,实行"以文补文、多业助文"等改革措施以解决文化单位中普遍存在的经济困难。①1979 年,文化部起草了《关于艺术表演团体调整事业、改革体制以及改进领导管理工作的意见》,提出要下放艺术表演团体的演出剧目权、一定的财权和用人权。1987 年 2 月文化部发布《文化事业单位开展有偿服务和经营活动的暂行办法》,强调文化事业单位在符合法律法规和社会效益优先的基础上,可以适当开展有偿服务,保障资金收入来源。该规定发布后,一些文化事业单位利用专业优势,举办了各种专业讲座、辅导班以及文物复制、工艺美术、广告设计和加工活动。为方便参加活动的群众,有的单位还开设了一些服务性的经营项目,如开设小卖部、招待所、餐厅等。②1992 年,党的十四大确立"坚持走改革开放之路,积极推进文化事业改革"的文化发展基本方针,提出要"积极推进文化体制改革,完善文化事业的有关经济政策"③,进一步明确了我国在 20 世纪末繁荣社会主义文化的主要战略方向。1996 年,党的十四届六中全会通过的《中共中央关于加强社会主义精神文明建设若干重要问题的决议》又提出"改革的目的在于增强文化事业的活力,充分调动文化工作者的积极性,多出优秀作品,多出优秀人才"的改革思路,并强调改革"要遵循文化发展的内在规律,发挥市场机制的积极作用","要区别情况,分类指导,理顺国家、单位、个人之间的关系,逐步形成国家保证重点、鼓励社会兴办文化事业的发展格局"④,加速推动了全国各级各类文化事业单位的体制转型。以中直文艺院团改革为例,从 1996 年开始,相继将中央歌剧院、中央芭蕾舞团合并为"中央歌剧芭蕾舞剧院",将中央歌舞团、中央轻音乐团合并为"中国歌舞团"等,同时推行考评聘任制,促进艺术人才之间的合理竞争,实现中直院团范围内人才的合

---

① 蒯大申、饶先来:《新中国文化管理体制研究》,上海人民出版社 2010 年版,第 256 页。
② 李少惠、张红娟:《建国以来我国公共文化政策的发展》,《社会主义研究》2010 年第 2 期。
③ 江泽民:《加快改革开放和现代化建设步伐 夺取有中国特色社会主义事业的更大胜利——在中国共产党第十四次全国代表大会上的报告》,《人民日报》1992 年 10 月 21 日。
④ 《中共中央关于加强社会主义精神文明建设若干重要问题的决议》,《人民日报》1996 年 10 月 14 日。

理流动和资源共享。经过改革后的中直院团生机勃勃、充满活力。①

进入21世纪,随着国家构建社会主义和谐社会目标的提出,公共文化的政策重心也从纯市场化改革转向了以发展城乡公共文化服务事业以助力民生改善的公共服务取向。2005年10月,《中共中央关于制定国民经济和社会发展的第十一个五年规划的建议》提出要"加大政府对文化事业的投入,逐步形成覆盖全社会的比较完备的公共文化服务体系",要求"深化文化体制改革,建立党委领导、政府管理、行业自律、企事业单位依法运营的文化管理体制和富有活力的文化产品生产经营机制",从国家层面对文化体制机制进行了整体性谋划,并将纯市场化发展的文化产业与公共服务取向的文化事业予以区分。2005年12月,《中共中央、国务院关于深化文化体制改革的若干意见》进一步对推进文化体制改革的指导思想、原则要求和目标任务做了全面部署。值得注意的是,虽然文化事业与文化产业在政策定义上相分离,但中央高层同样注意到文化事业和文化产业相互促进的重要性:"随着文化生产力不断解放,文化产业和文化事业有了互相促进和共同发展的基础,文化市场的活力增强,公共文化活动才能够通过市场竞争的机制提升品质,更多社会力量方能投入公益事业中来。"那个时候,文化事业与公共文化服务两个概念同时出现在国家政策文本中,文化事业包含公共文化服务,公共文化服务是文化事业的组成部分。2006年9月,《国家"十一五"时期文化发展规划纲要》专门辟出独立章节对"公共文化服务"的发展进行全面规划,从完善公共文化服务网络、加强农村文化建设、普及文化知识、建立健全文化援助机制、鼓励社会力量捐助和兴办公益性文化事业等方面进行了系统全面的部署。2007年3月,全国人大十届五次会议将"着眼于满足人民群众文化需求,保障人民文化权益,逐步建立覆盖全社会的公共文化服务体系"写入政府工作报告,凸显国家以"服务"建设"公共文化"的战略指向。

2007年6月16日,中共中央政治局召开会议,专门研究加强公共文化服务体系建设工作。会议提出了加强公共文化服务体系建设的目标任

---

① 蒯大申、饶先来:《新中国文化管理体制研究》,上海人民出版社2010年版,第264页。

务是"按照结构合理、发展平衡、网络健全、运行有效、惠及全民的原则,以政府为主导、以公益性文化单位为骨干,鼓励全社会积极参与,努力建设公共文化产品生产供给、设施网络、资金人才技术保障、组织支撑和运行评估为基本框架的覆盖全社会的公共文化服务体系,切实保障人民群众看电视、听广播、读书看报、进行公共文化鉴赏、参加大众文化活动等基本文化权益"。2007年8月,根据中央政治局会议精神,中共中央办公厅、国务院办公厅下发《关于加强公共文化服务体系建设的若干意见》,对加快推进我国公共文化服务体系建设进行具体部署。2007年10月,在党的十七大上,党中央将"覆盖全社会的公共文化服务体系基本建立"作为全面建设小康社会的目标要求予以郑重提出。

2011年10月18日,党的十七届六中全会通过《中共中央关于深化文化体制改革、推动社会主义文化大发展大繁荣若干重大问题的决定》,这份文件进一步将文化建设置于党和国家全局工作的重要战略地位,从执政党视角提出推进社会主义核心价值体系建设和加快文化体制改革等方面的基本思路,并提出要"加强和改进党对文化工作的领导,提高推进文化改革发展科学化水平"的工作要求,这些要求实际上是执政党对国家文化治理进行顶层设计的重要标志。例如,全会强调要对道德失范、诚信缺失问题,以及社会成员人生观和价值观扭曲问题进行治理,强调"社会主义核心价值体系是兴国之魂,是社会主义先进文化的精髓,决定着中国特色社会主义发展方向",必须"强化教育引导,增进社会共识,创新方式方法,健全制度保障,把社会主义核心价值体系融入国民教育、精神文明建设和党的建设全过程,贯穿改革开放和社会主义现代化建设各领域,体现到精神文化产品创作生产传播各方面,坚持用社会主义核心价值体系引领社会思潮,在全党全社会形成统一指导思想、共同理想信念、强大精神力量、基本道德规范"。又如,全会提出,"满足人民基本文化需求是社会主义文化建设的基本任务",而"发展文化产业是社会主义市场经济条件下满足人民多样化精神文化需求的重要途径"。对于民众基本文化需求,必须"坚持政府主导,加强文化基础设施建设,完善公共文化服务网络,让群众广泛享有免费或优惠的基本公共文化服务";对于超出基本文化需求的民众多样化的精神文化需求,则提出"必须坚持把社会效益放在首位、社会效益和经济效益相统一"的文化产业发展要求。还如,针对当时的主要形势和任务,提出"加强公共文化服务是实现人民基本文化权益的主要途径"的命题,要求"以公共财政为支撑,以公益性文化单位为骨干,以全体人民为服务对象,以保障人民群众看电视、听广播、读书看报、进行公共文化鉴赏、参与公共文化活动等基本文化权益为主要内容,完善覆盖城乡、结构合理、功能健全、实用高效的公共文化服务体系"。具体有四项重点内容:一是在公共文化服务主体上,要"加强文化馆、博物馆、图书馆、美术馆、科技馆、纪念馆、工人文化宫、青少年宫等公共文化服务设施和爱国主义教育示范基地建设并向社会免费开放服务,鼓励其他国有文化单位、教育机构等开展公益性文化活动,各类文化场所要为群众性文化活动提供便利",还要"引导和鼓励社会力量通过兴办实体、资助项目、赞助活动、提供设施等形式参与公共文化服务"。二是在公共文化服务设施上,要"统筹规划和建设基层公共文化服务设施,坚持项目建设和运行管理并重,实现资源整合、共建共享。加强社区公共文化设施建设,把社区文化中心建设纳入城乡规划与设计,拓宽投资渠道。完善面向妇女、未成年人、老年人、残疾人的公共文化服务设施"。三是在公共文化服务经费和资源上,要"把主要公共文化产品和服务项目、公益性文化活动纳入公共财政经常性支出预算。采取政府采购、项目补贴、定向资助、贷款贴息、税收减免等政策措施鼓励各类文化企业参与公共文化服务。鼓励国家投资、资助或拥有版权的文化产品无偿用于公共文化服务"。四是在公共文化服务绩效考核上,要求"推进国家公共文化服务体系示范区建设,制定公共文化服务指标体系和绩效考核办法"。中央高层对文化建设的高度关注,从根本上而言是对改革开放以来实际存在的重物质、轻文化问题的深刻反思与战略调整,也为党的十八大后一系列文化建设新举措的提出打下坚实基础。

党的十八大以来,高层相继提出《国家"十二五"时期文化改革发展规划纲要》《国家"十三五"时期文化改革发展规划纲要》等文件,规划和指导公共文化服务体系走向现代化的政策思路与改革路向。2015年,中央政府以"提高服务效能"为导向,出台《关于加快构建现代公共文化服务体系的意见》《关于推进基层综合性文化服务中心建设的指导意见》《关于做好政府向社会力量购买公共文化服务工作的意见》《国家基本公共文化服务指导标准》等一系列政策文件,各地公共文化建设部门也在中央顶层设计下加大改革实践力度,在转变工作理念、规范文化内容生产、完善城乡公共文化服务体系、鼓励社会力量参与、推动公众参与等方面着力突破,国家公共文化建设与发展取得了历史性进步,主要体现在以下六个方面:

其一,提出中国特色公共文化治理体系现代化的时代命题。2013年11月,党的十八届三中全会通过的《中共中央关于全面深化改革若干重大问题的决定》,首次提出"完善和发展中国特色社会主义制度,推进国家治理体系和治理能力现代化"的改革总目标。2019年10月,党的十九届四中全会审议通过《中共中央关于坚持和完善中国特色社会主义制度、推进国家治理体系和治理能力现代化若干重大问题的决定》,提出"中国特色社会主义制度是党和人民在长期实践探索中形成的科学制度体系,我国国家治理一切工作和活动都依照中国特色社会主义制度展开,我国国家治理体系和治理能力是中国特色社会主义制度及其执行能力的集中体现"的重要论断。2021年3月,为在新的形势下更好推动公共文化服务的高质量发展,文旅部等三部委联合印发《关于推动公共文化服务高质量发展的意见》,提出要"努力推动文化治理体系和治理能力现代化",并强调要"以高质量发展为主题,以深化公共文化服务供给侧结构性改革为主线,完善制度建设,强化创新驱动"。同年6月,文旅部发布《"十四五"公共文化服务体系建设规划》,提出将"坚持改革创新"作为基本原则,进一步加强文化治理体系和治理能力建设,持续增强发展动力和活力,并要求"进一步探索现代公共文化服务体系建设体制机制改革路径,着力解决制约公共文化服务高质量发展的突出矛盾和问题"。由此可见,国家高层已将完善中国特色公共文化制度体系、推进公共文化治理体系现代化纳入重要议事日程,以系统治理思维,努力增强公共文化建设与发展的实效性。

其二,规范文化内容生产的价值取向。随着人民生活水平的不断提高,民众对文化内容的质量、品位、风格等也提出更高的需求。文艺作品作为文化产品中的一种,更因其对人的思想观念的影响与塑造功能而受到社会的广泛关注。2014年中央文艺工作座谈会点出了文化生产中存在的"价值偏离、追逐利益、粗制滥造、过度包装、脱离大众"等问题[①],并从五个维度提出了文化内容生产应当把握的价值取向:一是强调文艺精品要与实现中华民族伟大复兴紧密相连,"我国作家艺术家应该成为时代风气的先觉者、先行者、先倡者,通过更多有筋骨、有道德、有温度的文艺作品,书写和记录人民的伟大实践、时代的进步要求,彰显信仰之美、崇高之美,弘扬中国精神、凝聚中国力量,鼓舞全国各族人民朝气蓬勃迈向未来"。二是强调要将创造生产优秀作品作为文艺工作的中心环节,不能"急功近利、竭泽而渔、粗制滥造"。三是强调坚持以人民为中心的创作导向,要"把满足人民精神文化需求作为文艺和文艺工作的出发点和落脚点,把人民作为文艺表现的主体,把人民作为文艺审美的鉴赏家和评判者,把为人民服务作为文艺工作者的天职",并指出"人民不是抽象的符号,而是一个一个具体的人,有血有肉,有情感,有爱恨,有梦想,也有内心的冲突和挣扎";"同社会效益相比,经济效益是第二位的,当两个效益、两种价值发生矛盾时,经济效益要服从社会效益,市场价值要服从社会价值"。四是强调要将社会主义核心价值观作为文艺灵魂,"广大文艺工作者要高扬社会主义核心价值观的旗帜,充分认识肩上的责任,把社会主义核心价值观生动活泼、活灵活现地体现在文艺创作之中,用栩栩如生的作品形象告诉人们什么是应该肯定和赞扬的,什么是必须反对和否定的,做到春风化雨、润物无声"。五是强调要紧紧依靠广大文艺工作者、尊重和遵循文艺规律,加强和改进党对文艺工作的领导。党的根本宗旨是全心全意为人民服务,文艺的根本宗旨也是为人民创作,"应准确把握党性和人民性的关系、政治立场和创作自由的关系"。这五个维度的价值导向,及时纠正了当时实际存在的"价值偏离、追逐利益、粗制滥造、过度包装、脱离大众"等文化内容生产问题。其后,从中央到地方一系列配套性的改革政策相继

---

① 《习近平在文艺工作座谈会上的讲话》,2014年10月15日。

出台,"以社会效益为重、平衡好市场效益"的理念逐渐为人们所接受,文化内容生产治理取得了实效。例如,近年来一批贴近民众日常生活的文艺作品搬上舞台和荧幕,受到民众的欢迎和好评,《欢乐颂》《大江大河》《精英律师》《小日子》等现实题材的电视剧将社会真面貌、真问题搬上了电视荧幕,一个个仿佛就发生在身边的故事触发观众深层的情感共鸣。不论是百折不挠、持之以恒的"宋运辉",还是坚持真理、富有正义感的"戴曦",抑或是情感上分分合合、家庭中磕磕碰碰的"顾茉莉"和"朱劲草",他们在面对职业困惑、信任危机、事业困境时的态度和行为,引发着观众的思考与讨论,也潜移默化间引导着一种社会规范与价值共识。不过,我们也要注意到,当前虽然对电视剧等传统文艺创作的生产和传播逐步形成了一套相对可行的把关机制和管理举措,但是对快速发展的自媒体、短视频等新文化形态仍缺乏有效的管理方式与引导策略,另外,面对生成式人工智能飞速发展下的虚拟社交文化也还没有及时关注到其背后可能带来的价值偏离问题。面对这些新情况新问题,特别是社会日益分化与价值多元发展的社会现实,尤其是青年Z世代崛起及其更加多元的文化诉求,亟须改革者不断完善文化政策与建设机制,推动公共文化治理体系的变革,以不断适应社会的新变化与公众的新期待。

其三,健全城乡公共文化服务体系。在国家战略导向下,中央加大对乡村及贫困地区的公共文化供给力度,促进公共文化服务在城乡之间的均衡发展,有效保障和促进了公共文化资源流向乡村及贫困地区,提升城乡间公共文化配置的区域均衡度,增进广大农民和低收入群体的文化获得感。2015年11月,中共中央、国务院发布《关于打赢脱贫攻坚战的决定》,文化扶贫作为脱贫攻坚的重要内容,在脱贫攻坚的大背景下,各地加大了向贫困地区的文化投入,集中实施了一批文化惠民扶贫项目,有力推动了贫困地区公共文化设施普遍达到国家标准。2018年9月发布的《乡村振兴战略规划(2018—2022年)》,将推动文化振兴作为丰富乡村文化生活的重要工作进行部署,"推动城乡公共文化服务体系融合发展,增加优秀乡村文化产品和服务供给,活跃繁荣农村文化市场,为广大农民提供高质量的精神营养",提出要在乡村健全公共文化服务体系,增加公共文化产品和服务供给,广泛开展群众文化活动,并通过加大业绩考核,以确保完成这些任务。2021年,文旅部在《"十四五"公共文化服务体系建设规划》中提出以"深入推进城乡公共文化服务标准化建设""完善城乡公共文化服务协同发展机制""健全乡村公共文化服务体系""创新培育城市公共文化空间"等为着力点,推进城乡公共文化服务建设。然而,长期以来城乡非均衡发展的客观事实,以及建立健全城乡一体化体制机制的相关政策尚待健全,导致公共文化资源大量输入乡村却缺乏发挥其效益的社会基础,导致乡村公共文化服务效果欠佳。有学者在对某百强县152个行政村公共文化服务状况的调研中发现,多个乡镇综合文化中心处于关门落锁状态。某重点镇的综合文化中心多个活动室除了门口的标牌、外墙的宣传栏外,内里并无实质内容;多数村民认为本村没有农家书屋、文化大院;电影放映与文艺下乡具体到某一村每年只有2—4场,多集中在夏秋农忙时节。[1]笔者在对某位村书记的访谈中了解到,该村书记从相关新闻报道中得知外省某村在乡村振兴工作上处于领先位置,接待过不少中央和地方领导的调研,于是其带队去该村考察,但结果却大失所望,虽然这个村的硬件建设条件非常好,但却没有什么人气,修葺一新的街巷和文化设施里空无一人,颇为可惜。

其四,完善公共文化服务法律体系。2016年12月,《公共文化服务保障法》的颁布为公共文化服务发展提供了法律保障,对公共文化服务发展的各方权利和义务进行了法律界定,确保了公共文化服务发展方向和建设标准有法可依、有章可循。[2]2017年11月,《公共图书馆法》获得通过,其对公共图书馆的设立、运行、服务、责任等关键内容进行了法律规范,予以了法律保障。公共文化领域法律法规的不断完善,不仅促进了公共文化事业更为科学和规范的发展,而且在一定程度上推动了城乡公共文化均衡发展理念的落实。如《公共文化服务保障法》第八条规定,"国家扶助革命老区、民族地区、边疆地区、贫困地区的公共文化服务,促进公共文化

---

[1] 陈建:《"中心—边缘":城乡公共文化服务治理模式及其优化》,《图书馆》2022年第3期。
[2] 吴理财、解胜利:《中国公共文化服务体系建设40年:理念演进、逻辑变迁、实践成效与发展方向》,《上海行政学院学报》2019年第5期。

服务均衡协调发展"。以河北沧州为例,原本16个县(市、区),有7个贫困县,基础条件差,文化建设相对滞后,区域内、城乡间公共文化服务不均衡问题比较突出,《公共文化服务保障法》施行后,"2017年以来投资13.3亿元,新建县级文化馆图书馆11个、改扩建6个,4个县区结束了没有图书馆的历史"①。公共文化服务领域法律法规的出台,标志着公共文化治理正式进入了相对稳定、制度化、规范化的阶段。随着各相关法律主体对其经常性援引和亲身性实践,以及各级人民代表大会与社会公众对其执行情况的监督,政府已不敢随意对公共文化设施进行拆除或挪作他用,也一般不再随意腾挪公共文化服务经费,逐渐认识到履行公共文化服务法定职责的重要性。

其五,鼓励社会力量参与。2013年5月,文化部发布《社会组织管理暂行办法》,对文化部业务主管的社会团体、基金会和民办非企业单位的设立条件、组织建设、监督管理等做了规定。2015年5月,《国务院办公厅转发文化部等部门关于做好政府向社会力量购买公共文化服务工作意见的通知》,从政府购买公共文化服务的指导思想、基本原则和目标任务,购买主体、购买内容、购买机制,资金保障、监管机制和氛围营造等方面做了具体规定并制定了指导性目录。2016年7月,文化部发布《文化志愿服务管理办法》,对文化志愿者个人和组织单位的职责进行了界定,规定了文化志愿服务的内容及相关激励保障措施。2017年8月,《关于深入推进公共文化机构法人治理结构改革的实施方案》发布,对公共文化机构法人治理结构的总体要求、主要内容、配套措施、工作步骤、组织实施等方面做了相关规定,明确建立以理事会为主要形式的法人治理结构,吸纳有关方面代表、各界人士、各界群众参与管理,落实法人自主权。2018年11月,文旅部、财政部发布《关于在文化领域推广政府和社会资本合作模式的指导意见》,对在文化领域推广政府和社会资本合作模式进行了详细规范,首次以专项发文的形式对PPP(Public-Private-Partnership)模式的指导思

---

① 参见http://www.npc.gov.cn/npc/c30834/202009/2c00e03ce311442f8f1965d2785cbf70.shtml。

想、基本原则、推广领域、项目实施及政策保障等各项内容予以明确界定，为在文化领域实施PPP模式提供了指导方针。据不完全统计，2013年以来有关鼓励社会力量参与公共文化服务的政策就有20余项，这些政策的颁布与实施，优化了公共文化人才队伍，促进了供给主体的多元化发展，一大批文化类社会组织和市场主体成长了起来，引领了中国公共文化服务的社会化转型。各地在执行过程中，也结合丰富的探索和实践制定了落实和配套政策，社会力量的参与对于提升公共文化服务效能起到了积极的促进作用。

其六，推动公众参与。2015年，中办、国办发布的《关于加快构建现代公共文化服务体系的意见》中强调要"切实保障人民群众基本文化权益，促进实现社会公平"，并提出"完善年度报告和信息披露、公众监督等基本制度，加强规范管理"；"完善服务质量监测体系，研究制定公众满意度指标，建立群众评价和反馈机制"；"积极引入社会第三方开展公众满意度测评，对公众满意度较差的要进行通报批评，对好的做法和经验及时总结、推广"等政策思路。2019年，文旅部、国家文物局制定了《公共文化服务领域基层政务公开标准指引》，要求"积极扩大公众参与"，"对直接影响群众利益、社会关注度高的重要改革方案、重大政策措施、重点建设项目等应公开征求意见，并认真研究吸纳、回应公众提出的相关建议"，要"围绕公众关切及时解疑释惑，发布权威信息"。《公共文化服务保障法》《公共图书馆法》等也将推动公众参与纳入法律文本，赋予公众参与公共文化服务的法律依据。《公共文化服务保障法》提出"鼓励和支持公民、法人和其他组织通过兴办实体、资助项目、赞助活动、提供设施、捐赠产品等方式，参与提供公共文化服务"，并"倡导和鼓励公民、法人和其他组织参与文化志愿服务"，还相应提出"税收优惠""表彰奖励"等激励措施。《公共文化服务保障法》还对相关机构和各级政府部门提出"推动公共图书馆、博物馆、文化馆等公共文化设施管理单位根据其功能定位建立健全法人治理结构，吸收有关方面代表、专业人士和公众参与管理"，以及"建立文化志愿服务机制""建立反映公众文化需求的征询反馈制度和有公众参与的公共文化服务考核评价制度"等要求。《公共图书馆法》还结合公共图书馆行业发展的特点,将公众参与的范围和方式进一步具体化为参与图书馆理事会治理、参与文化志愿服务、参与申请政府购买服务,以及参与对公共文化服务的绩效评价等方面。

总体来看,虽然在 20 世纪 80 年代就有学者提出加强文化政策建设的思路①,这些政策思路可以说至今仍有参考价值,而且所提出的问题也依然有现实的针对性,然而,那个时期,国家主要关注经济建设,而对公共文化建设相对滞后,导致公共文化事业发展在 20 世纪 90 年代遇到瓶颈,直接表现为社会思潮纷乱无序,最终引发了一场政治风波。当前我国公共文化建设与发展的基本样态,主要源自 21 世纪以来,特别是党的十八大后国家高层对日益尖锐的社会文化问题的高度关切。在此背景下,各级政府在公共文化治理领域所开展的探索与实践,以及所出台的一系列的政策与措施,形塑了当前在官方话语体系中所呈现出来的公共文化建设与发展的模式。这种模式在名义上由理性化的法律文本与制度规范所定义,但实际上,由于在实际运作中的"名实分离"问题,公共文化治理实际上日益深陷内卷化的结构性困境。治理体系与当前文化发展实际不相适应,直接导致不少公共文化政策在实际运行中陷入空转的尴尬境地,这也反映出当前公共文化治理体系改革的一系列难题,亟待学术界和实务界认真面对。

二、改革难题

改革开放以来,随着国家经济的增长和财力的增强,各级政府可用于公共文化服务的资金资源在不断提高,但是,一种长期以来根深蒂固的治理体系却延续至今。这种治理体系依托特定利益分配的激励结构,自觉或不自觉地会将公共文化治理过程集中于政府单一主体,在实践过程中又简化为文化行政管理部门治理技术的运用。也就是说,将各级各类公共文化制度、规定和政策供给转换为一项项具体的行政性事务,自上而下层层传导与推进,最终由基层单位作为行政任务予以落实与完成。在这

---

① 刘恩培、张江:《加强文化政策建设,推动文化事业发展》,《辽宁师范大学学报(社会科学版)》1987 年第 3 期。

种治理体系的运作中，我们发现，公共文化资源投入力度虽然在不断增大，但往往缺乏与社会成员日常生活的关联，无法满足公众的公共文化需要。如公共文化场馆越建越豪华，但却远离居民社区，与公众日常生活割裂开来。又如政府及其事业机构向农村配送的公共文化越来越多，却因为配送时间、地点和内容的不合时宜，和农民的实际需求发生脱节。再如，不少地区的文化品牌活动颇有知名度，但其品牌知名度与公众感受度相分离，公众的参与感不强，自发参与其中的人数极为有限。还有，从不少地方的新闻宣传报道的案例来看，社会主体参与公共文化建设的情况看似十分丰富，但实质上刻意渲染和夸大的成分很多，真正受公共精神驱使的自发自主的公众参与依然处于萌芽状态。

近年来，在不断强化以人民为中心改革理念的背景下，国内许多地区都开始在体制架构、政府组织方式等层面深化政府公共文化管理制度的改革，然而，改革仍然不可避免地会遭遇这种根深蒂固的治理体系的深层挑战。政府注重内部的层级制运行而缺乏民众参与，专业治理的发展并未真正体现"以人为本"，政府文化管理与服务往往迟缓、被动，缺乏前瞻性思考，其服务型政府的口号与现实中的状况严重脱节。在这样的治理模式下，民主形式只是作为功利性的工具来使用，基层自治议题也要迎合政府某一阶段的特定目标，民众参与治理也是选择性地贯彻法律规范要求。要明白，单纯依靠政府部门精心"打造"出来的业绩，是无法影响公众内心，使社会民众内心自发形成那种价值标准和规范的。笔者认为，这种根深蒂固的治理体系是激励异化问题所直接形塑的，其与激励异化问题都是在政府全能主义历史惯性下的写照。在本研究中，我们将这种治理体系称为行政驱动下的公共文化治理体系。这种公共文化治理体系包括但不仅限于全能型理念、压力型机制和项目化方式等构成要素。

其一，全能型的公共文化治理理念。当前，公共文化服务作为公共文化治理的重要维度，在一定程度上受传统全能型政府体制的影响仍然严重。依行政力量对公共文化服务和产品进行调配，往往是单向的，缺少"上下结合"的辩证性，在服务过程中难以达成标准化与个性化的统一。一方面，政府对大众文化的全面控制逐渐松动，社会文化逐渐多元并且释放出一定的资源空间和参与空间,为社会主体间的公共交往提供了客观的生长环境;另一方面,当前行政驱动下的公共文化治理体系面对社会表达诉求往往会在第一时间触发避责机制,习惯性地以安全稳定为由忽视乃至压制新的社会交往形态的发生,因此民众少有积极参与的管道,社会就无法形成成熟的自治空间。当"自下而上"的社会公众表达机制难以积聚足够的力量时,政府自觉或不自觉地就会生发出一种基于全能主义意识形态的社会改造冲动,认为大众文化需要被改造,要走以先进文化取代大众文化之路对公共文化进行塑造。于是,我们看到,在全能主义治理理念下,政府通过建设公共文化阵地、开展各类文化活动的目的在于用主流文化和精英文化来塑造民众的传统习惯及地方性知识,认为依靠"自上而下"行政规划、资源输入和项目实施,就可以建设和发展公共文化。这种"自上而下"的行政逻辑与全能型治理理念有着内在关联,忽视或者排斥吸收公众意见的全能主义的行政逻辑,其运作结果往往就会像任剑涛所描述的那样,"脱离现实、凭空想象、无视当下、寄望未来、抑制理性、激扬情绪,旨在新颖、不重制度、轻视效果、重视观感"[①],试图通过组织力量和行政布局一举"解决"全部的结构性难题。实际上,这种充斥着浪漫主义冲动的意绪正不断扩散,并逐级透过行政机制将中央和地方各类改革举措统统转化为对下级的绩效考核指标体系,这不仅是懒政怠政的直接表现,而且在这样的惯性思维下,不少基层干部总是处在这样一种压力型的体制环境之中,他们自身的创新动力和工作热情在这种僵化呆板、脱离现实的工作消耗中备受摧残。全能型的公共文化治理理念诱发了压力型的治理机制,是前文所述内卷化公共文化治理结构性困境产生的根本原因。

其二,压力型的公共文化治理机制。行政驱动公共文化治理体系的突出特征是其运行机制置身于自上而下的压力环境之中。这种压力环境一般指的是各级政府为实现经济赶超目标,完成上级下达的各项指标而采取的数量化任务分解的管理方式和物质化的评价体系,其核心是形成

---

① 任剑涛等:《乡村治理现代化(笔谈一)》,《湖北民族大学学报(哲学社会科学版)》2020年第1期。

一级压一级,用"一手乌纱帽,一手高指标"①的方式层层向下推动工作落实的传导机制。在具体实践中,这套压力型机制在各级政府工作中被广泛应用,尤其是针对一些重点难点工作,往往"效果"会立竿见影。同样,在日益得到各级政府重视的文化治理领域也遵循了同样的机制,"现行文化体制在运行过程中很大程度上属于向上负责,基层文化行政部门的公共服务意识及其责任明显低于对上级执行使命的承诺,文化责任上行及价值逆向性内在地支撑着体制的行政存在方式"②,公共文化基础设施建设、公共文化活动乃至文化产业发展也多采用压力型治理机制。这种压力型治理机制又可进一步细分为三种具体的机制:第一,指标化的任务分解机制。政府将公共文化建设目标量化分解为具体指标,如设施利用率、文化活动数、人员参与率、媒体报道数、文化产业投资额等,通过考评、排名等形式将指标要求下派到下级组织,要求其在规定时间内完成目标任务。第二,运动化的组织推进机制。主要是指接受指标任务的一方为在某些关键性指标排名中争取前列或按时完成上级领导指示要求,将这些任务置于其工作的重中之重,整合和动员各类资源以确保这些任务或工作得到落实。第三,功利化的评价机制。完成指标任务的组织和个人,除了得到表扬、荣誉称号等精神激励外,还可能会得到包括提拔、提级、提资、转任重要岗位等职业发展方面的奖励。此外,功利化评价机制还包括负面的惩罚机制,一般会将安全事故、违法违纪等情况作为"一票否决"项,一旦出现这类情况,就视其全年工作业绩为零,即使其他工作做得再好,也很难在年度考核排名中获得好成绩。考察发现,在这种压力型的治理机制下,基层往往会将如何分解和化解压力作为优先选项,即使明知有的指标很不合理,但在这种压力环境下只能去想方设法用某些方式去应对压力,以尽可能减少考评失败对于其职业生涯发展的影响。因此,我们会看到那么多的形式化的宣传标语,也会理解那些没有什么观众的文化活动为什么依然有市场。从面上看,不少公共文化建设

---

① 杨雪冬:《社会管理慎用压力型体制》,《决策》2011年第10期。
② 王列生、郭全中、肖庆:《国家公共文化服务体论》,文化艺术出版社2009年版,第53页。

任务看似在基层得到了落实,但实质上,这种压力型的激励机制并没有激发出基层干部贴近民众、满足其文化需求的内生动力,不能让干部"切实做到听民情、察实情、增感情",难以持续地激发出基层干部干事创业的内在热情,反而让他们变得谨小慎微,越发缩手缩脚。此外,依靠指标任务分解与奖惩机制来调控基层干部注意力的做法,还会诱发他们竭泽而渔的工作取向,急功近利地透支资源以争取在短期内获得业绩,堆砌出大量不可持续的政绩工程和盆景工程,造成形式主义和官僚主义问题的层出不穷。

其三,项目化的公共文化治理方式。项目制可以做到目标明确和程序合理,但项目"总体结构关系及其运行机制变得更加错综复杂,构成输入与嵌入、规则与变通、支配与反应相互交织的治理过程"[1]。笔者观察发现,在激励异化下,政府公共文化服务项目化的治理方式存在以下三个主要问题。一是程式化的项目运作方式。虽然项目内容有所差异,但其内在操作模式基本是相同的,主要包括项目制定、项目申请、项目审核、项目分配、项目验收等一系列由政府主导的运作过程,这一程式化的运作程序虽然十分符合行政技术的理性原则,但却不利于社会公众主动的文化参与和文化创造,而且很容易遮蔽不同人群的个性化需求,在项目初始申报阶段就造成需求与供给的割裂。二是功利化的项目运作取向。项目制运作是根据社会需要与发展逻辑,在资源(物质、人力、时间等)有限条件下,由专门组织利用现代管理方法和工具进行的一种特定预期的服务。[2]公共文化项目制定的本义也是在于通过寓教于乐的形式传递社会主义核心价值体系的内在意涵,实现对民众信仰的积极建构。但在公共文化服务政绩考评导向、项目封闭运作程序和社会公众参与缺失等多重影响下,不少地方政府会将这些项目整合进其在不同阶段功利目标框架中。例如,有的地方将几乎全部项目资源落地于某些特定区域以追求城市发展的集中显现度。又如,有的地方将文化项目投入作为拉动本地区经济增长指标

---

[1] 渠敬东:《项目制:一种新的国家治理体制》,《中国社会科学》2012年第5期。
[2] 渠敬东、周飞舟、应星:《从总体支配到技术治理——基于中国30年改革经验的社会学分析》,《中国社会科学》2009年第6期。

的工具,服务于地方经济发展。①还如,在功利主义取向下,有些文化项目在验收环节极易诱发形式主义问题,为顺利完成上级在特定时间的项目验收任务,地方政府会组织群众演员进行情景演绎以顺利通过验收。三是不可持续的项目运作结果。公共文化项目大多不是一次性的服务,而是需要同步建立资金投入与长效维护机制以保证这些文化设施和文化活动的持续有效运转,往往需要政府给予稳定的财政补贴以维持其持续服务社会的功能。但由于这些文化项目设立之初在导向上的功利性色彩,缺乏来自真实需求的支撑,因此当政府领导人发生更替,项目一旦无法给继任者带来"政绩增量",这些项目就会因资源输入的减少而面临可持续运行问题。

全能型的公共文化治理理念、压力型的公共文化治理机制及项目化的公共文化治理方式,在激励异化的催化下,使行政驱动下的公共文化治理体系呈现出极强的路径依赖。公共文化治理的本义在于透过公共文化及其场域建构活力内生的公共文化生活,从而实现民众公共理性和公共精神的提升。但由于长期延续且根深蒂固的治理模式,一方面,如国家加大对公共文化领域资金资源的投入,则这些资金资源效率会在各级地方政府的利益考虑、压力传递和项目分解过程中大幅度降低,相关资源无法转化为有效的公共文化服务和产品;另一方面,如国家不追加更多的政策性资源,失去激励的地方政府就更加不会重视公共文化建设,普通民众文化权利也就更无法得到保障。因此,改革面临两难,导致公共文化的教化性内涵逐步与文化载体出现分离,公共文化服务的价值取向与民众需求出现疏离,从而使通过公共文化建设来凝聚民众价值共识、加强民众认同和文化自信的预期效果无法达成。公共文化治理要走出这种两难的困境,就必须主动打破这种延续至今的治理模式,为公共理性和公共精神的生长创设良性的发展环境。公共文化治理体系转型不仅需要进行体制机制的创新,更需要的是其内在驱动机制的系统性变革。地方和基层政府

---

① 韩鹏云:《乡村公共文化的实践逻辑及其治理》,《中国特色社会主义研究》2018年第3期。

在沉重的压力下必然会将工作重心用于各项任务指标的分解和应对以减轻自身负荷,向服务型政府转型的动力并不足,而要政府既要为民众提供公共产品和公共服务,又要为社会公共精神的发育营造足够的空间,这就需要将改革的重心置于如何转换激励机制这一更为根本、更为深层的问题上来。一方面,激励机制要推动各级政府做到"知行合一",不仅要体认"以人民为中心"的价值理念,又要有充足的动力来践行这一理念,其行政取向要与民众真实需求相匹配,方能提供有效的公共文化服务和产品;另一方面,公共文化作为共同体所共享的符号系统,要通过个体的文化观感和价值体验才能作用于观念、行为与规范。[1]因此,还要为社会成员自觉参与这种情境体验并将自身主动融入公共文化生活营造的积极健康的激励环境提供一种宽松、自由的社交氛围,不断激发社会自我发育、自主进步的潜能。此外,对于中国这样的超大国家而言,不同地域的公共文化治理必然呈现出差异化的特点,如何既能保护与发展不同地域文化的丰富性和合理性,满足民众对丰富多彩的大众文化的需要,又能把握支撑文化多样性之公共文化的公共性基石,培育不同主体间能够有效互动合作的公共精神,时刻保持社会的凝聚力,这些都需要更大力度的探索与创新。只有推动治理体系的整体转型,推动政府真正为公民文化权利而奋斗,真正为公众文化福祉而工作,真正为社会公共精神和公共理性的发展而服务,才能最终使我国公共文化建设有效运转起来,塑造出我国公共文化健康发展的新局面。

行政驱动治理体系依靠科层组织内部的高效运转能够实现高效的专业化治理,但是科层制封闭化运行的组织特性与社会需求回应的服务原则之间存在难以调和的内在张力,以至于经常面对"政府有效、治理无效"的窘境。近年来,党建引领基层治理逐渐成为社会治理难题的有效方法,其重要价值越来越被各方治理主体所理解与认可。党建引领机制与行政驱动机制两者有着截然不同的运行逻辑。从合法性建构来看,公众支持

---

[1] 韩鹏云:《乡村公共文化的实践逻辑及其治理》,《中国特色社会主义研究》2018年第3期。

是执政党政治合法性和治理权威性的重要来源。因此,执政党与公众之间是"动员—支持"的关系,而非"命令—服从"的关系。这种权威关系使得执政党一般不会动用强制方式来进行治理,而是更多采取讨论、说服、讲感情等群众工作方式来动员与培育公众。因此,党建引领下的公共文化治理主要依靠政党权威运作基础性权力,引导社会参与公共文化治理,其改革逻辑是政治整合和社会建构,以政党社会化弥合党群、干群关系的断裂,构建多元共治的治理格局。[①]新的驱动机制相比行政驱动机制而言,具有减少行政强制、贴近人民群众和回归社会的优势。通过政党联结社会,依托党的组织网络形成自下而上的公众压力,有助于推动地方和基层政府以公众需求为导向高效执行公共文化政策,推动全能型的治理理念向以人民为中心的治理理念转型,根据民众实际情况采用灵活多样的治理策略,始终将增强公共文化建设水平、增进民众文化认同作为公共文化治理的出发点和落脚点。不过,迭代的驱动机制在运转中也要防止新治理体系结构功能的"再科层化"风险,避免形成新利益格局并诱发新的激励异化问题,使得公共文化治理再次陷入新的路径依赖。

第三节 实 践 逻 辑

中国特色公共文化治理体系现代化是在不断深化改革的大背景下,将改革理念与治理实践相结合。改革开放以来,我国公共文化治理实践在以下四个方面发生了较大的变化。

一、文化政策的新定位

改革开放以来,在市场经济大发展气候下,政府公共文化政策的定位也发生了重大改变,总体上看,公共文化政策的导向变化,走过纯市场化改革下"以文补文"的弯路,转向"政府主导、社会参与""文化治理"的趋于合理化的政策定位。从考察看,大致而言,20世纪80年代到21世纪初,

---

① 彭勃、杜力:《"超行政治理":党建引领的基层治理逻辑与工作路径》,《理论与改革》2022年第1期。

公共文化政策主要是仿效经济体制改革,在文化单位推行以承包经营责任制为主要内容的改革,靠"以文养文""以文补文"等来解决文化单位的经济困境,以及文化单位"统得过死"和吃大锅饭等体制弊端。[①]"以文补文"是在当时的发展条件下文化体制改革的产物,一定程度上推动了公共文化服务事业的复苏。但政策的执行后果却是部分公共文化设施的性质发生改变,不少文化单位因为资金不足,就将这些设施进行商业出租,公共文化设施的公益属性就发生了质的改变,在社会上造成了很大的负面反响,表现在那几年各地"两会"上不断有代表对此进行质疑。21世纪以来,情况得到了显著的改观,公共文化政策的重点放在了加强城乡公共文化服务事业发展方面,政府和文化单位不再津津乐道于文化设施的商业出租和收费经营,一度"下海"的文化单位人员也重新返岗上班。这样的转变,显然是政府公共文化政策对公共文化领域市场失灵问题的纠正。公共文化治理,政府应该扮演什么角色,这是一个方向性的问题,将工作重心转向维护和实现公民的文化权利,通过一种切实有效的制度设计和体系建设来确保公共文化权利的实现,成为当时制定公共文化政策的基本定位。

2002年,深圳市文化局就提出公民文化权利的口号。2004年,深圳市在文化体制总体改革方案等文件中又提出了"公共文化服务"的概念。2005年,深圳市文化局把"公共文化服务体系研究"作为重点课题进行了研究,课题组不仅在深圳本地开展调研,还赴北京、香港、重庆等地进行考察,形成了一系列有价值的研究成果,提交了《公共文化服务体系研究报告》,这份报告对推动当地政府公共文化政策基本定位的转变起到了积极作用。其中,《公共文化服务体系的主要构成》的研究文章详细讨论了在我国现行文化行政体制架构下的三类实施主体,这三类主体直接或间接地实施如制定公共文化政策、提供公共文化产品以及确立服务方式等措施,放在现在来看,可谓是"政府主导、社会参与"的雏形。虽然研究中没有直接提及公共文化治理的概念,但其基本理念已经触及治理强调的多

---

① 蒯大申、饶先来:《新中国文化管理体制研究》,上海人民出版社2010年版,第256页。

元主体合作共治的核心原则。这三类主体,第一类是党委政府决策机构,指各级党委宣传部门和各级文化、广播电视、新闻出版、文物等政府行政管理部门;第二类是文化事业单位及部分转为企业或准公益性质单位的公共文化事业机构;第三类是社会力量举办的非营利性文化服务机构(NPO),它们在政府文化政策指导下,独立或配合文化事业单位完成各类公共文化服务,是公共文化服务体系的参与力量。除了相关调研成果的运用与转化,深圳市发布的《文化发展规划纲要(2005—2010)》也体现出"政府主导、社会参与"的政策导向的改变。在规划纲要中,深圳市公共文化事业政策定位,除了一方面要充分发挥政府公共财政的主渠道作用,另一方面提出财政对文化事业投入要按照"有所为,有所不为"的方针,鼓励社会参与,为社会参与公共文化建设留有足够空间。笔者关注到那份规划纲要提到的一些至今仍有借鉴意义的改革措施,主要有如下几点:第一,"逐步推行重大公共文化投资项目的专家认证制度、社会公示制度、听证制度",这实际上是将民众参与重大公共文化投资项目决策过程予以制度化。第二,深圳市"通过文化政策的引导,鼓励与带动社会资本进入文化领域,鼓励以社区、企业和个人名义建立有特色的历史、艺术与科学教育方面的民间博物馆、文化工作室,建立社区艺术、体育等活动团体",这种政策导向和"以文补文"不同,前者主要将非文化领域资源导入文化领域,丰富公共文化领域的内容供给,而后者则是将公共资源从文化领域流出,减损了公共福利。第三,"制定民间捐赠管理办法。规范捐赠管理,拓宽捐赠渠道,明确捐赠人和受赠人的责权利,积极利用好社会文化资源",此举进一步将民间资源导入公共领域,提升公共文化服务的规模和能力,以最大限度保障民众基本文化权利。深圳市还关注到将公共文化政策与全市其他领域政策制定的配套衔接,推动了文化进社区、信息服务、便民服务等方面工作。例如,《深圳市社区建设工作试行办法》规定了社区公共文化设施的建设标准,其中社区图书室100平方米以上,户外文体广场1 000平方米以上,并明确要将相关人员工资、设施建设和管理等作为专项纳入政府财政预算。深圳市的地方实践取得了成效,通过转变政策导向,履行政府职责,引导社会参与,形成了较为完善的市、区公共文化设施网络、基层公共文化设施体系和一批具有深圳特色的公共文化节庆活动品牌,不仅在文艺精品创作方面屡获国际和全国大奖,而且以丰富多样的公共文化产品与服务供给持续提升深圳市民的文化福祉和公共素养。

深圳经验引起了中央关注,时任中宣部主要领导在深圳考察文化体制改革试点工作时提出:"深圳要在深化文化体制改革、加快文化产业发展、提供公共文化服务及推动中华文化走向世界等四个方面为全国做出示范,构建'结构合理、发展平衡、网络健全、运营高效、服务优质的覆盖全社会的公共文化服务体系'。"①2005年10月,《中共中央关于制定国民经济和社会发展的第十一个五年规划的建议》提出要"加大政府对文化事业的投入,逐步形成覆盖全社会的比较完备的公共文化服务体系",提出"建立党委领导、政府管理、行业自律、企事业单位依法运营的文化管理体制和富有活力的文化产品生产经营机制"的深化文化体制的政策思路。2007年6月16日,中共中央政治局专门召开会议专题研究公共文化服务体系建设,提出"坚持以政府为主导、鼓励社会力量积极参与"的指导原则,要求"以政府为主导、以公益性文化单位为骨干,鼓励全社会积极参与,努力建设公共文化产品生产供给、设施网络、资金人才技术保障、组织支撑和运行评估为基本框架的覆盖全社会的公共文化服务体系,切实保障人民群众看电视、听广播、读书看报、进行公共文化鉴赏、参加大众文化活动等基本文化权益"。2007年8月21日,中共中央办公厅、国务院办公厅还专门发布《关于加强公共文化服务体系建设的若干意见》,将工作重心转向提供"政府投入为主、社会力量积极参与"的公共文化服务,以维护人民基本文化权益为主要途径,提高党的执政能力,建设服务型政府。在中央全面深化文化体制改革的大背景下,2011年10月18日,党的十七届六中全会从有利于文化繁荣发展的考虑出发,提出要完善政策保障机制,要保证公共财政对文化建设投入的增长幅度高于财政经常性收入增长幅度,要支持社会组织、机构、个人捐赠和兴办公益性文化事业,引导文化非

---

① 深圳市文化局公共文化服务体系研究课题组:《深圳公共文化服务体系研究》,《特区实践与理论》2006年第3期。

营利机构提供公共文化产品和服务。

2015年,在全面深化改革的大背景下,中共中央、国务院发布了《关于加快构建现代公共文化服务体系的意见》,这份意见提出了几项与现代治理精神相契合的政策原则,这让政府明确了自身应在公共文化服务中扮演什么样的角色。例如,坚持政府主导的基本原则,"从基本国情出发,认真研究人民群众的精神文化需求,因地制宜,科学规划,分类指导,按照一定标准推动实现基本公共文化服务均等化,切实保障人民群众基本文化权益,促进实现社会公平";又如,坚持社会参与的基本原则,"简政放权,减少行政审批项目,引入市场机制,激发各类社会主体参与公共文化服务的积极性,提供多样化的产品和服务,增强发展活力,积极培育和引导群众文化消费需求"。

2021年3月,在推进国家治理体系和治理能力现代化的背景之下,文旅部等三部委联合印发了《关于推动公共文化服务高质量发展的意见》,正式提出"努力推动文化治理体系和治理能力现代化",同时继续强调要"深化公共文化服务体制机制改革,创新管理方式,扩大社会参与,形成开放多元、充满活力的公共文化服务供给体系"。同年6月,文旅部发布《"十四五"公共文化服务体系建设规划》,提出将"坚持改革创新"作为基本原则,进一步加强文化治理体系和治理能力建设,持续增强发展的动力和活力。中央文件把治理引入公共文化政策,将现代治理的核心原则作为公共文化政策的新定位,这个转变的出现,严格地说,不是源自地方官员对政府职能转变的自觉认识,而主要是中央高层试图发出更加有力的信号,强调政府在保障公共文化建设中的责任,要求地方和基层政府汲取过去若干年曾走过的"以文养文"弯路的深刻教训。那些年普遍发生的事实是,国家花费大量资金建设的文化馆、工人文化宫、电影院、剧院、图书馆等一系列公共文化活动场所,由于缺乏一种由公共财政资金保障托底的长效维护机制,不但没有发挥功能,而且到了难以为继的地步,"房子坏了没人管,最后都出租出去了,成了饭店、旅馆、商场。文化馆成了服装店、宾馆、商业培训机构,电影院成了商场,图书馆出租为门面房,直到今天还有一些公共文化设施的商业出租合同还没有期满"。笔者在近期的调查中又发现,有的大型公共文化工程在建设前由于没有充分考虑运维成本问题,场馆建成运营后才发现需要每年持续的资金投入才能维持正常运转,在缺乏足够财力保障的情况下,有一部分公共设施空间又被政府甩向市场,重新走上了商业用途的路子。这些现象的反复出现,说明有的地方至今仍然没有实质性地吸取"以文补文"的教训,淡忘了曾经走过的弯路。其根本原因依然是本研究所提出的激励异化问题,不恰当的激励机制反复诱发这些决策行为,对显现政绩的冲动让政府管理者只顾眼前利益盲目扩大公共文化设施规模,而不考虑长期可持续运营的问题。当继任者们不得不面对棘手的运营问题时,激励异化又诱发他们选择最简单、最快出成绩的方式,不用做深入调研和综合比对,也不关心本地真实情况,只需联络大型国企根据商业法则进行托管运营,将公共文化设施作为商业标的进行拆分"上市",将部分设施空间使用权"赠送"给这家国企用于商业招租以平衡成本,其目的就是在尽可能少地增加政府负担的前提下让其尽快运营起来,至于运营绩效是否让公众满意,社会绩效是否与巨额的建设投入相匹配,则并不真的在意。

笔者认为,政府在资源配置、服务提供的具体方法上完全可以采用市场机制、市场手段,如政府向社会组织购买公共文化服务、政府和社会资本合作提供公共文化服务、政府建设的公共文化设施委托社会组织管理运营等。运用市场机制、社会机制不等于重走"以文养文"和"以文补文"的老路,不等于可以将其作为补充财政经费不足的替代工具。正确的理解是,要利用市场资源配置效率优势、社会公益服务增强优势,赋能政府公共文化服务和产品供给内容,要在政府投入不变或增加的情况下创造出更多资源服务民众,而不是推卸责任,将这些本应由政府承担的责任甩手抛向市场。公共文化服务属于基本公共服务,责任主体是政府,公共财政支持始终是公共文化服务的主要保障方式,运用市场机制不能作为政府减少公共财政支出的理由。当然,谈理念谈思路总是容易的,关键的问题是,如何确保政府能够始终找准其在公共文化建设中的基本定位?如何能规避地方政府今后在面临资金问题时不会重走"以文补文"的弯路?随着改革进入深水区,地方和基层政府改革开始遭遇一些深层挑战,公共文化治理也面对诸多实践困惑。这些实践困惑,需要通过进一步深化文化体制机制改革来回答。全面深化改革,不仅要对各个重点环节进行系统布局,更要将深化改革重心触及深层激励异化问题,为各方治理主体勾勒价值取向清晰的实践路向。

二、民主法治的新提升

公共文化治理体系最核心的功能就是为民众提供公共文化产品和服务,基本特征是其"公共性"。公民在公共文化建设与发展中的参与度和满意度是衡量一种公共文化治理体系是否有效与成功的重要标准。从广义来看,公民参与是现代民主政治制度下公民所具有的一种普遍性和广泛性的行为,它也是现代民主与公民文化权利的重要表征之一。[①]受经济、文化和政治发展等诸多因素的影响,在实践中公民参与仍存在着许多不足,但是,笔者欣喜地发现,不少公共文化机构负责人在具体工作中常用一些民主的方法来化解难题,争取民众信任。调查中,一位图书馆馆长坦言:"现在的读者懂得越来越多,对相关政策法律的掌握在许多方面甚至超过了我们馆员,以前我们只有读者信箱,在当今智能手机时代许多读者不爱用,他们一碰到不满意的地方,就会去市民热线平台投诉,我们不仅要花大量精力进行答复,而且诉求量多了会直接影响馆里的业绩考核分数。后来,我们优化了读者意见反馈渠道,在保留传统信箱的同时,又在每个阅读桌上设置读者意见二维码,读者可以直接扫描二维码即时反映诉求,我们的馆员可以迅速获悉这些问题,第一时间和读者打电话或当面沟通,详细了解诉求,共同商讨对策。对于一时半会儿解决不了的问题,也会耐心说明理由,征得读者的谅解。这种与读者的沟通方式很有效,我们不仅了解了不少以往被忽视的问题,点对点快速解决,省去了以往花在市民热线平台处理流程上的时间,还与更多热心读者热络熟悉起来,距离拉近了,彼此之间多了一份信任,很多事情就好办了。我们每周还会汇总和分析读者的诉求变化,掌握场馆的运营状态,据此调整服务内容,更

---

① 深圳市文化局公共文化服务体系研究课题组:《深圳公共文化服务体系研究》,《特区实践与理论》2006年第3期。

新与修缮设施设备。"实际上,这位图书馆馆长正在自觉或不自觉地探索与实践着新的工作模式。这种工作模式的前提,是相信民众有能力参与公共管理,相信民主机制是解决问题、推动工作的好办法。

不过,目前在公共文化治理过程中关于民主机制的运用基本上还是选择性的。对多数干部来说,民主不是价值目标,而是手段,因此,他们会根据自身不同阶段的目标对运用何种民主机制进行取舍。面对不同的问题,他们具有很大的选择弹性来决定使用或者不使用民主方式。例如,李国新在参与全国人大常委会公共文化服务保障法执法检查中发现,《公共文化服务保障法》的亮点在于强调了考核评价的"公众参与",体现了以人民为中心的发展思想。但公众如何参与到政府实施的考核评价中来?公众的意见如何表达?表达的意见又如何被吸收到考核结果中来?由于这些问题目前还没有规范的实施细则,因此"公众参与"的落实方式还比较随意。[①]许多政府官员和文化单位领导人并不相信民众有能力理性评价政府工作,他们认为民众在考核评价中往往会被一些非客观的因素所影响,所以他们认为让民众参与到政府考核评价不仅麻烦,而且容易干扰政府对公共文化工作的开展。但当民众有某种不满情绪而向市民热线投诉甚至采取上访等行动时,他们会选择向民众让步,采取民主方式来化解矛盾。正如上文提到的图书馆在每个阅读桌上设置读者意见二维码的案例,他们在市民热线或信访等投诉量上升所造成的扣分压力下,选择主动建立与民众沟通的管道,希望将民众诉求化解在萌芽状态,以减轻对其工作业绩考核分数的影响。

又如,笔者在考察中发现,在公共文化设施建设过程中也存在这种选择性利用民主机制的情况。一方面,在设施规划建设环节的决策过程很少真正运用民主方式,《公共文化服务保障法》将新建公共文化设施选址征求公众意见纳入法律规定,此举意在落实设施建设以人为本原则、制约地方政府随意决策行为。但由于缺乏实施细则来让征求公众意见的方

---

① 李国新:《公共文化服务保障法律制度的完善与细化》,《中国图书馆学报》2021年第2期。

式、范围和程序具体化、公开化和可操作化，因此法律文本的原则要求不足以实质性地对地方官员行为起到约束作用，不少政府部门仍习惯于由上级领导特别是"一把手"来拍板决定。决策过程的封闭化和决策能力的局限性，这些难以克服的因素就难免会造成不少新建大型标志性公共文化设施选址不当、资源不均的现象发生，其中既有选址远离人口聚集区域的现象，也有同类设施扎堆重复建设的现象。由于这些设施的规模与投资量都很大，因决策不当引发的负面影响也就不会小。但另一方面，相比设施规划建设环节，政府在这些设施建成后的运营过程中运用民主机制的意愿较强。例如，政府为了显示政府投资建设项目的资金使用绩效，会主动邀请市民代表实地参观和体验这些文化设施，向民众广泛征集服务项目，发动民众共同出谋划策，主动向社会公开服务内容，想方设法进行宣传和引流来提高设施利用率。

地方官员对于民主的态度是双重的，这种双重的态度既显示了公共文化治理领域民主进程的艰难，但却同样展示了民主的光明前景。公共文化治理法治化进程亦然。尽管公共文化服务保障法律制度还存在不少需要完善和细化的内容，尽管许多地方官员对要求民众参与的法律原则还不太适应，但是，地方和基层领导对开放公众参与治理过程的自觉不自觉地运用，实实在在地显示出，民主和法治正在一定范围和程度上成为公共文化治理的方式，或许，民主法治的精神就将这样慢慢生根、发芽与成长。

下面，以笔者在某沿海城市 H 市 A 区考察为例，来展示地方政府如何运用《公共文化服务保障法》及相关制度，实质性影响区领导对文化馆选址问题的决策。2022 年 7 月，A 区政府主要领导牵头召开推进会，讨论某大型公共文化综合体项目的运营管理方案。根据方案，该公共文化综合体项目建设集多种功能、融多个部门于一体，拟将文化馆与青少年活动中心、妇女儿童发展中心、工人文化宫等部门同时迁入，这些部门可以共享部分设施功能，如剧场、音乐厅、排练厅等，以最大化实现空间综合利用效益，可以说，这一功能布局方案符合当前公共文化设施融合共享发展的导向。该公共文化综合体项目建成后，拟采用委托管理模式交由某国有企业来运营,由政府财政资金进行补贴来保障运营。不过,由于该公共文化综合体项目规模巨大,由8幢相互连接的建筑构成,总建筑面积近10万平方米,每年仅能耗费用就要上千万,财政资金无力全额承担。在资金压力下,区领导修改了原本由财政资金全额保障的计划,将原本规划作为文化馆设施的5号楼,完全交由这家国有企业进行商业化运营。这家国企拥有了近6 000平方米物业的出租受益权,计划出租给若干教育培训中心用于市场化运营,用租金收益来减轻财政补贴不足所带来的缺口。由于该方案明显不符合《公共文化服务保障法》中关于公共文化设施应当向公众免费或优惠开放的条款要求,在会议交流环节,A区文化部门负责人当即对这一方案可能涉及的合法性问题提出异议,强调部分设施的商业化运行可能带来的违法风险。会后,文化部门又经过政策梳理与综合分析,向区政府递交了一份正式报告,这份报告通过援引法律和相关制度的规定,影响了最终决策,否决了原计划将文化馆整体迁入的方案,决定暂仍在原址开展业务活动,待条件成熟后再研究搬迁事宜。具体地看,这份报告在原方案基础上提出了三个替代方案供区领导选择:

方案一:区文化馆场馆搬迁至新建公共文化设施,并委托有关运营企业独立运营。按照此方案,文化部门通过政府购买服务的方式,与运营方签订委托运营合约,委托内容需严格要求运营方按照《公共文化服务保障法》等上位法律法规和"一级馆"评估的指标要求,为市民提供公共文化服务。该方案的风险有三:一是全市暂无任何一家区级文化馆(群艺馆)整体外包第三方运营;二是区文化馆馆内现有业务人员工作安排问题;三是根据《公共文化服务保障法》第十九条规定,运营方不得将公共文化设施用于与公共文化服务无关的商业经营活动,与方案中拟进行教育培训招商的计划不符。

方案二:区文化馆场馆搬迁至新建公共文化设施,并仅交由有关运营企业开展物业运营,区文化馆场馆的业务运营仍由区文化馆(事业单位)运营。按照此方案,区文化馆场馆的物业部分与新建公共文化设施的其他空间一起交由运营方管理,区文化馆根据履约情况支付相关物业费。

区文化馆按照"一级馆"要求,对场馆区域及服务内容进行合理设置,开展日常业务运营。该方案建议,调整方案中将原属文化馆功能空间独立委托第三方运营运行的内容,将独立委托调整为物业委托。

方案三:区文化馆场馆不搬迁,暂仍在原址开展业务活动,待其他文化场馆条件成熟后再研究搬迁事宜。该方案还建议,由于新建设施5号楼用于商业运营,不应使用"文化馆"名称,以免社会公众误解。

虽然文化部门形成了三个替代方案,但这三个方案都紧扣一个核心目标展开,这个核心目标就是不能在"一级馆"评估工作中失利,因为一旦在这种环节上失利,意味着各级领导的政绩都会受到负面影响,谁都担不起这个责任。三个方案的区别是,前两个方案是在原方案框架下的妥协与修补,同意文化馆迁入新址,整体或者部分(仅物业)交由第三方企业来运营,但必须让这家企业按照《公共文化服务保障法》及相关行业标准的要求来运行。第三个方案则意味着否决原方案的搬迁计划,这是文化部门官员最心仪的方案。至于为什么将最心仪的方案放在最后,则是考虑到原方案的运营模式在上会前必经区领导先一步研究决策,然后才会上会讨论征求意见。换言之,采用第三方委托运营及将原文化馆功能空间用于商业运作的思路是经过区领导研究同意的,文化部门负责人在根据上位法提出建议的同时,不能不顾及这一重要因素。

这份报告递交区领导后,经权衡利弊,最终还是选择了文化部门所提出的第三个方案,既确保文化馆运转合规,又最大限度保留原方案所设计的市场化运营思路,以平衡资金缺口。在本案例中,虽然将部分公共文化设施空间用于商业运作有重走"以文补文"的嫌疑,且区领导最终重新考虑方案可能只是关切其自身政绩问题,但是,我们从整个方案博弈过程来看,的确反映出一个重要变化。这几年,在依法治国的价值引导下,政府官员的民主意识与法治意识的确在不断增强,政府领导往往会在做出一些重大决定前允许大家一起来讨论,在做出最终决策前会认真考虑其行为的合规性问题,一般都会在法律和制度的框架内行动。正因如此,我们发现,法律法规与上位规范成为下级官员与上级官员沟通谈判的重要筹码。随着法律制度体系的不断健全,对专业知识和规范细节有更清楚把握的专业化干部在话语权重上正在逐步提高。

三、基层自治的新关注

近年来，公共文化建设的内容也发生了较大变化，原来人们只把公共文化理解为唱唱跳跳、娱乐健身，如今很多人对公共文化有了更深的认识。蒯大申在对上海公共文化建设与发展的长期观察中，关注到公共文化建设与社会建设之间有着天然的相互促进作用，他在调研中发现，上海的打浦路社区聘请第三方专业机构对社区文化活动中心进行管理，五里桥街道等社区探索由社区文体团队联合会进行社区文化活动中心的管理，这些非官方机构都在管理中形成了一整套细致的基层自治模式。前者是积极引进社区外的资源，后者则是充分利用社区内部的资源，他们各有特色，都发挥了基层自治功能，贴近居民文化需求。"五里桥街道的特点和示范意义在于，在政府支持下社区居民参与管理，实实在在成为公共文化服务和管理的主体，实现了群众的自我管理，体现了社区公共文化发展的方向，在实践中不断发展着民众的自我管理能力和水平。在这个过程中培育起来的社会力量和管理机制，会成为今后基层自治、居民自治的基础。"除了公共文化设施运营的基层自治，类似的情况还大量出现在广场舞等群众性文化活动的自我运转中。广场上的大妈每天在一起活动不仅仅是为了自己的身体健康，而是因为有一个内在的社会交往需求，老姐妹们一天不拉拉家常就觉得缺了什么。由此可见，类似的公共文化活动是平台和形式，负载了社会交往和公共交往的功能，不认识的人也可以在一起交流，这就突破了熟人社会的交往形式。而这种公共交往活动本身也是基层自治的一种形式，透过公共交往可以促进主体间的公共理性和公共精神的培育。例如，有的地方因广场舞扰民引发了大量争议，但只要处理合适，就能反过来促进社会的发育和进步。上海某区相关部门在解决广场舞扰民问题上就充分利用广场舞自身的自治性特点，成立一个市民文化团队的议事委员会，这个委员会的"议事"前缀就表明其作用不是对这些问题本身做出是与非的裁决，而是作为一个让各方利益相关者都能信服的外部权威主体介入这些特殊情境下的文化治理过程，让各个广场舞团队及周边居民坐下来就争议问题进行谈判协商，学习互相妥协和让步,而不是靠拳头来解决问题。①

韩云鹏在乡村公共文化实践的调研中,还发现了全国很多省市在依托村社组织开展基层自治创新。他认为这样一种模式能够贴近不同区域农民的个性化文化需求,具有乡土性和开放性;同时在国家资源输入支持下具有可持续性,这有利于社会主义核心价值等公共文化的传播。②例如,南京市将项目整合形成民生资金直接对接到村庄,由村庄对文化组织进行专项扶持,较好促进了乡村文化的繁荣发展。这些不同地域基层自治的机制创新表明,不少政府管理者已经能够自觉意识到基层自治在促进公共文化建设方面的作用和影响,开始采用资源赋能与间接保障等方式鼓励基层自主处理与解决公共文化建设问题,而不是事无巨细地包揽。在这过程中,基层群众自治能力得以逐步生长。

四、虚拟交往的新趋势

随着数字化时代到来,互联网已经成为人们生活中不可或缺的一部分,而生成式人工智能技术的快速普及,使得人与人之间的传统社交形态发生了变化,也将深度影响公共文化建设的方式。虚拟偶像、虚拟主播、虚拟恋人、虚拟伙伴等全新的社交关系,正在悄然兴起并逐渐成为民众文化生活的重要部分。例如,作为一种虚拟社交形式,虚拟恋爱特指通过网络平台与虚拟机器人进行的情感交流和角色扮演,其中包括恋爱类网络游戏、恋爱 App、AI 恋人等形式。这些虚拟社交产品的迅速兴起给年轻人寻求亲密社交关系提供了一种"捷径"——在现实生活中无法或难以得到亲密关系的年轻人,可以通过虚拟社交形式获得一种替代的亲密关系体验。考察发现,伴随着生成式人工智能的快速普及与虚拟数字人的广泛使用,在虚拟世界中和虚拟对象开展交往已经成为一个不容忽视的文化场域。作为一种新兴文化场域,通过虚拟社交活动,公共交往的建立与维护方式正在发生变化,这不仅影响着人们的社交行为,更在潜移默化间

---

① 黄凯峰主编:《现代公共文化服务体系建设——上海的实践与思考》,学林出版社 2017 年版,第 168—180 页。
② 韩云鹏:《乡村公共文化的实践逻辑及其治理》,《中国特色社会主义研究》2018 年第 3 期。

塑造着人们的思想观念。例如,一份针对大学生虚拟恋爱情况的调研报告显示,"乙女游戏"作为一种互动性叙事媒介,为玩家提供了一个低风险的情感实践场域。在调研中,不少受访者都表示通过游戏他们能在不受现实约束的环境下改变自己的思想观念。报告写道:"我永远记得陆沉[①]说的'人们都说结婚这天是女孩一生中最美的一天,可我并不赞同这种说法,如果结婚后女孩就再难回到曾经的魅力,那婚姻听上去反而成为一场灾难了,在我们的相处中,我能感受到你每天都在比之前更成熟,更有力量,成长的脚步并不会因为婚姻而停止,我想你也不会选择那样的婚姻,我希望你每天都比原来更坚强,更自信,那样才是真正的美丽,所以在我眼里,你每天都在变得更美'。那时候真的是震撼到我了,这是我作为一个女性都不曾考虑过的角度,在从小到大潜移默化的影响里都觉得女人结婚那天是最美好的。乙女游戏真的有塑造我的恋爱观和婚姻观,让我能够更好地爱自己、爱别人。"[②]值得关注的是,虚拟社交给予了不少人逃避现实压力、缓解社交焦虑的新选择,尤其是在现实社交受限或个人情感需求未得到满足时,虚拟社交满足了人们对归属感和爱与被爱的需求。不少地方管理者也已敏锐地捕捉到虚拟社交发展的新趋势,将其运用到公共文化治理中,以此提升公共文化治理效能。如通过生成式人工智能技术催生文化领域孵化和训练大模型,并将其应用到图书馆、博物馆、美术馆等场馆及戏曲、音乐、舞蹈、话剧、非遗等文化行业,以弥补政府公共文化内容供给不足以及与现实脱节等缺陷。人工智能虚拟人能根据民众偏好进行训练以迎合人们的情感需求,很少会出现真实世界中人与人之间的"观念之争",为公众提供更多情绪价值,更易于让民众产生情感依赖。

不过,尽管虚拟交往有其积极的一面,但也已显露出一些现实问题,如过度依赖虚拟社交可能导致个体在现实生活中的社交技能退化,难以建立和维护真实的人际关系;如虚拟交往中的虚拟承诺和不真实的情感

[①] 陆沉,高沉浸恋爱互动手游《光与夜之恋》男主角之一。
[②] 顾懿:《大学生虚拟恋爱现象初探》调研报告,2024年7月。

交流可能使个体产生不切实际的情感期望,影响其对真实人际关系的认知和处理。此外,训练虚拟人的数据来源多且杂,高质量和低质量内容混在一起,虚拟人很容易学到"错误的数据",加之智能推荐算法还很容易形成知识单一片面的信息茧房问题,导致虚拟社交在塑造人们形成社交观、恋爱观和婚姻观时也并不总是带来积极的影响,可能会给人们价值观的塑造带来全新的挑战。

总而言之,从积极的方面看,文化政策的新定位、民主法治的新提升、基层自治的新关注和虚拟社交的新趋势,向我们展示出了一种克服公共文化治理"内卷化"困境的实践逻辑:将社会和市场机制嵌入政府公共文化政策设计,有助于树立服务型政府理念,增强满足民众多样化需求的能力;逐步提升的民主法治水平可在一定程度上增强政府治理的规范性,使政府"自上而下"的公共文化服务在与"自下而上"的民意表达相衔接的过程中呈现出一些从监督"空转"到"实转"的迹象;政府的行政理念开始发生变化,即政府自觉靠近而不是远离基层社会,积极鼓励而不是主观排斥普通民众的文化参与;在人工智能技术快速发展的当下,政府开始跳脱出传统治理的路径。

但是,这些变化还不够"深刻",因为这些变化还只是零散地表现在一些局部问题的处理上,还没有内嵌于我国公共文化治理的运作肌理之中。或者说,这些变化基本上还是基于工具理性的,主要还是为了被动应对和化解一些呈现出来的社会问题,而不是基于政府自身的内在动力机制。在当前公共文化治理领域,这些来自地方和基层的探索与实践都面临着一些深层难题:一方面,在渐进式改革的背景下,公共部门在向社会领域赋权、推动基层民主、基层自治和开拓新社交领域的同时,又必须考虑有序的治理参与问题;另一方面,社会形成良性和有序的自我协调能力也是需要进行价值引导的,否则可能引发不确定治理风险。正是在这个意义上,基于我国特定制度架构,在推动循序渐进社会赋权的基础上为社会自我协调能力的健康发展提供支持就成为中国特色公共文化治理体系现代化的重要原则,政府不仅要将激发文化参与作为其重要的价值遵循,而且要将价值观、新技术、社会活力与社会秩序等要素系统全面纳入治理场景,最大化体现公共文化建设与发展的实效,惠及最广大人民群众。着眼于进一步改革创新,中国特色公共文化治理体系现代化要主动适应观念日益多元的社会发展现实,要不断拓展改革和探索的空间。例如,各级政府在建设文化设施和实施文化发展规划时,要主动引导公众参与更为广泛的研讨、辩论乃至质询,充分关注和平衡各类人群尤其是弱势群体的利益关切,以利益相关机制为纽带激发出民众的公共精神或公共理性,共同建设充满活力的公共文化生活。又如,要主动适应生成式人工智能时代所带来的交往形态变革,有意识地开展大模型训练,深入研究将社会主义核心价值观嵌入虚拟人设的方式与策略,完善生成式人工智能发展与管理机制,推动这一重要领域的产业发展、技术进步与安全保障,将其塑造成培育民众健康公共文化观念的重要场域。

第四章　中国特色公共文化治理体系现代化的价值选择

中国特色公共文化治理体系现代化的理论逻辑、历史逻辑和实践逻辑并不是互相割裂的，而是统一于中国特色公共文化治理体系现代化的价值选择。本章提出要在中国式现代化转型背景下将激励结构的重塑作为中国特色公共文化治理体系现代化的价值选择，这样方能从根本上克服激励异化问题，走出行政驱动公共文化治理体系内卷化的结构性困境。

第一节　激励重塑：中国特色公共文化治理体系现代化的价值选择

从根本上讲，中国特色公共文化治理体系现代化基于中国独特的历史发展轨迹、制度理论发展脉络与基层改革实践路径，动员民众融入公共文化服务、公共文化活动、公共文化教育等不同类型的公共文化场域，引导民众走出基于血缘或其他人身依附关系的关系网，走向公共文化生活，在理性讨论与情感交互中，达成思想共识与情感共鸣，培育公民意识、公共精神和公共理性。中国特色公共文化治理体系现代化最为核心的是要解决其价值选择问题。中国特色公共文化治理体系现代化超越传统行政驱动公共文化治理体系的根本也就是在价值选择这个关键性问题上。行政驱动公共文化治理体系在激励结构[①]上的深层次困境导致其无法克服

[①] 在本研究中，激励结构是指地方和基层政府所受到的来自不同方向的激励强度、比例及其相互关系。对某种激励形态的内部结构，笔者从机制和环境两个方面入手进行分析，就产生了激励机制和激励环境两种不同的激励结构。

实际存在的激励异化问题,反而会强化各类形形色色的利益网、关系网,使得这些利益网和关系网更加紧密。人们只为与自己有关的网络关系服务,不可能培养出公民素养和公共精神。中国特色公共文化治理体系现代化的价值选择首要的是在深层价值层面,找准影响中国公共文化治理体系改革方向的最本质的东西,以激励重塑超越激励异化,变革这种外在于主体但深刻影响着主体行为的结构性问题,从而使国民的思想和行为受到影响和改变。

可见,激励结构与公共文化治理体系效能发挥密切相关,但在当前实际运作中,一方面,行政驱动的激励结构没有为服务型政府转型提供正向的激励,各级政府对上负责的意识依然很强,其提供的公共文化服务与产品难以满足民众真实需要,不能维护民众文化权利;另一方面,行政驱动的激励结构也没有建立起政府治理与社会调节、基层自治、公民参与良性互动的激励环境,无法推动民众走向公共领域参与公共交往,公共文化治理所肩负的公共性培育使命目标难以实现。可以说,公共文化治理运作中的激励结构本是为满足民众文化需求,进而为培育社会公共性而建构的,但在实际运作中却超脱于社会文化需求、独立于公共性培育目标。激励结构(客体)本是提升公共文化(主体)的产物,却本末倒置地变成了真正的主体,这种情况也就是本研究所提出的激励异化。在激励异化下,单纯增加激励强度,会造成文化需求错配情况更显著,公共文化衰弱的危机也更严重,民众的信仰体系非但无法重新建立起来,积淀千年的文化根脉还会产生动摇,从而会彻底打垮人们生活的意义感与价值感。文化需求错配情况与公共服务型政府转型密切相关,而公共文化衰弱危机则与公共性发育问题紧密相连。激励异化导致当前公共文化治理体系转型面临两大难题:一是公共服务型政府转型遇到深层挑战;二是社会公共性发育陷入深层困境。

先说公共服务型政府转型遇到深层挑战。2015年,国家发布《关于加快构建现代公共文化服务体系的意见》,提出要"加快转变政府职能,完善管理体制机制"的要求,其政策思路是要以服务型政府的改革来创新公共文化服务内容和形式,使人民群众的文化权利不断得到保障、实现和发展。根据中央文件精神,要逐步形成政府、市场和社会共同参与公共文化服务体系建设的格局。因此,现代公共文化服务体系运行应当是行政机制、市场机制和社会机制相互作用的结果。然而,当市场介入不充分、社会发育不健全时,国家与社会力量在公共文化治理场域便呈现强国家—弱社会状态。在这种力量对比失衡的情况下,市场机制和社会机制的功能就难以得到有效发挥,或者说,其功能的发挥必须依附于行政机制,失去了其作为治理主体应有的独立性与自主性。在治理实践中,公共文化服务治理形态"也随之由多元互动逻辑演变为行政逻辑,最终演化为行政化治理"①。从公共服务与产品供给的角度而言,公共文化服务是基层治理的组成部分,继承了基层治理的基本特征与共性难题。彭勃曾指出行政化治理科层制的组织特性与治理社会化之间的内在张力在基层治理场域所形成的三个主要治理问题,对公共文化服务供需错配问题具有一定的解释力。第一个问题是基层治理被科层组织的横向结构切割所造成的治理碎片化状态,这种碎片化治理结构难以有效应对日益复杂的基层治理事务。第二个问题是基层治理陷入科层组织的垂直化结构,造成向上依赖,治理活力衰减。基层政府工作人员的工作重心往往随着上级政府及领导的注意力转变而转变,疲于应付上级任务,导致对本辖区民众需求缺乏回应性,造成治理与服务的割裂。第三个问题是内向封闭型的科层体系造成治理过程中的"行政吸纳"与"行政遮蔽"现象。基层政府以组织控制和资源依赖的方式推动基层自治组织的科层化,实现行政吸纳社会,又惯于隐藏居民诉求,这种行政遮蔽政治的方式无法有效解决利益矛盾。②观察发现,这些基层治理的共性问题也在公共文化服务中表现出来,例如,由于行政职能部门条线的相互割裂,隶属于不同上级部门的基层服务机构虽然被整合进了社区公共文化活动中心,但这些机构的融合性功能却由于横向结构切割问题而无法有效发挥。又如,公共文化服务创新发生变异,表现在若上级强化监督控制,则下级就会为了避责而降低创新

---

① 彭勃:《从行政逻辑到治理逻辑:城市社会治理的"逆行政化"改革》,《社会科学》2015年第5期。
② 彭勃、杜力:《"超行政治理":党建引领的基层治理逻辑与工作路径》,《理论与改革》2022年第1期。

意愿，若上级放松管控，鼓励基层创新，则下级就会为在晋升锦标赛中获胜而将创新着力点置于打造政绩工程，而无论如何，耗费大量资源精力所做的创新努力由于治理与服务的割裂而与民众需求无关。再如，文化行政管理经常依托基层村居组织开展群众文化需求问卷调查，由于行政遮蔽等问题往往无法获取真实需求，政府不仅难以精准供给公共服务，基层填报问卷还徒增了行政成本，耗费有限的行政资源。总之，虽然近年来国内许多地区都开始在体制架构、政府组织方式等层面持续进行服务型政府改革，但激励异化下行政化治理的结构性缺陷，导致单纯在政府体系内部改革政府机构、再造工作流程或者推动网上政务服务等都无法真正促进服务型政府的转型。如何以激励机制的变革，破解激励异化下行政化治理的结构性缺陷，将成为中国特色公共文化治理体系创新的重要出发点。

再说社会公共性发展面临两难困境。在当代中国公共文化治理创新过程中，有效"激发各类社会主体参与公共文化服务的积极性"是重要的改革议程。《关于加快构建现代公共文化服务体系的意见》中提出要"发挥城乡基层群众性自治组织的作用，推动开展公共文化服务参与式管理，推广居民、村民评议等行之有效的做法，健全民意表达和监督机制，引导城市社区居民和村民参与公共文化服务项目规划、建设、管理和监督，维护群众的文化选择权、参与权和自主权"。而如若缺乏公共性基础，关注个体利益的私人就难以向公众转化，实质性的社会协同与公众参与也难以为继。①李友梅等学者指出，公共性生产离不开两个相辅相成的历史进程：一是政府对社会领域的有序赋权，从而激发公众对公共问题的深切关注；二是社会形成良性、有序的自我协调与自我组织能力。唯有如此，社会的主体性才能有序生发，个体超越自身狭隘利益关注公共生活才具有稳定的社会基础。②在公共文化治理过程中，社会公共性得以有效建构的前述条件面临着两难困境：一方面，文化行政管理部门为了激发社会活力而过快向各类社会主体放权就可能引发不确定治理风险，尤其是价值日

---

① 黄晓春：《党建引领下的当代中国社会治理创新》，《中国社会科学》2021年第6期。
② 李友梅、肖瑛、黄晓春：《当代中国社会建设的公共性困境及其超越》，《中国社会科学》2012年第4期。

益多元复杂的当下,有可能发生不确定的意识形态风险;另一方面,若一切以强调秩序为着力点而关闭社会参与的渠道,又难以激发社会主体参与治理的活力,也就难以建构公共文化生活,培育公共理性和公共精神。在激励异化下,若上级政府一旦加强了对安全、意识形态风险的关注,文化行政管理部门就会为了秩序管控而降低向社会放权的意愿;当上级的注意力转移到强调鼓励社会参与的时候,却因为社会主体前期培育与发育的不充分,文化行政管理部门只能为了完成上级任务而做形式应对或表面文章,将公众、社会主体视为完成政绩考核的工具,而缺乏足够的耐心对社会公共性建设进行理性化的培育,此举又进一步强化了激励异化,使得公共文化建设陷入恶性循环,与社会公共性发展渐行渐远。因此,如何在推动循序渐进向社会主体放权的过程中为社会公共性的有效发育提供良好的激励环境,超越社会公共性发展所面临的两难困境,将成为中国特色公共文化治理体系成功转型的关键。

一、激励机制的重塑

近年来,我国不断强化以人民为中心的发展观,党的十八大以来中央更加旗帜鲜明地强调要加大改善民生力度,为民众提供更好的公共文化服务和产品。要实现这一目标,就必须以有效的激励机制来推动政府运行模式切实向服务型政府转变。在公共文化治理的过程中,政府具有双重角色,一方面,政府是服务提供者,在许多情况下,公共文化服务体系建设的发展规划需要政府去制定,基本公共文化服务经费投入需要政府予以保证,安全健康的公共文化环境需要政府来维护。随着市场经济的快速发展与社会结构的分化变动,如何依托社会力量来共办文化也需要政府利用其所掌握的公共资源,通过实施赞助与扶持政策为文化企业与社会组织共同繁荣文化事业创设良好的环境。另一方面,政府也是问题制造者,正如罗纳德·里根的一句名言所讲:"政府不是解决问题的办法,它就是问题。"又如黄仁宇在《万历十五年》中所说:"国家为了解决问题而设立文官,但国家的最大问题也就是文官。"[①]有不少实际问题都是政府自身

---

① [美]黄仁宇:《万历十五年》,中华书局2007年版,第48页。

制造出来的。例如,在层层自上而下非合理的业绩考核和片面的干部评价导向下,基层官员既要疲于应对繁重的文书材料,又不得不试探揣摩上级的主观偏好,基层文化干部没有多余精力再去深入一线,以至于无法了解基层真实需求,其制定的文化政策,所提供的文化内容,就必然会脱离实际,不会让民众满意。其实,不少基层干部主观上也十分希望能在群众工作中投入精力,期盼少一些琐碎折腾的考核及与之关联的作秀式表演,对无谓的"繁文缛节、文山会海、迎来送往"十分反感,甚至从心底里产生厌恶之情。但是,在权衡利弊后,部分基层干部仍将对上负责作为优先选项,这种长期存在、屡治不利的思维定式与行为依赖值得我们深入思考,不仅如此,一些干部从"反感"到"适应",再到"迎合"的心态变化更值得我们检讨和反省。

在当前政府运行框架下,政府是公共服务的主要供给者,很多情况下也是诸多公共服务矛盾问题的制造者,集双重角色为一身,这种景况令人尴尬。近年来,这一情况已经引起中央高度关注,中央层面通过出台中央八项规定及其实施细则、印发《关于解决形式主义突出问题为基层减负的通知》等文件,目的在于减轻压在干部身上的负担,激励干部将工作重心转到为民众提供更高质量公共服务上来。不过,不论是激发干部担当作为,还是搞好公共服务,在现有的激励(压力)机制下,都难以达到目标。原因有三:一是在整个政府运作模式不变的前提下,单纯推动基层减负工作,效果往往会打折扣。有乡镇主官就指出,如果只是"减轻"村居干部原本承担的任务,则乡镇一级的压力就会变得更大,因为"活总要有人干,责任总要有人来担"。还有基层干部的说法更直接明了:"减负减负,减下来都是自己的负。"十分形象地表达出他们对减负工作的困惑。二是在自上而下资源分配格局下,地方和基层政府的工作业绩与资源分配挂钩,干不出成绩,基层发展就容易陷入"马太效应"中,所以地方领导人在主观上没有让基层真减负的强烈意愿,充其量也只是摘掉一些基层挂牌,删去一些无关痛痒的会议,减少一些基层调研的跟随人员,不会有实质性的负担减少,更不会有理想中的基层服务能力的释放。道理显而易见,因为一旦失去了约束下级的抓手,谁来完成中心工作?谁来向上争取资源?

谁来为自己创造显现的政绩？三是，虽然目前高层已经更深一步地意识到要以精简考核为重要抓手来推进基层减负工作，要对现有考核项目加强管理，该清理的清理，该合并的合并，不过，单纯精简考核也并不必然地会让基层干部更多地深入一线为民众提供公共服务。一方面，清理与合并哪些考核内容还是由上级政府决定，很容易就会带来考核数量减少但考核强度不降反升的情况，况且，精简考核的原则或目标之一就是要突出重点。什么工作是重点？依然是上级说了算，上级说是重点就是重点，基层工作还是要围绕着这个重点转，基层干部只不过是换了一个消耗精力的场域。另一方面，如果只是片面减少自上而下的考核要求，但不同步建立自下而上的民意表达机制，在这种情况下，公共政府为民服务责任依然无法履行到位，地方和基层政府可能会成为只考虑自身诉求的利益实体。其极端的表现是，既不是中央的地方政府，也不是当地民众的地方政府，而只是地方领导人的政府。丹尼斯·缪勒认为，"毫无疑问，假若把权力授予一群称之为代表的人，如果可能的话，他们也会像其他人一样，运用他们手中的权力谋求自身利益，而不是谋求社会利益"①。

在当前行政驱动公共文化治理的过程中，政府公职人员既是直接或间接的公共服务提供者，但也是不少矛盾和问题的制造者，具有双重的角色，呈现出正如丹尼斯·缪勒所分析的"强利益特性"。虽然在基层减负背景下，文化场馆中形式上的挂牌问题有了一定缓解，相关考核台账也在逐步精简，但是与民众现实文化权利相关的公共文化需求还是没有很好予以满足，公共文化服务体系建设的实质性进展依然受阻于服务型政府转型的困境之中。基层减负从根本上来讲是一种用来调适基层行政负荷不断膨胀的平衡手段，减了多少负荷并不能说明什么问题，重要的是各级干部是否真的有动力深入基层为民众提供公共服务，是否有为民众持续解决急难愁盼问题的内在动力。不论是维护民众公共文化权利，还是推进公共文化服务体系建设，单纯以基层减负的方式来激励干部主动为民服务难以达到目标。即便如此，高层对基层减负的关注，对解决形式主义

---

① ［英］丹尼斯·缪勒：《公共选择理论》，韩旭等译，中国社会科学出版社1999年版，第303页。

问题的态度,还是为各级党委政府立足各地实践不断探索破解之道树立了鲜明价值导向。当前各级政府及其干部的这种双重角色的发生机制是可以分解的,在不同的激励机制条件下,两种角色此消彼长。如果改革措施得当,在推动干部为民服务的激励机制建设方面稳步推进,各级政府在公共文化治理中的消极角色可以得到抑制,积极角色可以得到发扬。对此,近年来学界从各地的实践中进行了不少有建设性的研究和讨论,总的来看,研究逐渐归结到挖掘中国特有的执政党组织优势,以党建引领的方式在公共文化建设领域推动各级干部激发党组织为民服务的宗旨意识,尤其是通过构建跨组织网络在不改变"条条""块块"现有隶属关系和职能边界的条件下推动"条块"协同。① 这种在中国特定政治框架下的党建引领机制确实在某些方面能超越政府实际存在的技术主义逻辑及部门主义政绩观等问题,从更高的认识论和方法论层次引导各部门首先达成共识,再寻求解决问题的具体方法,这比各部门在缺乏共识情况下就事论事来得有效率得多。但是,我们不可以也没有这个能力将所有本应该由政府承担的公共事务都置于政党组织驱动的框架内,因为这不仅会极大增大党委部门的工作负荷,而且会损耗行政部门主动协调履责的能力,还可能会因专业性不足而影响到公共事务的执行效果。党建引领从根本上说是一种政治领导方式,不少学者基于案例研究提炼而成的相关党建机制,其背后的核心驱动机制是干部政绩考核制度和干部提拔任用制度的正负向激励权的使用,因为党组织掌握人事权,对其下各级领导干部的职业生涯会产生决定性影响。同样,党组织对社会主体与市场主体的影响,在很大程度上也是因为党委基于人事权所能调动的资源与这些社会主体和市场主体的利益诉求紧密相关,如不少企业都希望有地方党委"一把手"来公司调研,并不是因为领导的指导水平有多高明,很多情况下领导非专业出身,对相关业务知之不多,但领导的到来表明该地对企业的特殊关注,这对于企业在今后发展与业务拓展中获得该地有关行政部门支持与通

---

① 赵聚军、王智睿:《社会整合与"条块"整合:新时代城市社区党建的双重逻辑》,《政治学研究》2020年第4期。

融大有裨益。由此可见,党建引领的相关机制之所以管用,在很大程度上是由于党委人事权行使的隐性威力。在这种情况下,如果将党建引领机制频繁运用于管理和调节各种具体微观的社会事务,则可能带来诸多后果,例如,助长政府部门的工作被动性和依赖性,将原本可以由法律、制度和规则所调整的行政事务统统依赖于党组织的牵头协调;又如,会增加组织部门及其党务干部的工作负担,让他们没有足够的精力来研究与推动真正值得关注的事关经济发展和社会生活运行等方面的重要议题。

党的十九届四中全会报告强调"加强党对坚持和完善中国特色社会主义制度、推进国家治理体系和治理能力现代化的领导"[①]。可以说,将党组织的政治优势、组织优势转化为治理效能已成为重要制度保障。在面对现实政府运行中双重角色的尴尬局面,以及服务型政府建设的艰难处境,党组织的政治权威功能确实在整合各方治理主体关系上表现出独特的制度优势,但党的领导应该是主动地制定推进国家治理体系和治理能力现代化的规则,而不是对具体社会事务的管理和调节。具体在公共文化治理领域,当前,地方各级党组织的领导应当将重心置于引导民众积极参与的公共文化生活规则的制定,推动行政文化管理部门将主要精力用于为民众提供公共文化服务,保证各类主体都能在公共文化生活中各履其责、各尽所能、各享所需。笔者认为,当前重点是转变党对公共文化治理的领导方式,要从管理和调节具体公共文化事务转换到推动完善有助于增强政府服务效能的激励机制上来,以这种激励机制将各级党委核心人事权的行使导入推动政府对民众负责的正轨上来,而不仅仅是将人事权用于对下级政府的管控。首先,要将党的自上而下的服务机制依法嵌入有关法律法规,推动上级政府和下级政府之间的关系朝着法治化的方向发展,用法律的形式实现政府间制度化分权,理顺政府间的权力责任关系,从而转变政府只对上级负责、上级随心所欲管理下级的局面。其次,

---

① 参见《〈中共中央关于坚持和完善中国特色社会主义制度、推进国家治理体系和治理能力现代化若干重大问题的决定〉辅导读本》,人民出版社2019年版,第44—47页。

要在制度化分权的同时,依托党的组织网络体系及党组织与公众的紧密联系优势,形成自下而上的公众压力,强化地方政府对民众的问责体制,发展出制度化的民主,激发出地方政府以公众需求为导向高效运行的动力。比如,在发展制度化民主的条件下,基层公共文化事业机构的人员规模、组织机构设置、服务事项等都由民众通过一定的政治程序来民主议定,而不是完全由上级行政主管部门确定。如果没有民主的发展做保障,地方政府,包括各类事业机构既失去来自上级的监控,又缺乏来自民众的监控,就必然成为为所欲为的自利性实体。因此,在规范有序的前提下逐步加大民主机制对地方政府及各类文化事业机构自下而上的压力,激发公职人员主动为民众提供公共文化服务的内在意愿和动力,方能在一定程度上缓和政府公共文化治理的激励异化问题,逐渐走出当前被锁定的公共文化治理轨道。执政党将社会公众的力量汇聚起来,形成重塑激励机制的核心驱动力以深刻变革服务型政府的建设方式,应当成为中国特色公共文化治理体系现代化的一个重要价值选择。

二、激励环境的重塑

如果说完善政府体系激励机制有利于推动服务型政府转型以增强公共文化服务效能的话,那么健全政社协同的激励环境则有助于破解社会公共性发展所面临的两难困境,推动公众参与公共文化生活,在公共文化生活中逐步养成公共参与和公共交往能力,习得理性沟通和自主合作的本领,孕育出公共理性和公共精神。在讨论我国特定治理语境下的激励环境之前,有必要先对西方治理语境下的激励环境做一些分析,中西方的比较研究有助于我们更好地理解中国特色公共文化治理体系现代化激励环境的特点。

毛少莹在对西方文化治理的研究中指出,文化权利理念是西方文化治理的逻辑起点和理论归宿,文化治理的核心理念是对基本人权、对公民文化权利的保障,这一基本的权利观念构成了西方文化治理的价值选择。为此,20 世纪 80 年代后西方各国不同程度地进行了文化管理体制的改革和调整,由传统"管理型"逐渐向更强调服务理念的"公共文化服务"型、从传统政府权威的"管治型"向更强调公民参与的"治理型"

体制转型。①这种"治理型"体制,在西方治理语境下可以理解为哈贝马斯所言"可理解、真实、正当和真诚"的交往理性下的公共生活。对于西方公民而言,这种遵循交往理性的公共生活为他们参与公共交往提供了具有确定性的准则。在一定的价值共识下,人和人之间虽然有不同的权利主张、主观分歧,但人们心里都有一种内在的规范,懂得相互争吵或孤立自处都无济于事,而是要运用"交往理性"的公共法则,共同达成对大家都有约束力的一致意见。不过,西方能够形成这样的公共生活,前提是西方发达国家普遍拥有成熟的公民社会,而公民社会是西方社会历史发展中的一种独特的社会组织方式,既体现为某些特定的组织或制度,又体现为某种独特的价值和信仰。②根据德国学者托马斯·海贝勒和诺拉·绍斯米卡特的分析,西方公民社会的形成过程有两个支持条件:一是随着罗马法、启蒙运动和法国大革命,形成了欧洲的市民阶层;二是由于家族和家庭利益向社会利益转化,自由公民的共同责任心开始形成。③西方的公民社会既是一种特定的社会和政治结构,又是一种独特的思想观念或思维方式,孕育了西方的交往理性及其规范下的公共生活。

与西方的文化渊源与社会土壤不同,在中国社会经验和知识传统中,从未存在过"独立于国家的自治和独立于传统结构如家族、单位或家庭的自治"为双重标志的公民社会。改革开放以来,尽管中国出现了社会分化、利益重组以及利益代表的重构,但是与哈贝马斯意义上的公民社会还是有很大区别,因为中西方在公民结构及公民思维模式上存在着明显的差异。但是,这种社会土壤也会随着社会经济条件的变化而改变,国家治理转型本身就是一种对社会活力的激发。因此,在当前中国全面深化改革的大背景下,应当将增强社会活力嵌入中国社会的改革议程之中,为激发社会活力构建一个适合中国实际的激励环境。这种激励环境构建的前提是,上层政府有必要增强基层政府的自主性,使得基层政府干部能够更

---

① 娄成武、董鹏:《西方治理理论缘起与发展探析——基于美国公共行政学的视角》,《中共青岛市委党校、青岛行政学院学报》2014 年第 4 期。
② 李友梅:《社区治理:公民社会的微观基础》,《社会》2007 年第 2 期。
③ [德]托马斯·海贝勒、诺拉·绍斯米卡特:《西方公民社会观适合中国吗》,《南开学报》2005 年第 2 期。

为真实地触摸本地民众的感受,获得一种"知行合一"的能力感与自主感,能够有足够的时间精力来实现本地民众的实际需要,构建起适合本地民众的公共文化生活。自主感是人类心理学中的一个重要概念,它指的是一个人能够充分感受到自己有自主性,有选择的自由,可以按照自己的意愿行事的主观体验。将自主感引入我们对公共文化治理激励环境的讨论,主要是为了抓住人这个核心要素,激发出人的自主性力量,将这种力量在公共文化服务供给、社会公共性培育、公共精神塑造等多个领域发挥作用。

当然,增强基层政府的自主性也绝非易事,长期以来,我们虽然花费了不菲资源,投入了大量的财力,但是公共文化治理绩效还是不尽如人意。笔者认为,问题的关键是我们还没有从理论上搞清楚到底应该以什么样的方式来提升基层政府的自主性,总是在传统的改革模式下,将改革的逻辑起点置于行政管理方式的调整上,一旦感到治理效能不佳,就认为是政府管理方式的问题,就要进行诸如机构改革之类的调整。但是调整来调整去,似乎效果并不那么明显,因为还是绕不开强调专业治理的"条条"部门与强调属地整体管理的"块块"政府间的职责权力"收放"两难决策问题。若改革过于注重向"块块"赋权,强调"块块"整合"条条",就容易影响"条条"专业治理目标的实现;而若过于强调"条条"向上收权,"块块"就难以更好履行属地责任。由于这些职责权力的"收放"难以找到恰当的均衡点,因此"条块"关系长期处于"收—放"两级间徘徊的钟摆运动之中,这也就是行政管理方式反复调整但治理效能依然不佳的主要原因。因而,转变改革的基本思路对于公共文化治理体系现代化成功转型至关重要,这种基本思路,是将增强基层自治能力作为改革转型的逻辑起点,透过基层自治激发广大民众共同参与公共文化治理的自主感和能力感,将其与增强基层政府的自主性相结合,以此为社会公共性的培育营造一个良好的激励环境。

值得进一步讨论的是,当前所需要的基层自治既不是传统乡绅自治的翻版,也与西方社会的公民自治有明显的差异。在"皇权不下县"的传统权力结构中,地方秩序的维持有赖于礼俗、宗族组织和乡绅精英,但这种乡绅自治说到底与自治是不相容的,因为自治要求社会利益作为一个整体被代表,而乡绅的利益并非与其他社会集团的利益总是保持一致。从根本上讲,乡绅自治是作为维持地方秩序、化解社会矛盾的手段而为乡绅阶级的利益服务的。新时代,中国需要的基层自治则是为人民的根本利益服务的。人民主体也是社会主义中国有别于资本主义国家的核心标志。虽然从理论上讲,文化权利是西方社会文化治理的逻辑起点与归宿,但实际上,部分西方民众却被其公民社会基础固有的精英性而被排除在外,空有"权利"而实际根本无法实现其权利。中国特色公共文化治理的基层治理,是以合作主义的治理原则建构"人人参与、人人尽责、人人享有"的公共文化生活,是一个人都不能少的公共文化生活,也是全民精神共同富裕的公共文化生活。这种公共文化生活的构建,必定要以基层自治为基石。如果没有基层自治,单纯依靠自上而下的行政机制或追逐利润的市场机制,那么必然会有一部分民众会被排除在外,成为"沉默的少数"。观察发现,大多数公共文化交往活动都是细微而具体的,是完全可以充分调动民间力量来办好的,而不必什么事情都由政府来操办,民间组织出面,让民众自己来操办,成本低而且效率高。反之,如果样样事情都要由政府来直接操控,就很难克服上下级之间实际存在的信息不对称问题,必然会在层级链条层层传导指令的过程中因各类"延误"或"落差"而导致治理效率下降。

有学者认为,当前所需要的基层自治是在党建引领下的基层自治,执政党赋予基层自治以一个权威形象,这个权威形象协调共同体内部个体之间的关系,维护日常的秩序。在中国传统基层社会中,这个权威形象是维护其自身利益的乡绅阶级,而在新中国制度框架下,与群众紧密相连、代表最广大人民根本利益的党组织在基层治理中的权威形象正逐渐形成。以党建引领基层治理的直接政治效应是,改变政府自上而下行政控制、下级服从上级的路径依赖,发挥党组织体系内长期存在着的上级为下级服务的传统,既依托各级党组织优势撬动社会资源、调动各方力量和激发社会活力,又凭借各级党组织对同级政府部门的领导来推动政府积极履行为民众提供公共服务的政府责任,还通过党员先锋行动、党员志愿服务、党内民主议事等形式来为基层治理不断提供价值引领和示范,不断增强民众参与基层自治的情感认同,进而实现"政党参与社会,从而形成社会基础;政党服务社会,从而赢得社会的认同,政党培育社会,从而与社会成为一体"①。笔者认为,发挥党建引领激发基层治理能力,进而推动中国特色公共文化治理体系现代化进程的确很有必要。当前公共文化治理体系现代化不仅仅需要推动公众在公共文化交往中孕育公共性,培育公共理性和公共精神,更需要将社会主义核心价值观融入公共文化生活,着力培养"担当民族复兴大任的时代新人"。公共文化天然地与意识形态、价值观念紧密相连,综观全球各个文明,没有价值观缺位的公共文化,也没有在公共文化普遍衰弱的条件下能够成功塑造核心价值观的先例,因而治理"公共文化"首先必须强调社会主义意识形态的价值中心地位。再说,庞大的党员队伍分布在各行各业,比其他任何组织力量都具有代表性与广泛性,率先将这支队伍动员起来参与基层自治,既可以在一定程度上克服公共文化资源总被少数既得利益者占据的问题,又能够透过党员的先进性与引领性带领群众在参与治理过程中传播先进思想,让其占据公共文化的主流。

不过,需要强调的是,党建引领下的基层自治不是说党组织要对每一项具体事务都要过问,恰恰相反,党组织应该尽可能地减少对微观治理事务的直接干预,避免动辄就发动一个什么样的运动,寄希望于依靠轰轰烈烈的"运动"就让人民群众的思想观念有一个巨变。党建的引领功能是为基层自治营造一个社会主义意识形态下的文明健康的激励环境,推动基层政府为自治组织健康良性的运转提供行政保障,增强基层自治组织自我服务、自我教育和自我创造的能力。激励环境构建的关键,还是要加快完善科学完备的法律体系,要善于将党为公众谋福祉的政党主张通过理性化的程序转化为法律与制度,用稳定、可预期的法律和制度来规范主体的行为,调整行政机制与自治机制之间可能存在的矛盾关系。具体在公共文化建设领域,一是要聚焦公共文化服务和产品供给,加强对地方性法

---

① 林尚立:《中国共产党与国家建设》,天津人民出版社2009年版,第208页。

规、政府规章的立改废释,以有效性为导向加快构建支撑现代公共文化服务体系运转的完备的法律体系。二是要在党组织领导下,动员群众共同参与制定村规民约、住户守则等,增强规约在规范调节基层公共文化生活中的实效性。三是要创新文化类社会组织的管理方式,依法将党的领导和党的建设有关要求写入各级组织章程,既强化社会组织以人民为中心的价值取向,又减少不必要的行政干扰与组织成本,激发社会组织在基层自治中的主体性作用。通过规范的法律和制度加以约束与保障基层自治活动,不仅不会削弱党组织的权威性和意识形态引导功能,反而会极大增强公共文化治理过程的公正性和权威性,有利于提升国家政权的合法性,一旦基层政府在自治活动中出现分歧和争议,同级党组织可以运用其否决权来处置相关侵害民众利益的冲突问题,防止有悖社会主义意识形态的文化侵蚀。

第二节 中国特色公共文化治理体系现代化的价值转向

我国"服务型政府"建设要求政府坚持以人为本、依法行政的基本理念,从全能型、管制型向服务型和法治型转变,逐步建设结构合理、服务高效、人民满意的服务型政府。但政府在开展公共文化治理的过程中,很长一段时间内主要还是通过行政逻辑的思路和办法来建设"服务型政府"。例如,通过行政机制来推动提升公共文化服务标准化建设、推进基层综合性文化服务中心建设、实施文化馆图书馆总分馆制建设与开展公共文化机构法人治理结构改革等工作。但在激励异化下,大量资源被下级用于向上级展示业绩,公共文化资源并没有真正惠及广大公众,治理效果并不理想。又如,公共文化治理的核心功能是为整个社会提供价值系统、意义系统和信仰系统,行政驱动模式使得公共文化建设局限在体制内循环,应当作为重要建设主体的公众普遍缺位,导致目前公共文化建设总是悬浮于公众日常生活,公共文化引领风尚、教育人民、培育社会的公共性建构作用发挥明显不足。面对这些问题,需要用中国特色公共文化治理体系现代化的激励机制和激励环境驱动公共文化治理理念、机制和方式的转变。

一、理念：从以物为本到以人为本

政府驱动公共文化治理遵循对上负责的行政逻辑，下级必须向上级交出考核性或类考核性产品才能体现其工作业绩，这势必会造成公共文化治理关注对"物"的治理，而忽略其本应服务的对象。中国特色公共文化治理体系现代化激励机制重塑的根本，是要实现从"以物为本"到"以人为本"的价值转向。中国特色公共文化治理体系现代化理念具有对政府驱动公共文化治理"以物为本"理念三个层面上的超越：首先，治理对象不仅仅限于公共文化行政管理事项，还包括当前"以物为本"的激励机制和激励环境，通过激励结构的重塑来推动中国特色公共文化治理体系"以人为本"的现代化转向，破解实际存在的政府重政绩、社会强依赖、民众弱参与等问题。其次，中国特色公共文化治理体系现代化注重柔性治理的理念，而非刚性约束的管控思路。行政管理是通过制度规章管理文化行为的过程，具有行政强制性；而柔性治理则依托政党密切联系群众的组织优势，通过相对柔性的教育与引导，调动多元主体力量共同参与治理，强调人和社会的自主性。[①]最后，中国特色公共文化治理体系现代化更善于将社会主义意识形态和先进文化渗透于公共文化治理实践之中，在治理过程中从文化功能视角服务社会和培育社会，以文化人，增强民众对社会主义意识形态的情感认同和文化自觉。因此，中国特色公共文化治理体系现代化首先是文化治理理念的变革，透过激励重塑推动政府走出行政驱动公共文化治理的路径依赖。

二、机制：从压力传递到环境支持

在文化管理的理念下，我国公共文化治理在很长时期内单纯遵循一种压力传递的机制。这种压力传递机制很容易变异成一种单向度的激励机制，不仅导致政府公共文化服务的"唯上不唯下"逻辑，而且随着从政风向民风的扩散，诱发一种功利主义的价值倾向并影响到整个社会的价值取向，导致一种急功近利的思想观念与行为规则在全社会弥漫开来。做

---

① 胡惠林：《国家需要文化治理》，《学习时报》2012年6月18日。

任何事情首先想到的是实现某种功利性的目标,而不是实际需求与真实愿望,这很容易会造成公众在认知和行动两者间产生错位,久而久之,会消解人的自主感和能力感,并逐步消解人们的文化认同。

在压力传递机制作用下,地方政府领导人通常迫于行政压力的高强度,选择性开展具有高显示度的所谓"公共文化服务",在日常文化管理活动中也主要涉足容易出政绩的领域。① 例如,地方政府官员为让上级领导对本地某些工作留下印象,就会想方设法选择某些亮点工程或特色项目,投入不菲的规划建设资金,这些工作可能会较好地呼应当前上级号召或中心工作。诚然,上级号召或中心工作虽然一般也是基于某方面问题展开的,但如果只是为了迎合上级要求,不深入调研与分析,则很可能不符合本地实际情况,造成官方宏大叙事与民众实际感受的较大落差,加剧决策过程与执行过程的分离。压力传递机制下的公共文化治理不仅效率低下,而且容易导致公共文化服务演化为地方政府向上负责的行政性事务,弱化其本应承担的服务性职能。在压力传递的机制下,"治理危机"会不断显现出来。首先,消解公共精神。颜玉凡等在对大城市公共文化服务现状进行社会学调查时,将民众的参与类型分为"依附型""发挥余热型""为获得好处的即兴型""自娱自乐型"四种。② 在功利化的环境中,只会不断生产出"依附型"和"为获得好处的即兴型"的参与者,因为这些人参与的目的与地方政府的功利目标十分合拍,他们"懂得配合、善于表演",已经成为地方政府打造政绩工程不可或缺的组成部分。对这部分人而言,参与公共文化活动,是一种利用体制资源与政府进行"交换"的手段,目的是以这些事项为由头,和政府建立起关系,通过迎合政府需要的方式满足自身利益,或者想方设法地利用国家体制的资源,逃避一些公共责任。这种公众参与的模式,这些"精致的利己主义者",无法代表大多数人的思想与态度,如果政府总是与少数人长期互动和交换利益,不仅无法得到大多数人的支持,而且无法形成民众主体之间的有效互动,反而离间了社会,

---

① 吴理财:《公共文化服务的运作逻辑及后果》,《江淮论坛》2011年第4期。
② 颜玉凡、叶南客:《政府主导下的居民、离散性参与:类型、策略与特征——基于对N市JY区公共文化服务实践的考察》,《社会科学》2017年第4期。

抑制社会正常发育的环境,从而消解公共精神。不仅如此,地方政府面向社会个体,直接干预社会利益分配,往往会引发社会成员之间的矛盾,公众彼此之间为独享那一点利益,互相遮遮掩掩,相互猜忌提防,怎么可能孕育出公共意识？善于配合政府的人获得了好处,而"发挥余热型"和"自娱自乐型"这两类人群正在失去资源,既不利于社会团结,又会滋生出一种不断膨胀的消解公共精神的力量。其次,失去培育共同文化的基础条件。在功利主义的功能定位下,工具理性凌驾于价值理性之上,多数社会成员的实际需要并没有在公共文化服务体系的运行中得到满足,他们因而不愿意通过这种渠道与政府开展日常交互,从而造成政府注入公共文化服务体系的价值理念与意识形态因无法真实触及社会公众而流于形式。而社会中形形色色的大众文化因缺乏与精英文化交流沟通的管道,两种文化平行发展,没有交集,使得社会整合的共同文化失去培育土壤。不仅如此,地方政府浮躁、功利、唯利、冷漠、缺乏耐心的行为表现,不仅难以获得民众的政治加分,还会被同构化地在社会各领域中弥散开来,干扰培育理性平和共同观念的稳定环境。

虽然国家专门针对公共文化治理制定的政策还不多,但在与之相关联的社会治理领域,其探索工作已经有了一定基础。2007年,党的十七大提出构建"党委领导、政府负责、社会协同、公众参与"的社会管理格局,强调了基于党委领导、政府负责下的社会与公众共同参与的重要性与合法性,表明国家对社会进行管理,其手段除了行政手段外,更多强调的是多元主体相互之间的平等合作。因此,理想型的基层社会治理形态应当是行政逻辑、市场逻辑和社会逻辑有效互动的结果。然而,三种逻辑之间内在张力使得政府、市场和社会在互动实践中的效果并不如意,在这种情况下,政府凭借其强大公权力在一定程度上压制了市场和社会的自主性和功能性,社会治理形态也随之由多元互动逻辑变为行政主导逻辑,最终演化为行政化治理。[①]2021年,《中共中央、国务院关于加强基层治理体系和

---

① 彭勃:《从行政逻辑到治理逻辑:城市社会治理的"逆行政化"改革》,《社会科学》2015年第5期。

治理能力现代化建设的意见》进一步明确了政党回归社会、党委领导治理、党建引领社会的政策目标。各级党组织已经成为破解各领域基层治理难题的重要抓手。以组织驱动的基层治理模式有别于以行政驱动的行政化治理。在行政化治理模式下,国家通过官僚制运用专断性权力实现对基层社会的管控,具有风险规避、事本主义和专业治理的核心特征。[1]在组织驱动的治理模式下,国家通过政党组织运用基础性权力推动基层治理有效运作,具有使命担当、整合主义和回应社会的核心特质。它在本质上并非另起炉灶地简单替代行政化治理,而是对其进行补充、校正和超越,以解决行政化治理固有弊端的"超行政治理"[2]。笔者认为,在公共文化治理领域,这种"超行政治理"从根本上来说意味着治理机制从"以物为本"的压力传递机制到"以人为本"的环境支持的转变。环境支持不是公众单方面对政府政策适应的过程,而是一个在政党支持下,公众与政府双向渗透与整合的过程。环境支持一般包括三个层面:物质的、社会的和文化(心理)的层面。其中,物质经济层面的环境支持起基础性和决定性的作用。社会层面的环境支持是推动公众走进公共领域开展公共文化生活的进一步要求,文化(心理)方面的环境支持是提升公众对政府公共文化服务及其参与的公共文化生活的认同程度,反映出公共文化建设的深度。这种环境支持机制从三个层面超越压力传递机制:一则,随着国家力量的退场,压力传递机制下的"悬浮化"问题使得政府难以有效地将碎片化的个体组织起来,"以人为本"的环境支持机制透过"组织化嵌入"方式破解社会的"结构性割裂",运用政党补位的方式推动社会的再凝聚化,为破解社会碎片化问题提供了达致社会建构的有利环境。在这个基础上,通过深入调研找到社会共性需求,推动政府以问题为导向完善普惠性的基层公共文化服务政策体系,优化公共文化建设基础。二则,各级党组织通过政治吸纳将主体价值观念整合进特定的治理场域,赋予热心公益事业的

---

[1] 付建军:《从组织变革到机制创新:居委会减负改革的路径演变与持续逻辑》,《中国行政管理》2020年第8期。

[2] 彭勃、杜力:《"超行政治理":党建引领的基层治理逻辑与工作路径》,《理论与改革》2022年第1期。

社会组织骨干以政治身份,增强他们的价值传播话语权,激发其透过公共文化服务或文化生产主动传播社会主义核心价值的内在动力。比如,支持开展读书会活动,积极营造全民阅读的社会环境,由组织邀请知名作家、社会贤达等担任领读人并参与读书会的策划与实施,透过一期期读书会活动和一本本精彩图书的分享,向公众传播健康文明的生活哲学。这种以阅读环境的营造影响人心的做法,远胜于逐级压力传导下的政治说教。三则,"以人为本"的环境支持是一种正向引导各类治理主体关注公共文化生活的参与机制,促使计划性政府干预机制、竞争性市场调节机制、自治性社区参与机制等多维机制实现良性互动。比如,某地文化部门以往组织开展公共文化演出活动大多采用免费赠票的方式,而赠票往往是被政府内部人员或特定关系人员获取。为打破这种局面,该部门新上任领导改变了文化活动公众参与机制,根据不同文化活动类型,采用定时抢票、留言集赞、公益付费、抽奖等形式将有限的公共文化资源更为公平和高效地分配给公众。这种公众参与机制的改变,就是支持一种民众平等享有公共文化服务、公平参与公共文化生活的良好环境。在这种环境氛围的熏陶下,民众就会自然而然地产生出对政府公共服务的认同,也更愿意主动融入公共文化生活。

三、方式:从项目运作到社会回应

行政驱动公共文化治理方式被单纯视为一项由政府承担主要责任的公共产品供给方式,因而主要通过行政逻辑下的项目化运作来执行文化供给任务。不论是公共文化场馆等的硬件建设,还是文化演出、文化活动、文化展览等的内容供给,都可以按照项目的运作方式,由政府将其纳入方案制定、预算编制、资源协调、工作开展、成果验收等过程。然而,基于项目运作方式的公共文化治理往往将治理活动局限在政府方面,不仅可能受到政府自身财力和能力的影响,还容易落入程式化的路径依赖,从而忽略真实的文化需求与民众的满意度,造成公共文化资源的浪费,降低政府的公信力。

在行政逻辑下,基层政府实施公共文化项目的运作过程,大多不是基于当地社会的实际需要,而是基于上级的要求或者是其自身的利益。当然,直接地看,这些上级的要求也并非随意之举,不少公共政策文本都经过了字斟句酌和反复研磨的历程,而且也确实发现并试图解决某些问题,因而这些上级要求直接或间接地体现了基层社会的需要。但是,在行政逻辑下,这些要求的制定和落实过程往往缺乏基础性的社会权力作为依托,因此其对社会真实需求的回应能力堪忧。观察发现,不少政府部门在项目设计过程中,不与一线干部和社会民众充分沟通与互动,往往只是援引上级文件要求,闭门造车,醉心于文本的雕琢和词句的精美,这种状态下炮制出的项目指引,往往导致政府与公众需求之间的割裂。不仅如此,由于信息不对称、行政链条冗长、项目验收主观性和片面性强、不同部门管辖项目之间缺乏相互衔接等难以克服的结构性问题,项目运作过程大多处于低效运转状态,即使基层政府再花精力对其进行集成化与本土化的努力,但由于项目在设计环节先天的缺陷,很多情况下基层政府也很难将这些项目完成得既让上级满意,又符合本地民众需求。

"以人为本"的社会回应方式是对"以物为本"项目运作方式的重建,其核心在于推动政府对社会和民众的责任性(accountability),通过制度和组织建设,强化地方和基层政府的服务意愿和服务能力,使其对公众的回应性真实有效。中国特色公共文化治理体系现代化的社会回应方式不同于单纯对需求的回应,是有其价值原则的。我们可以从以下四个方面来把握这种对社会的回应性:首先,不是直接回应个别人或少数人的特殊需求,而是带有普遍性的社会公共文化需求。正如修路、造桥是为社会提供公共物品一样,建公共阅报栏、公共图书馆、博物馆、美术馆等,满足的也是社会的公共文化需求,让最广大的社会成员能够受益。其次,对于普遍性公共服务以外的文化需求,政府虽要摒弃包办做法,但并不意味着政府可以置之不理,而是要为生产与分配能够满足个性化文化需求的市场主体创造公平有序的营商环境,让市场能够持续为民众提供多样化和多层次的文化产品与文化服务。再次,社会回应不只是对社会需求的回应,还是将价值使命与社会需求融合发展的过程,针对一些因价值偏差带来的社会问题,不能一味迁就,而要直面问题,及时回应社会关切,以社会回应的方式来引领社会思潮、净化社会环境。最后,社会回应还要通过合理的制度安排来保障,让价值使命和民众需求能够通过制度化的途径得以表达和整合,也需要必要的机制使社会回应方式能够被整合纳入行政过程并成为各级政府工作的目标。

中国特色公共文化治理体系现代化的提出,其重要的方式转变就在于强化公权力对于社会公众需求的回应性,更多运用社会回应机制而不是主要通过项目运作机制来开展公共文化治理。具体而言,各级领导在"以人民为中心"理念的引导下,在公共政策出台前,都要深入开展调查研究,自觉深入社会现实问题,了解社会公众的普遍性需求,在此基础上,将执政党价值使命与普遍性需求相融合制定公共文化政策。一项公共政策的出台及推行,应该是一个系统工程,社会回应要求政策制定者要在决策前从政治、文化、经济等各方面做充分论证,并制定出相关的措施来预防政策在实施过程中发生扭曲。在此过程中,各级党组织可以组织公众对政府公共文化政策运行绩效进行评估,以自下而上的民意约束和自上而下的绩效考核相结合的方式规范政府行为,以此保证中国特色公共文化治理体系现代化价值转向的成功。

第三节 中国特色公共文化治理体系现代化的价值内涵

如果说中国特色公共文化治理体系现代化的价值转向是要从关键要素的角度进行分析,那么中国特色公共文化治理体系现代化的价值内涵则是要试图阐明转型本身的重要原则。对于重要原则的探讨,不再局限于由"以物为本"转向"以人为本"过程中的要素变化,而是更加关注中国特色公共文化治理体系现代化的核心功能及其实现途径。具体来说,中国特色公共文化治理体系现代化应遵循工具理性与价值理性的统一、宏观调控与内生动力的结合,以及整体均衡与个体差异的协调等基本原则,摆脱激励异化下公共文化治理体系的路径依赖,将关注点置于公共文化生活的实质性改善。

一、工具理性与价值理性的统一

公共文化治理既继承了治理理论的核心原则,又具有比治理本身更丰富的内涵。从治理的概念中我们知道,治理主体是多元的,治理权威的来源也是多样化的,除了政府,还包括企业组织、社会组织和居民自治组织等。但是,无论是政府、企业还是社会机构,也无论其依据的权威来源是法律规范,还是习俗、协议、约定等,归根到底做出治理行为的还是"合乎理性的人"。当前公共文化治理的结构性困境表现在政绩冲动、行政逻辑、监督空转等方面,其中起到统领作用的正是价值层面上工具理性对价值理性的"僭越"。为了获得政绩上的褒奖,政府部门在很长一段时期内单纯注重可量化、展示度高的业绩,追求公共文化服务"量"的达标,将服务重点置于场馆建设等硬件方面,而忽视服务对象的内在精神实质,因此,虽然增加了文化场馆设施的规模与数量,但因内容的供需错位等问题导致公共文化服务效果并不理想。进一步看,激励异化问题在一定程度上加剧了工具理性与价值理性的错位,使形式主义蔓延滋生,政府官员比拼的不是发展的实效,而是响应上级要求的速度,以期在最短时间内展示过人的业绩。观察发现,在业绩锦标赛的竞争中,胜出者往往就是这些有力回应上级要求、积极创造上级所需业绩、热衷于在各主流媒体宣传业绩的干部,而默默为公众服务的干部,由于短期内无法做出这些有显示度的业绩,则很少获得领导的关注,也就很难得到擢升。在这种情势下,理性的政府官员不敢脱离传统思维框架和工作模式,牢牢攥着那些陈旧的治理工具舍不得放手,如此这般,规划与报告中再美好的价值愿景也会落空。因此,以中国特色公共文化治理体系现代化重构中国公共文化治理架构,首先要对公共文化治理的价值内涵进行"正本清源",推动工具理性与价值理性的统一,以价值理性的回归引导工具理性的发展与进步。

将人的理性划分为工具理性与价值理性两种类型是由德国社会学家马克斯·韦伯提出的。[①]所谓工具理性,是指以外界因素作为手段或条件,实现自己合乎理性之目的。工具理性者并不在意行为本身的价值,而是在乎其所采取的手段是否有效,属于"目的合理性思维"。所谓价值理性,

---

① [德]马克斯·韦伯:《经济与社会》上卷,林荣远译,商务印书馆1997年版,第56页。

是指行动者对于行为本身固有价值的纯粹信仰,强调基于纯正的动机和正确的手段实现自己意欲达到的目的,并不在乎手段和后果,属于"价值合理性行为"[①]。公共文化治理作为一项"人的社会行为",其实践过程中饱含着行动者的工具理性与价值理性,而工具理性与价值理性是对立统一的关系,在实践中,不能仅强调其对立的一面,更要注重其统一性。中国特色公共文化治理体系现代化的工具理性与价值理性统一于公共文化建设和发展对于人的公共文化生活的实质改善。中国特色公共文化治理体系现代化在治理主体、治理方式和治理目标上实现了对当下公共文化治理体系的全面转型,有助于从根本上将现实中颠倒了的关系——工具理性凌驾于价值理性,重新颠倒过来——价值理性引领工具理性,实现工具理性与价值理性相统一。具体体现在:

第一,中国特色公共文化治理体系现代化致力于实现治理主体上的价值理性与工具理性的内在统一。它强调的是治理主体的多元化,而不是局限于政府主体的单向治理行为,它是将"以人民为中心"多元共治的核心原则嵌入公共文化治理全过程,注重发挥市场和社会共同治理的作用。也就是说,通过多元治理主体共同参与治理过程,在更广范围内达成符合公众文化发展需求的价值共识,并以其指引与规范人们的行为,促使治理目标与治理过程达成一致。目前我国文化治理造成工具理性与价值理性错位,在治理主体层面的原因是政府全能主义体制的影响严重,治理主体单一,而且在激励异化下公共文化治理过程被置换为服务于追求政绩的手段——工具理性,如场馆数量、活动场次、服务人次、文化消费金额等,从而难以保障有利于公共文化生活实质发展的价值需要——价值理性。这就使得单一治理主体所追求的工具理性——功利需要僭越了民众实际所需真实的公共文化生活的价值理性——价值需要。单一治理所追求的工具理性,将文化及文化场域塑造成一种治理工具或者治理手段,以此实现单一主体的某种功利化目标,而这种功利化目标在某种程度上也是其获取其他利益的手段,但这些利益只是单一主体的自身利益,往往与

---

① 赵军义、李少惠:《从公共文化服务到公共文化治理》,《图书馆杂志》2022年第9期。

其他主体的需要相错位。观察发现,虽然政府对社会的全面控制逐渐松动,社会逐渐多元并且释放出一定的资源空间和参与空间,为合作治理提供了客观的生长环境,但由于政府体制本身尚未形成正式的、有效的、实质上的公众参与渠道,公众的要求对政府的影响力量依然非常有限。① 以公共图书馆为例,作为"一种典型的规训机制和场所"②的公共文化场域,在公共图书馆整个的文化空间表征中都体现了其政府主管部门的治理意图和构想。在当今复杂多元的社会情境中,图书馆传统的咨询典藏与书籍流通等功能已经无法满足多元异质的社会群体的存在和需求。而目前不少公共图书馆都似乎过度重视"想象中的使用者",而没有将眼光转向现实读者,这不仅弱化了公共图书馆的"规训"功能,反而可能引发部分读者对种种生硬规训的反感。

　　列宁曾说过,"世界不会满足人,人决心以自己的行动来改变世界"③。这个改变后的世界正是依据人的价值理性而非工具理性所建构起来的符合人自身发展与幸福需要的世界。中国特色公共文化治理体系现代化主张突破传统单一的政府自上而下的文化管理模式,构建"以人为本"的"政府—市场—社会"三位一体的治理结构,透过激励机制与激励环境的重塑,将市场和社会从被治理者上升为治理主体,走向政府、企事业单位、社会组织和公民个人互动合作的多元共治,④使公共文化建设从社会整体的公共性出发而非少数人所代表的"公共性"出发,回归整体的人的精神文化发展需要。再以公共图书馆为例,图书馆管理团队的工作重心是要营造一种以读者为导向的激励机制,推动馆员在选择书籍、提供借阅服务、开展各类公教活动等过程中更多听取读者意见和建议,察觉不同群体因自身处境而产生的差异化诉求,让读者能实质感受到图书、报刊、展览内容的丰富性、多样性和获取的便利性,从而自愿从内心里接纳图书馆,进一步感受到经由公共文化治理所带来的文化氛围、精神面貌及人们自身

---

　　① 赵树凯:《乡镇治理与政府制度化》,商务印书馆2018年版,第269页。
　　② 解胜利、吴理财:《公共图书馆的文化治理学——对一个省级图书馆的文化政治分析》,《湖北社会科学》2014年第9期。
　　③ 《列宁全集》第55卷,人民出版社1990年版,第183页。
　　④ 祁述裕:《国家文化治理建设的三大核心任务》,《探索与争鸣》2014年第5期。

文明素养的实质性变化。

第二,中国特色公共文化治理致力于实现治理目标上的价值理性与工具理性的内在统一。通常我们所说的目标,一方面是价值理性目标,另一方面是工具理性目标,二者各有侧重。价值理性目标主要是为了满足内在需要,是具有稳定性的发展需要,而工具理性目标则是为了满足外在需要,围绕价值理性目标的实现而变动。比如,公共文化的建设本身是公共文化治理目标的体现,然而其根本目的在于服务于人的精神文化发展需要,这是不变的内在需要,是价值理性的体现。同时,它也具有服务于经济增长、服务于城市活力、服务于主体意识形态构建、服务于地方政府政绩需要的作用,这可以看作工具理性的体现,是具有变动性的外在需要。这二者之间是矛盾的两个方面,有其对立性,但关键是如何实现二者的统一。当前公共文化治理模式之所以造成工具理性与价值理性的失衡,正是因为将公共文化建设的工具理性与价值理性割裂开来,只注重公共文化建设的工具性效应,而忽略了其价值目标。这集中体现在行政驱动公共文化治理模式的物本主义发展观,不仅单纯将公共文化设施规模、公共文化活动数量等视为公共文化建设的主要内容,还将公共文化项目对城市形态更新、对经济消费带动的贡献等视为公共文化建设的优先价值。中国特色公共文化治理体系现代化的目标是实质改善公共文化生活,即更加强调公共文化政策的实际效果,其目标价值导向更为明确——人的精神文化需求的满足及更为全面的发展。这体现了公共文化治理在目标上的价值理性回归,也彰显了公共文化建设的内在价值诉求,而不仅仅是服务于外在需要。

同时,中国特色公共文化治理体系现代化并未忽略公共文化建设的工具理性,而是以改变外在的激励机制和激励环境来实现文化工具性效用的价值转换,从而实现工具理性与价值理性的统一。吴理财从四个方面对文化的工具性效用进行了分析:[①]其一,文化具有精神性。文化虽然通常都会借助于一定的物质形态为表现形式,但是其内核是某种精神价

---

① 吴理财:《把治理引入公共文化服务》,《探索与争鸣》2012 年第 6 期。

值,这种精神价值会通过其外在的表现形式向他人传播,影响人们的行为。其二,文化具有政治性。国家提供的公共文化产品,主要是传播国家的主流意识形态和核心价值观,以增强人们的政治认同,维护既有的政治秩序。从这个意义上说,文化就是葛兰西所说的"知识和道德领导权"。知识和道德"领导权的作用是在不同阶级之间的社会关系中,去保证每一个阶级在现存的'统治—从属'的形式中被持续地再生产"。其三,文化具有竞争性。在全球化、市场化、信息化时代,开放、流动、异质取代了传统共同体的封闭、静止与同质,不同文化交流更加频繁。在多数情况下,虽然在表面上能够做到彼此尊重与理解,但一旦触及内核与实质,文化所传播的核心价值理念往往又是排他的和竞争性的。其四,文化具有再生产性。无论是公益性的公共文化产品,还是非公益性的文化商品,都不同于一般性的公共物品和商品,因为它们的价值与意义并不是如事先所生产与制作的那样一成不变,而是在消费过程中被挪用、重置和重新赋予。也就是说,文化产品内在的意义与价值,可能并不能如生产者所愿,在铭写进文化文本的那一刻就生产完成了,而是在文化消费过程才开始生产。消费者根据自身的处境对文化产品的意义进行能动性的"阐释",而所阐释的意义,可能是生产者或者供给者所不曾预料到甚至想象不到的。约翰·斯道雷曾说过,"文化并非供我们消费的某种现成物,而是我们在各种文化消费实践中所生产之物,消费是文化的生产"①。文化本身的精神性、政治性、竞争性和再生产性等工具理性目标,在西方资本主义制度以资本为核心的文化治理体系中,这些目标是为其阶级利益服务的,但在"以人为本"的中国特色公共文化治理体系现代化的制度框架下,这些工具理性目标可以与价值理性目标进行良性互动与相互转化。执政党以全心全意为人民服务为宗旨,其通过"以人为本"的文化精神性、政治性、竞争性和再生产性等作用的激发,最终是为最广大人民文明素养的提升而服务的,从而有效实现治理目标上价值理性与工具理性的

---

① [英]约翰·斯道雷:《斯道雷:记忆与欲望的耦合——英国文化研究中的文化与权力》,徐德林译,广西师范大学出版社2007年版,第110页。

统一。

第三，中国特色公共文化治理体系现代化致力于实现治理方式上的价值理性与工具理性的内在统一。治理方式作为一种手段，其鲜明的特点就是其工具性或者技术性，即通过一种治理方式来实现某些治理目标。如前所述，文化具有独特的价值与功能，在公共文化治理领域，行动者能够将文化及其场域塑造为治理工具和手段来实现自身的利益关切，塑造的方式则包括了对文化进行诸如象征化、美学化、娱乐化、身份化、科技化、合理化等的治理操作。胡惠林从文化产业的角度认为文化产业超越了"文化工业论"，成为用以克服和解决经济与社会发展问题的治理工具和治理手段。[1]托尼·本尼特（Tony Bennett）则将文化视为一组组织、技艺与机制，通过在自我技艺与权力技艺之间建立联系作用于社会。[2]在本尼特的理论中，文化不再仅仅是一种生活方式，还是一种连接权力技艺与自我技艺的"作用界面"，是一种作用社会关系之上的治理机制，其目的是让文化"更加让人信服地构想"。福柯的"治理术"也是一种使人误认为治理"是维护他们的自由"的工具。他认为，"对人的治理，首先应当考虑的不再是人的恶习，而是人的自由，考虑他们想做什么，考虑他们的利益是什么，考虑他们之所想，所有这些都是相互关联的"[3]。当前行政驱动的公共文化治理，其采取的主要治理方式是"项目运作"，这种治理方式首先考量的是如何完成项目验收任务，大量精力浪费在处理与项目相关的程序性事务上，加之由于"项目运作"的封闭性，不可避免地会忽略公众的利益，以至"项目运作"治理方式的工具理性色彩过于浓厚。其突出的表现就是，项目化治理虽然有助于短期内快速解决某一问题或实现某一具体目标，但从长远看，将"项目运作"的治理方式运用于公共文化治理领域所衍生出的问题可能会超出其所带来的成效。这种治理方式往往没有将价值理性置于优先位置，而是寄希望于单纯依靠行政体系科层组织的工具

---

[1] 胡惠林：《国家文化治理：发展文化产业的新维度》，《学术月刊》2012年第5期。

[2] Tony Bennett, *Foucaut, Cultural Studies, and Governmentality*, Albany: State University of New York Press, 2003: 48-63.

[3] ［法］米歇尔·福柯：《安全、领土与人口》，钱翰、陈晓径译，上海人民出版社2010年版，第38页。

理性来实施，项目执行者眼里只有项目发包方，很少有公众，因为项目发包方决定了其工作业绩，而公众可能对项目本身都一无所知。因此，公共文化治理体系转型要转换治理方式，要更加关注对社会需求的回应，以社会回应的价值理性引导各类工具理性的治理工具，实现治理方式上的价值理性与工具理性的内在统一。

要实现治理方式的价值转换，需要强调将多元治理主体各自的发展动力作为公共文化建设的动力来源，以多元主体的有序协作作为公共文化发展的内在机制，因为只有倾听各方声音，方能更好平衡与回应各利益主体的诉求。具体而言，是要积极构建不同类型的治理场景，强调场景的营造而不单纯是项目的设计。在不同场景中，民众既可以在理解文化政策和消费文化产品过程中，运用诸如"解码"机制、价值认同和行为自觉等"自我调适"的技术策略来进行自我治理，还可以直接参与制定文化政策、提供公共文化服务、供给公共文化产品、传播公民政治文化等公共文化事务，从而对政府等公共权威产生影响。

不过，我们应当关注到，在实践中不同治理主体遵循着不同的行为逻辑，存在内在张力，而且我国社会发育还不太成熟，社会尚没有整体性经历理性化的过程，个体化依然是当前社会发展的总体趋势，如果缺少一种有公信力的权威力量进行引导，单纯依靠不同主体自发形成良性互动秩序是有一定难度的。在现阶段，公共理性还需要通过长期、持续和有效的公共文化建设进行耐心培育。不同观念之间缺乏公共理性的整合极易导致"观念之争"，如采取放任不管的态度，极易引发社会撕裂与公共文化建设的持续衰弱，这会打乱国家公共文化建设的节奏和步伐，更难孕育社会公共性。中国特色公共文化治理体系现代化基于我国特定政治优势，从主体、目标、方式三个维度实现工具理性与价值理性的统一。执政党基于"以人民为中心"的价值选择将行政逻辑、市场逻辑、社会逻辑协同起来，共同将实质性改善公共文化生活作为不同逻辑的出发点和落脚点，这一方面体现了对社会成员不同行为逻辑的最大包容和对公众实质参与公共文化生活的重视，另一方面则通过执政党嵌入社会的方式在引导不同治理主体的行为过程，确保既实现多元主体间的有序互动,但又始终朝着相同的价值方向演进与发展。具体而言,中国特色公共文化治理体系现代化将多元治理主体的价值回归作为其重要价值内涵,透过强化政党与社会关系塑造符合社会主义意识形态的价值理性,并以政党权威引导政府机制、社会机制与市场机制等多重逻辑交织叠加的公共文化治理过程,既激活社会活力,又确保公共文化建设与发展中的特殊利益和短期利益无法超越整体利益和长远利益,并以此克服激励异化下公共文化治理体系的行政依赖,在不同治理逻辑的协同发展中有序推动社会发育,培育公共理性和公共精神。在此基础上,执政党以开放姿态不断吸收促进社会进步的积极因素,不断完善其现代化治理水平和治理能力以赢得公众信赖、回应公众关切、激发公众活力,推动公共文化治理过程驶入良性循环轨道,实现治理方式上的价值理性与工具理性的内在统一。

二、宏观调控与内生动力的结合

宏观调控是国家综合运用法律手段、经济手段和必要的行政手段对国民经济进行调节的一种方式。公共文化建设中的宏观调控则体现为政府运用各种手段对城乡、区域之间公共文化设施建设、公共文化服务供给、公共文化资源整合等进行调节。但是在长期行政驱动公共文化治理模式之下,多种调节手段被简化为主要依靠行政手段,调控逻辑被置换为行政逻辑,而公共文化建设的内生动力被抑制。宏观调控在公共文化建设中具有重要作用,文化领域的公共性建构必须依靠宏观调控进行统筹和协调。例如,公共文化设施建设规划调控可以促进城乡居民实现平等享有公共文化服务的权利,避免出现公共文化设施建设中城乡、区域非均衡布局的情况。然而,宏观调控是由外向内的,即由外力推动内部发展变化的,其无法"包打天下"[①]。强有力的宏观调控是外生型现代化国家通常采用的方式,其突出的表现就是行政主导或政府全能主义。内生动力的提法源自内源发展理论,1988 年联合国教科文组织编撰的《内源发展战略》一书最早提出内源发展的内涵,即"内源的和以人为中心的发展有两

---

① 张晓晶:《试论中国宏观调控新常态》,《经济学动态》2015 年第 4 期。

个基本要求:在形式上,发展应该是从内部产生的;在目的上,发展应该是为人服务的"①。所谓内生动力即是发展主体本身通过内在的结构要素相互作用而推动自身的发展,其是由内向外的,即由内部动力推动其向外发展和变革。我们经常以"内生先发"来形容早发现代化国家,就是突出其现代化进程是一个较为完整的通过内部力量可以自动调节的发展过程。从这两者的内涵可以看出,不管是宏观调控还是内生动力,其指向的目标都是推进一种事物的发展进步,但是由于对实现路径的价值选择不同,其结果可能也会不同。

当前我国公共文化建设发展面临诸多治理难题,其中一个重要原因就是依靠行政调控逻辑,甚至是政府完全替代公众开展公共文化建设,呈现出极强的功利性特征。虽然近年来国家对公共文化资源的投入迅速增加,但是由于对行政化治理路径的过度依赖,这些投入的公共文化资源没能与民众所需相衔接,导致各方共同参与公共文化建设与发展的主体数量正在逐步缩减。在行政驱动公共文化治理的宏观调控下,公共文化建设落入"无主体"的逻辑,②主要表现在以下三个方面:一是公共文化建设的社区责任主体缺位。快速城镇化进程打破了传统村社共同体及其文化,陆续组建起来的社区成为重建公共文化的关键场域。作为群众自治组织的社区居委会是组织动员公众参与公共文化建设的责任主体,绝大多数的公共文化活动都是在这一层级展开的。但在行政主导压力型体制下,国家投入的公共文化资源被各级地方政府用于打造高显示度的文化工程或品牌活动,真正输入社区居委会用于开展各类公众参与的公共文化活动的资源则少之又少,这就使得社区居委会缺少组织公众开展公共文化活动的能力与条件,长此以往造成其发展公共文化的责任主体缺位。二是公共文化建设的村落组织主体缺位。一方面,随着市场经济背景下劳动力的快速流动,传统的地缘和血缘结构逐步被打破,村落中精英群体开始离散,很多人进入城市务工,大部分时间与村庄脱离,时空的分离

---

① 联合国教科文组织编:《内源发展战略》,社会科学文献出版社1988年版,第2页。
② 韩鹏云:《乡村公共文化的实践逻辑及其治理》,《中国特色社会主义研究》2018年第3期。

使他们无法投入公共文化的组织过程之中,逐步失去组织的动力;另一方面,长期行政调控模式导致社会再组织化的公共性发育不足,加之市场经济竞争的快速侵入,"人们建立关系时考虑的主要是实利可图,所以亲属或非亲属都可被纳入格局之中;从格局中心向外,格局中成员的工具性价值逐级递减;关系越紧密,就越有可能被中心成员用来实现其实利目标"①。以上情况导致社会公共文化生活中的原有组织力量日渐弱化,而凭个人私利关系组建起来的组织结构由于其浓厚的工具理性色彩,难以承担培育公共性价值的文化建设任务。三是公共文化建设的参与主体缺失。随着互联网及传媒技术的发展,社会公众尤其是年轻一代更倾向于各类关门闭户的私性文化,对行政化痕迹明显的公共文化活动热情不高。"社会系统具备足够数量的行动者作为系统的组成部分,乃是社会系统内部整合及社会系统和文化模式之间整合的必要条件。否则,便有可能无法维持系统的均衡而呈现'病态'。"②责任主体、组织主体和参与主体的缺失及弱化,使公共文化建设缺少了主体的支撑,作为一个文化生态系统已经失去了足够的自觉行动者,从而无法维持基本的系统平衡。

与政府驱动公共文化治理模式所不同的是,中国特色公共文化治理体系现代化坚持工具理性与价值理性的统一,并以公共文化建设主体的内生动力作为发展的原动力,从而重构"无主体"逻辑,促使国家治理改革设计与各方治理主体紧密衔接,推动各类公共文化建设任务落地见效。中国特色公共文化治理体系将公共文化看作一个内在紧密相连的有机体,其不仅是系统地看问题,也是站在系统性角度解决问题。具体来看,中国特色公共文化治理体系现代化在以下三个方面实现全面转型。

首先,中国特色公共文化治理体系现代化注重将国家能力建设和社会能力建设两方面结合起来,将"以人民为中心"的价值选择促成政社协

---

① 李沛良:《论中国式社会学研究的关联概念与命题》,载《东亚社会研究》,北京大学出版社1993年版,第71页。
② 吴重庆:《从熟人社会到"无主体的熟人社会"》,《读书》2011年第1期。

同公共文化建设模式的达成。当前文化资源下沉大都以项目运作的方式开展,而项目运作的方式会出现文化投入分散、多头治理的"部门利益",这就需要对文化项目资源进行有效整合以提高其使用效率和效益。然而,在传统行政驱动模式下公共文化建设呈现出极强的功利性特征,在公共文化服务考评政绩导向和缺少公共文化内生组织载体的双重作用下,公共文化项目资源大多被用于对上展示政绩的需要,项目本身传递价值意涵支撑民众意义世界的效用被削弱。针对这些现象,中国特色公共文化治理体系现代化强调要对公共文化治理激励机制和激励环境进行重塑,转变传统宏观调控方式的路径依赖,将肩负意识形态培育使命的国家文化资源投入各文艺类、体育类、地方民俗类社会文化组织,而不是完全交由基层政府部门来运作。也就是说,中国特色公共文化治理体系现代化的宏观调控方式并非对一切公共文化事务进行具体安排与设计,而是注重对各方治理主体共同参与治理过程的治理环境的营造。因此,这种新的调控模式更多注重通过专项文化建设基金支持等方式来保障各类文化社会组织快速发展,利用社会组织贴近需求的优势提升资源使用效率,并推动国家文化资源的持续投入来保证文化社会组织的价值取向与发展的可持续性,以此实现国家能力建设与社会能力建设的双提升、双增强。这种新的宏观调控模式既贴近不同民众的个性化文化需求,释放多元主体活力与动力,增强地域性、开放性和适应性;同时在国家资源保障支持下具有可持续性,有利于提升公共文化建设的实效性。

其次,中国特色公共文化治理体系现代化的核心在于内生型文化组织建设,尊重社会成员的自主性和文化生活的地域性,并以此作为公共文化建设的内生动力。内生型文化组织是基于社会本位的群众自发组织、自发参与的公共性文化组织,其建设不应该是一项行政性的任务,其发展的速度和规模也不应由政府部门主观规划,而是应当充分尊重社会成员的自主性,由民众自主组织与发展。内生型文化组织的关键是对文化骨干或者带头人的发掘和支持。一些热心公益、思想品德较好的文化活动爱好者具有组织热情,对此,基层党组织要发挥其密切联系群众的优势,给予他们培训和激励,使其有充足的资金和能力开展相关公共文化活动、拓展公共文化业务、发展壮大其社员力量,积极参与到公共文化治理活动之中,为公众提供丰富多样的公共文化产品及服务。在文化组织建设的基础上,一个关键性问题是如何"活化"优秀传统文化资源来持续激活公共文化建设的内生动力。当前很多优秀的文化资源包括非物质文化遗产都在逐步消逝,如何保护和传承成为一个具有争议性的话题。中国特色公共文化治理体系现代化强调优秀传统文化资源在体现历史文化积淀和地域文化特色领域的重要价值,为活化传承优秀传统文化提供良好的政策环境与发展环境,对非物质文化遗产传承人、传承团队、传承组织等给予资金支持、培训深造和荣誉激励,以此抵御现代性对传统文化发展的干扰,并在对优秀传统文化进行现代性改造的基础上使其焕发新的生机。

最后,中国特色公共文化治理体系现代化的基础在于为公众参与公共文化生活内生动力的激发提供良好的激励环境,并以此作为公共文化建设与发展宏观调控的主攻方向。随着移动互联网的迅猛发展,人们的文化生活由之前的人与人之间的互动转变为个人与手机、电脑等电子产品之间的互动,公共性文化娱乐被"自娱自乐"所取代。所谓"自娱自乐"本质上就是一种私性的文化生活方式,文化活动范围局限于个体层面(或者最多是核心家庭、核心朋友圈等核心关系层面),无法形成人与人之间相互联系、相互交往的公共的文化生活,更谈不上产生文化舆论、形成公共规则。私性文化发展加剧了个体的自我中心倾向,使得他们更加容易把全部精力和时间放在自己或核心关系的范围之内,而对于超越核心关系之外的公共事务则不太关心。[①]私人文化的泛滥也往往滋生了诸多消极堕落的不良风气。例如,一些地区的节假日或休闲时节,赌博现象成风;一些地方人情往来礼金泛滥,相互攀比;一些先富起来的有钱人信仰迷失,让所谓"风水大师"大有市场,还有许多偏激言行在网络上滋生蔓延。

---

① 张良:《乡村社会的个体化与公共性建构》,中国社会科学出版社 2017 年版,第 91 页。

这些现象对人们的思想观念的形成,特别是对青年人的价值观的塑造有很大负面作用,对社会公共文化的建设与发展造成恶劣影响,甚至与积极健康的公共文化生活争夺阵地。[①]这些问题的产生的重要成因在于长期以来行政驱动治理模式对人的价值理性的关怀缺失,单纯注重物质发展、经济增长、硬件与数量的提高,而忽略对人思想观念的塑造以及对社会核心价值等软环境的营造。对此,中国特色公共文化治理体系现代化推动公共文化建设方式的变革,将解决社会问题作为治理方向,用公共文化建设来破解当前社会"原子化"问题。比如,在城市社会的快速发展下,各种不确定性的问题越来越多:人们花了很大气力找到工作,却在不经意间就可能面临失业风险;交往多年的朋友可能会因为一些利益问题就"老死不相往来";年轻人还面临生育成本逐年提高、离婚率逐年攀升等现实问题。对此,上海市奉贤区团委聚焦这些问题开展了心理疗愈类的青年讲座、互动交流类的青年下午茶、公共活动类的青年夜校等场景,每周定期更新,推动人们走出自我封闭圈,走向公共领域和公共空间,参与公共交流与公共活动。比如,首期以"'00后'提出离职该怎么应对"为主题的青年下午茶活动,面向全社会发出邀请,以自主报名的方式,招募若干名年轻人与相关企业负责人围绕这一主题进行自由的沟通与讨论,在代际观点的交锋中,让他们能够倾听对方声音,理解彼此的难处,避免"一叶蔽目",更为理性、客观、全面地看待事物和分析问题。活动中,有"00后"年轻人觉得不加班比赚钱更重要,而企业负责人则对年轻人坦言:"如果将视线放长远,也许会有不一样的答案。""当你有了家庭重担,当你的能力让你成为公司中层,当你有了自己的伴侣、孩子,人一旦有了'责任',便没有办法轻易地拒绝说'不'了。"在这些活动后,主办方会将这些核心观点进行梳理和提炼,及时发布在网络上,让更多人能够关注到这类人群的真实处境与内心想法,通过这样一期期的活动,久久为功,就会再造公共舆论和公共规则,培育公共意识和公共理性。

---

① 韩鹏云:《乡村公共文化的实践逻辑及其治理》,《中国特色社会主义研究》2018年第3期。

三、整体均衡与个体差异的协调

行政驱动公共文化治理模式虽看似拥有强大的宏观调控能力,但是政府单一治理主体使公共文化建设往往服务于政府部门利益,难以实现各方主体文化权益的均衡发展。一般来说,公共文化治理的整体均衡具有三个方面的基本特征:一是保基本性。基本公共文化服务或产品原则上免费或优惠提供给所有公众[①],保证所有社会成员都能享受基本公共文化服务和产品,实现其基本的公共文化权利。二是公平性。这是指公共文化服务和资源的公平分配。比如,应对基本公共文化设施、活动进行均衡布局,对产品进行均衡分配,力争让所有人都能公平享受到政府提供的同等程度的基本公共文化服务。三是可及性。民众可以近距离地、经常性地参加公共文化活动,随时随地都可方便地获得公共文化产品。公共文化治理的个体差异也有三个方面的基本特征:一是特殊性。个体的文化需求是丰富且特殊的,个体会根据其经济状况和个人喜好选择公共文化服务或产品。由于人与人的选择都是很不相同的,这就会超出基本公共文化服务的供给范围,需要依靠社会和市场力量来供给,政府的责任是为市场运行提供公平正义的制度环境。二是多样性。这包括两个方面含义,首先是公共文化服务和产品的品种、层次、特色的多样化;其次是服务对象的多样化,即服务要考虑惠及不同群体,对社区居民、白领、外来务工者、未成年人、老年人、残障人士等,提供不同的多样化的文化服务。三是地域性。我国是一个多民族的大国,不同地区的历史文化传统、经济发展水平和民众生活方式等都有一些差异,地域性文化决定了个体在文化需求上的不同。中国特色公共文化治理体系现代化的重要价值内涵之一,就是实现整体均衡与个体差异的协调,这是由工具理性与价值理性的统一以及宏观调控与内生动力的结合所决定的。具体来看,中国特色公共文化治理体系现代化将有助于实现公共文化建设的整体均衡,但整体均衡不是整体一致、整体一样,关怀与照顾到每一个人的精神发展问题并不

---

① 毛少莹:《公共文化服务体系的界定、一般模式及研究意义》,载上海社会科学院文学研究所公共文化研究室编《公共文化——城市实践与文化服务》,上海人民出版社 2021 年版,第 17 页。

是要让每个人都接受同等同量的服务内容,更不是强制每个人都要接受某种道德规训,其强调的是要尊重个体差异,包容文化的多样性和地域性,而不是形成单一模式及样板化的文化内容。也就是说,中国特色公共文化治理体系现代化将努力转变的,不仅是公共文化建设整体不均衡的问题,还包括个体差异难以协调的现实状况。

其一,中国特色公共文化治理体系现代化能够有效实现治理主体间的均衡发展。目前公共文化治理的困境在于,政府作为单一的主体力量,政府推动的公共文化发展被工具理性化为各种功利性的指标要求,如藏书量、图书借还率、场馆面积、年人均公共文化活动次数、数字文化资源数量、特色品牌活动、获得奖项层级和数量等,其结果只能是政府主体自身利益需要的增长与实现,并没有真正地提高民众的实际感受度,评估和考核成绩的好坏与公共文化服务的实际表现也没有太大的关联。因此,单纯凭借政府力量和行政体系自上而下的"鞭策",看似高歌猛进,但实际上难以破解行政逻辑所必然引发的共谋现象、运动治理机制、漫长层级链条下信息不对称等诸多问题。与之相对,中国特色公共文化治理体系是在治理主体上实现对行政驱动公共文化治理模式的超越,其强调坚持治理主体的多元化,将"以人民为中心"作为核心价值,发挥执政党在激励环境构建中的政治吸纳功能,将处于同一治理场域中的市场主体和社会力量纳入协作共治的治理框架中。例如,以区域化党建平台支撑中国特色公共文化机构理事会的有效运转,不拘泥于理事会运转的具体形式,也不纠结于机构事务决策权的归属问题,而是实事求是开展理事会建设,注重理事会实际作用的发挥,既以理事会推动公共文化机构管理层以需求为导向开展公共文化服务,又发挥组织优势整合和协调各类社会主体和市场主体在价值取向上协调一致地开展场馆的共同治理,在不断满足民众多样化公共文化需求的过程中逐步培育起崇尚奉献与包容的文化气氛。

其二,中国特色公共文化治理体系现代化能够有效实现公共文化建设的均衡发展。公共文化建设非均衡发展是行政驱动公共文化治理模式的典型特征,而中国特色公共文化治理体系之所以能够实现公共文化建设的均衡发展,其根本原因在于其能实现合目的性与合规律性的统一。

合目的性也就是公共文化建设的价值理性，合规律性即是公共文化建设的工具理性。中国特色公共文化治理体系现代化主张政府、市场和社会多元共治格局，强调照顾与关怀每一个人的精神发展需求，使公共文化建设实现最大多数人的利益，这就内在地要求必须努力达成整体均衡，实现公共文化建设的合目的性与公共文化建设的合规律性。也就是说，中国特色公共文化治理体系将重构行政驱动公共文化建设的动力机制，从而改变公共文化建设的模式，进而打破公共文化建设长期凝固的利益分配格局。中国特色公共文化治理体系合目的性和合规律性的统一将促进公共文化建设既充满活力又稳定有序地发展，以激励机制与激励环境的重塑克服当前公共文化治理内卷化的结构性困境。以公共文化服务均衡发展为例，建设现代公共文化服务体系是促进公共文化服务均衡发展的关键所在，传统行政驱动下的公共文化服务虽然也注重开展覆盖各村居的免费文化配送活动以期实现公共文化服务均衡发展，但是行政组织自上而下的压力传递机制与以需求为导向的服务机制相违背，从而使供给与需求脱节，造成公共文化资源的极大浪费。因此，要以中国特色公共文化治理体系现代化推动现代公共文化服务体系的建设，在推动服务过程中尽可能避免行政化的资源分配模式，而是更多采用市场机制与社会机制来分配资源；尽可能避免直接操作微观公共文化活动与项目，而是更多采用规则制定与场景营造的方式来打造符合价值导向的外部环境；尽可能避免运用诱发监督空转的成效评价方式，尤其是不要再举办那种自我陶醉的总结表彰会议，而是尽可能地完善全过程人民民主机制，扩大公共文化活动与项目的满意度评价范围，激发市场主体、社会主体与社会公众多方参与的动能，以服务逻辑替代行政逻辑，以提升民众满意度和认同度为导向开展公共文化服务，取得公共文化服务均衡发展的实效。

其三，中国特色公共文化治理体系现代化有助于实现公共文化整体均衡与个体差异的协调。中国特色公共文化治理体系虽然注重整体均衡发展，但是并不排斥个体差异性。首先，中国特色公共文化治理体系现代化坚持从行政驱动的压力传递机制转向"以人民为中心"的环境支持，从公共文化行政事务的微观管理转向对公共文化生活环境的综合治理，将国家宏观的顶层设计和规划深入微观的、鲜活的、个体的民众生活，重视公共文化与生活方式、行为方式的互动和影响，从而实现公共文化建设的多样化，凸显地域特色，激发民众自我创造、自我服务的潜能。其次，中国特色公共文化治理体系现代化坚持不断贴近民众的真实文化需求，激发个体参与的积极性与创新性。随着人民物质生活的相对富裕，民众的文化需求已不局限于基本物质文化需求方面，越来越体现为超越物质经济利益的精神价值追求，注重精神性文化资源分配的公平和公正，并呈现出个性化的需求特征。但长期以来，在公共文化建设领域存在政府部门垄断建设话语权、漠视民众主体性和能动性的现象，民众对公共文化治理的认知局限与有限参与程度限制了其获取更好的参与体验，这又进一步消减了其参与治理的积极性。对此，中国特色公共文化治理体系强调公共文化治理思路的变革，以价值理性引领工具理性，推动对自身行政行为的关注转向对民众真实文化需求的关注，从对文化产品供给的关注转向对公共文化生活的构建，激发个体参与公共文化生活的潜能，让个体差异在公共文化生活中发挥出独特优势。实际上，整体均衡与个体差异二者是辩证统一的关系，中国特色公共文化治理体系现代化有助于在充分包容公共文化生活中个体间差异的基础上，激发个体创新创造活力，以此为实现公共文化均衡发展提供源源不断的动力，又以执政党坚强领导确保公共政策与公共资金对整体均衡的持续保障，并为公共文化生活构建符合社会主义意识形态的制度环境，持续提升个体共建共治共享"公共文化"的质量。

第五章　中国特色公共文化治理体系现代化的制度建构

中国特色公共文化治理体系现代化是针对我国行政驱动公共文化治理结构性问题所提出来的一个理论命题。中国特色公共文化治理体系现代化理论是在中国式现代化总体改革框架下对当前公共文化治理内卷化困境的理论超越,既借鉴了合作主义治理理论的核心原则,又将"以人民为中心"价值取向全面嵌入中国特色公共文化治理体系现代化的制度安排。本章主要讨论的问题是,如何通过中国特色公共文化治理体系现代化的制度构建,将理论主张应用于中国公共文化建设与发展进程,发挥制度体系的支撑与固定功能,优化文化服务和文化产品供给机制,推动中国公共文化建设高质量发展。

第一节　中国特色公共文化治理体系现代化的制度基础

当前中国公共文化治理体系的激励异化问题,说明公共文化治理的核心动力机制与社会需求之间的关系被倒置,不仅反映了行政驱动公共文化治理在内部控制和管理上的缺陷,也折射出代表最广大人民根本利益的执政党与政府、社会、市场等关系上的失调。调整政党与政府、政党与社会、政党与市场的关系是中国特色公共文化治理体系现代化的基础工程。

一、政党与政府关系

执政党是实现一个国家和社会基本发展目标的核心领导力量。在新时代,执政党通过对国家治理体系的主动构建,整合和凝聚各方力量,共同推动中国式现代化进程。构建治理体系,关键的基石是在国家建设与发展的大框架内,定位和规范各权力主体之间的关系,其中,政党与政府关系问题处于中心位置,关系到整个国家治理的稳定与整合,进步与发展。政党的核心功能是对政治合法性(legitimacy)的维护,表现为日常社会意志的表达和整合、国家意志和政策的形成等,与"政策或国家意志的表达相关"。政府的核心功能则不同,其"与政策的执行相关",主要涉及管理技术,关注的是执行的效率和效果。在西方社会,效率并不是政党的根本考量,但在中国政治体制下,合法性和政策执行效率都是执政党系统纳入考虑的因素,执政党的责任之一就是为政府效率提升创设激励环境,而政府高效执行也会强化执政党的政治合法性。

不过,观察发现,公共文化治理的激励异化诱发某些地方党组织的工作越来越趋于行政化,例如,有的地方党委领导人直接干预文化场馆建设,直接将具体的建设指令下达给政府各相关业务部门;有的地方党委宣传部门热衷于直接操办大型文化活动项目,绕开政府直接将具体要求下达给地方国企来执行,等等。从直接效果来看,党委代替政府直接运用行政机制推动工作的力度是十分强大的,因为掌握核心人事权的党委部门往往比政府部门说话更有分量。某位资深文化工作者曾感叹,"在文化建设领域,领导就是生产力",她指的"领导"更多指的就是这个地区的党委主要领导。从积极的方面讲,当这个地方的党委主要领导人重视文化,就可以十分快速地改变文化建设面貌,道理很简单,如果有哪个下级单位(不论是党委部门、政府部门或是地方直接管理的国有企业)不支持不配合,那么这个单位的负责人将很快被调整,失去现在的工作岗位。但是,如果党的领导体现在直接代替政府,党的部门直接成为行政主体,那么,党组织成为执行者、行政当事人,实际上党的政治地位就会发生改变。在依法行政要求下,行政当事人不可避免地会遇到矛盾纠纷,如果党组织在行政的第一线,是否也要成为行政诉讼的被告方,这是一个很难处理的问题。如果党组织也承担行政法律责任,那么势必与其所同样承担的政治责任产生冲突,政党权威将被削弱。如果党组织单纯行使行政权力而不承担可能由此带来的法律责任,则权责的分离也不会让党政关系顺畅运转。政治过程与行政过程的错位,还导致政府行政过程被政治化,加剧激励异化情况,行政官员被政治化并总是诱发"对上负责"的行为定式,缺乏在日常行政行为中与社会成员之间互动的意愿与能力。缺乏与社会民众的经常性互动,也就无法及时了解和把握社会意志与普遍需求,政治整合的过程也难以有效完成,还会导致脱离实际的形式主义问题,引发民众诟病。

党的十八大以来,执政党主动承担起推进国家治理体系和治理能力现代化的重任,政党与政府关系得到重塑。执政党主动担负起政治责任,将"以人民为中心"的价值取向透过党组织对政府的领导传递进各级政府体系,打破既得利益固化的藩篱,强势推动各级政府官员"四下基层",广泛接触与服务民众,同时为政府体系的专业化和法治化建设提供支撑与保障,推进政府转变路径依赖,建立完善"以人为本"的行政管理结构、职能和行为模式,将各级政府从盲目服从于上级,转变为高效服务于公众。就政府方面来说,一方面,主动与社会公众进行接触与互动,及时将民意吸纳进行政过程,转化为公共政策;另一方面,不断疏通造成社会公众难以实质性参与治理的"中梗阻"问题,依托党组织权威及其资源整合功能保障公众参与渠道。比如,加大为民众服务的实际业绩在政府官员提拔晋升中的权重,既看显绩,又看民众满意度等潜绩;又如,在为基层干部减负的同时,积极创设必要条件,协调充分资源,激发他们将时间和精力用于为民干事创业;还如,逐步转变打破路径依赖的单一方式,引导公众通过有序参与主动监督政府行为,将民众监督与党组织推动相结合,合力将政府行为导入为公众提供优质公共服务的轨道,等等。

需要强调的是,执政党的领导不是对具体微观行政行为的替代,而是要依托其政治功能的发挥增强其基础性权力,夯实政党权威的社会基础。夯实政党权威的社会基础,也不意味着要削弱政府本身的权能,相反,要依托政党权威的社会基础推动政府权威(合法性)的提高,拓宽社会的各种利益和意见的表达、整合机制,为政府的运转提供有利的社会环境。持续有效的政府权威来自社会公众的信任和支持,这就离不开政府政治功能的发挥,为政府有效行政提供源源不断的社会性支撑。当前政府体系所面临的严峻挑战是,在社会利益结构和关系日趋复杂的背景下,各种意见如果缺乏有效的协商和整合,难以形成具有权威性的国家意志和公共政策。这就需要依靠我国执政党独特的制度优势完善政府体系的政治功能,建立全过程人民民主的整合协商机制,使其能够适应不同社会成员表达、协调和整合利益的需要,为各级政府尤其是基层政府执行和落实公共政策创造更加有利的政治环境,也使政府权威得到更多的认同和支持,不断增强行政效益。

二、政党与社会关系

如果说政党和政府的关系主要属于国家政治体系内部关系的话,那么,政党与社会的关系则属于国家政治体系的外部关系。随着基层自治制度的推行,以行政权力为代表的基层政权从乡村社会和城市社区退场,基层社会的权力结构也随之改变。从理论上说,政府主导的行政化治理再也无法直接依靠行政力量对基层社会实现绝对控制,但就实际来说,政府以行政吸纳社会、行政遮蔽政治等方式延续着行政逻辑主导基层逻辑,催生了"行政有效,治理无效"的社会治理困境。[①]在激励异化驱动下的公共文化治理过程中,不少文化事业单位工作僵化,单纯依赖政府的财政拨款完成行政主管部门布置的演出或活动任务,所提供的公共文化产品和服务也很少考虑社会需要,政府给多少钱,就办多少事。因而,政府与社会之间的信任关系并没有因"公共文化服务"这项工作的开展得以有效建立起来,反而由于缺乏良好的社会基础,以及过多的"自娱自乐"式的服务,政府与社会的关系显得更加疏离和互不信任,不少民众认为"政府花了很多不该花的钱,都是搞形式,做表面文章"。实际上,由于我国党政同构的关系,这种行政化色彩浓厚的公共文化治理运行特征也深刻影响着政党与社会的关系。

迈克尔·曼对于国家权力的区分可能对理解当前公共文化治理问题有所帮助。他将国家权力区分为两个层面:第一个层面是国家的专制性权力,常用于镇压或强制性的社会动员。专制性权力可以不必与市民社

---

① 林闽钢:《超越"行政有效,治理无效"的困境——兼论创新社会治理体系的突破点》,《中共浙江省委党校学报》2014年第5期。

会各集团进行例行化、制度化讨价还价而自行行动。第二个层面是国家的基础性权力,依托官僚系统以常规方式运作。基础性权力指国家事实上渗透市民社会,在其统治的领域内有效贯彻其政治决策的能力。[1]根据这一区分,有学者指出,传统帝国即使很强大,但也"无力深入渗透、改变并动员社会秩序"[2]。可以说,当前公共文化治理的困境和问题正在于此,表面上文化服务很热闹,但往往封闭于政府体系内部的自转,很少真正地渗透并动员社会公众广泛参与,更别提影响或改造公众的思想观念了。这是因为,政府并没有将自身嵌入基层社会之中,他们与基层社会之间缺少互动而变得越来越陌生。基层社会和公众的需求难以直接传递到政府内部,也难以直接约束和规范政府运行。因为来自社会的约束力不充分,政府工作人员可以不用考虑民众的感受而安于现状、不思进取,习惯用老办法生产已经严重脱离实际需求的公共文化服务与产品。有时他们自己也知道问题所在,却毫无主动改变现状的动力,锁定于政府公共文化治理的路径依赖。

近年来,执政党意识到这些问题对政府合法性所带来的危害,着手以党建引领社会治理的体制创新,从厘清政党与社会的关系入手,通过党组织对同级政府的领导推动各级政府在社会权力结构中找到其正确定位。从群众中来的执政党本身的社会基因注定其不能无视社会的反应,单纯以专断性权力落实国家意志,因为政党权威的塑造与维护源于社会的散布性支持。[3]这就需要政党与社会保持良好互动的过程,而不是一个封闭的过程。在中国政治体制框架下,政党与社会的关系是执政党融入社会并推动社会团结[4],实现"政党参与社会,从而形成社会基础;政党服务社会,从而赢得社会的认同,政党培育社会,从而与社会成为一体"[5],这与西

---

[1] Michael Mann, *States, War, and Capitalism*, Oxford: Blackwell, 1988: 5-9.
[2] John A. Hall, "State and Societies: the Miracle in Comparative Perspective," in Jean Baechler, et al., ed., *Europe and the Rise of Capitalism*, Oxford: Basil Blackwell, 1988: 21.
[3] 彭勃、杜力:《"超行政治理":党建引领的基层治理逻辑与工作路径》,《理论与改革》2022年第1期。
[4] 黄晓春:《党建引领下的当代中国社会治理创新》,《中国社会科学》2021年第6期。
[5] 林尚立:《中国共产党与国家建设》,天津人民出版社2009年版,第208页。

方学者看到的西方政党因"寡头铁律"而与社会断裂的一面有明显的不同,也与曾经一段时期有学者寄望通过西式民主和自治倒逼政府转型的思路有质的差异。这至少包含了三个层面的要求:

其一,以党组织向社会的嵌入构建基础性权力的运作基础。执政党通过组织嵌入在城市社区和乡村社会的党支部网络,实现政党组织体系向基层社会的延伸,从而保持政党与社会的密切联系。同时,执政党通过复合型权力结构将党组织嵌入政府的行政权力结构中,保持执政党对政府的有效领导。在这种"双向嵌入"的组织形态下,执政党成为枢纽型组织,既整合并表达基层社会利益,也协调并动员国家资源。[1]由此,执政党既能强化根植于基层社会的嵌入性(embeddedness),又能增强回应基层社会需求的能力。具体而言,一方面,执政党采取动员、说服、做思想工作等柔性方式,更多与各种社会组织、社会群体和社会成员进行协商,以基础性权力将社会组织起来与政府进行协商对话,实现国家意志的渗透与有效的社会整合。另一方面,执政党以"超行政治理"的制度与组织建设[2],推动和保障政府必须明确其对基层社会的责任性,使基层社会的需求通过有效的途径得以表达和整合,也促使整合的社会需求成为政府工作的目标。

其二,以政党动员助推社会成长,促进政社合作共治。执政党以价值和情感作为动员的媒介,透过党员教育活动持续激发党员践行初心使命、积极履职担责的政治情感,并透过推动党员联系服务社会的制度安排,以及不同层级、不同类型党组织之间的党建联建机制,巩固并不断拉近政党与社会之间的联结。执政党以动员而非命令、以团结而非强制的方式,不仅构建了扁平化的组织网络,而且有利于使党员和群众对组织的情感认同不断上升为政党认同,塑造并维护执政党的权威和合法性。[3]面对流动

---

[1] 杜力:《在国家与社会之间:政党嵌入与国家—社会关系理论的反思与重构》,《中共福建省委党校(福建行政学院)学报》2021年第2期。

[2] 彭勃、杜力:《"超行政治理":党建引领的基层治理逻辑与工作路径》,《理论与改革》2022年第1期。

[3] 汪卫华:《群众动员与动员式治理——理解中国国家治理风格的新视角》,《上海交通大学学报(社会科学版)》2014年第5期。

性和复杂性日益加剧的社会,执政党以其建党初心和以人民为中心的理念及全心全意为人民服务的根本宗旨的坚持,在错综复杂的社会利益结构中超越基层社会的既得利益者,而不是为特定利益集团所左右,并以政党对同级政府的领导保证政府公正性,规范政府决策过程,使政府既嵌入基层社会网络结构之中,又超越具体的利益冲突之外,推动政社合作共治进入良性轨道。

其三,以话语转换提升治理效能,将治理重心置于解决社会现实问题,增强社会公众对政党的散布性支持。执政党通过话语转换的方式,将基层治理活动转换为经常性的服务活动,将群众由治理的对象转变为服务的对象,降低基层治理活动的强制性,提升民众的参与感和获得感。[①]以公共文化服务为例,各级党组织转变服务路径,以问题为导向,更多从公共文化衰弱、城乡公共文化服务不均衡等社会现实问题出发,发挥其网络优势开展深入调研,找准问题现状及成因机制,避免机械执行上级文件而陷入本本主义问题。他们针对现实问题,找准破题关键点,透过发挥其资源整合的功能,改善公共文化治理环境及公共文化服务的质量,将促进社会治理绩效与提升公共文化服务效能相结合,因地制宜地推动国家公共政策的有效执行,从而在解决社会问题、回应社会需求的过程中,获得社会公众对执政党的政治认同和情感认同,进而为执政党提供源源不断的散布性支持,巩固政党权威的社会基础。

三、政党与市场关系

从合法性建构来看,政党和社会良性关系的建构是执政党政治合法性和治理权威性的重要来源,因此,执政党与民众之间是"动员—支持"的关系,而非"命令—服从"的关系。政治合法性是治理的核心问题。在中国政治制度环境下,执政党统领社会与经济发展,政治合法性与经济绩效都是执政党考虑的重要因素。在以经济建设为中心的执政党的基本路线指引下,经济绩效的优劣对执政党政治合法性至关重要,执政党应为社会

[①] 彭勃、杜力:《"超行政治理":党建引领的基层治理逻辑与工作路径》,《理论与改革》2022年第1期。

主义市场经济健康发展创设良好的激励环境,以稳健的经济增长提升社会公众福祉,以可持续的经济增长增强执政党的政治合法性。

改革开放以来,在社会主义市场经济体制逐步成熟的背景下,文化本身所具有的经济属性和产业属性也被重新挖掘,随着文化体制改革的深入,文化生产力得到空前解放。生产力的极大发展证明了开放市场的高效性。生产力的提高来自技术进步和创新,技术进步和创新来自劳动分工,劳动分工受市场规模的限制,市场是推动生产力的发展的重要动因。在现阶段,我国仍然处于社会主义初级阶段,首要的是要不断把经济"蛋糕"做大做好。只有以坚实的经济基础作为支撑,才能推动人们追求更高品质的精神文化生活,所谓"仓廪实而知礼节,衣食足而知荣辱"。贫穷不是社会主义,贫穷也不可能孕育出现代意义上的公民社会。不过,在发展经济的过程中,曾经唯经济增长的发展模式也带来了主体道德失范、分配不公、收入差距增大、假冒伪劣显现、地方保护主义、权力腐败等问题。要解决这些问题,就要坚持工具理性与价值理性相统一的原则,以执政党"以人民为中心"的价值选择构建高水平社会主义市场经济体制机制,促进政党与市场关系的健康发展。

其一,执政党引领推动市场发育成长,有助于实现公共价值和市场价值的内在协调。执政党强调"以人民为中心"的价值取向,将人民处于最核心的位置。政府公职人员和企业主体行为动力的来源都来自民众需求(民意),具体而言,政府行政行为以公众满意为目标取向,市场主体行为以满足民众需求为宗旨,政府与市场主体在人民性上统一起来。[1]在公共文化建设领域,随着我国市场经济不断发展,近年来,市场主体发挥着越来越关键的作用。其作用发挥主要体现在两个方面:一是市场主体直接在生产和供应公共文化产品;二是相关企业通过捐赠、资助等形式间接参与到公共文化的内容生产中。不过,在市场主体不断进入公共文化建设领域的同时,有一段时间政府却在片面的发展观作用下做了"甩手掌柜",

---

[1] 王滢涛:《中国特色乡村治理体系现代化研究》,上海社会科学院出版社2021年版,第142页。

以至于造成文化建设领域的诸多乱象。例如,部分电视媒体、传媒企业过度追求收视率、上座率、发行量、眼球经济等,导致文化产品的生产供应在一定程度上流于模仿化、平庸化、粗鄙化和低劣化,只满足表面上的"政治导向不犯错",不愿为实际的"伦理导向不走偏"负责任,更不愿从深层次上思考文化背后核心价值观的社会传递问题,使公共文化内在的社会属性与经济属性产生了严重的冲突。又如,为数众多的选秀类综艺节目,为图快速赢利,基本上就是通过购买海外版权来原版复制,营造平民草根"一夜暴富""一夜成名"等幻象,收视率畸高的婚恋类娱乐节目则多以言行出位博眼球,等等。① 这些同质化竞争、低水平复制的文化内容,影响了一大批正处于价值观念养成关键时期的青少年群体,使他们逐步失去良莠鉴别力,丧失美丑鉴别力与靠自食其力获得成功的动力。针对这些问题,执政党以使命为引领,通过其对各级公共文化建设议事决策机构的领导,推动政府以社会主义核心价值观为价值标准完善公共文化产品内容监管,使其符合社会主义意识形态的根本导向,实现文化建设为人全面发展服务的目标。市场经济从来就不是一种纯粹的经济学意义上的配置资源的含义,而是致力于塑造一种良善社会交往的生活意识。市场经济的价值不仅意味着人们在市场交换机制下实现自身利益最大化的诉求能够被鼓舞与激发,更意味着这种对利益最大化的追求的行为不得损害他人的利益,而是应当相反,要将让其他人得益作为追求自身利益最大化的前提。在社会主义市场经济下,政府的价值则是要努力促使这种对"利益"的追求回归到原初的市场规则,为诚信经营与公平交易创设良好的营商环境。执政党以其天然的价值使命规范政府行为,使其不偏离社会主义核心价值观的核心取向,以此推动市场发育成长,实现政府公共价值和市场价值的内在协调。政府公共价值与市场价值的协调活动,还有助于形成一种具有公共性意蕴的社会机制,即每个人注重现实生活,努力创造价值、诚信经营、勤劳致富,摒弃各种不切实际的"乌托邦"生活。兼具经济

---

① 徐清泉:《对改进和完善我国公共文化产品评价的探讨》,载上海社会科学院文学研究所公共文化研究室主编《公共文化——城市实践与文化服务》,上海人民出版社2021年版,第56—81页。

属性和社会属性的公共文化服务和产品，不仅需要满足人们感官层面的需求，更要引导人们追求一种更好的生活价值，一种更高精神境界的公共生活。这几年来，我们看到，在执政党"以人民为中心"价值取向的引导下，政府加大了对电视剧等公共文化产品的规范力度，出现了一批原创性的既叫好又叫座的文化产品。如2019年上映的电视剧《精英律师》，讲述了一群法律从业者为职业理想奋斗的故事。剧中的精英律师们衣着光鲜，收入颇丰，生活体面，他们优渥的物质生活和事业成就依靠的是专业学识和勤奋努力取得的，其背后是积极正确的价值观念。该剧还塑造了不少奋进中的年轻群体可以学习参考的榜样形象。如果我们的社会中能多一些像"罗槟""戴曦"这样的富有正能量和正义感的青年人，那么这个社会就会充满一种不断向上向善的正气、锐气与朝气，社会生产力也会在这样的文化氛围中得到激发。不论是电视剧塑造的坚守正义与获得财富两者双向奔赴的故事，还是这部电视剧本身所获得的市场认可度，都从具体案例中折射出政府公共价值和市场价值内在协调的可能性，并从文化产品视角引申出社会主义市场经济所蕴含的独特价值。市场本身是天生的平等派，平等交换是市场机制的基本原则。从某种程度上来说，现实中市场运行所出现的偏差，主要是置身其中的个体的价值与行为的偏离，而异化的激励机制与激励环境是诱发个体价值与行为偏离的根源。这些年来，执政党不断加强在社会主义意识形态领域的领导权，绝不是要旧路重走，而是要以此首先打破固化路径依赖，重塑激励机制与激励环境，及时纠正个体价值与行为的严重偏离现象，然后，透过营造公平正义的制度环境来引导市场主体超越"资本逻辑"狭隘的利己主义，让市场机制正本清源，成为一所训练公民形成自由、平等、民主、创新等现代观念的学校。

其二，执政党主导构建支持全面创新体制机制，建立公平正义的统一大市场，有助于实现政府和市场目标指向的内在协调。市场的核心价值是由劳动分工带来的技术进步与创新，这是做大做好经济"蛋糕"的前提条件。因为只有技术的进步与创新，才能提高劳动生产率，整个社会的总体财富才能得到提升，社会中的每个人的平均福利才能增多。不过，如果没有公平发展的环境，处处都给投机取巧者大开方便之门，则不太可能推动技术的进步与创新,人性中天然的惰性机制会让人们自觉或不自觉地选择某种投机取巧的方式去攫取财富,而不太会去走需要艰辛付出还不一定会有收获的技术创新路线。简言之,如果没有做大"蛋糕"取决于生产效率提升这样的信念,人们就会想方设法地争夺既得利益及依靠某种特殊的垄断地位来攫取财富,"这样的病态心理现今仍在影响着许多发展中国家"[1]。在这种非公平发展的环境中,社会财富积累普遍缓慢,即使如此,人们都想在几乎恒定不变的财富中分一杯羹,于是乎就会导致人与人之间不是习惯友善地相互协作,而是互相钩心斗角、中伤诋毁,这种"损人才能利己"的观念必然会带来有效分工与协作无法达成,造成生产率严重下降。近年来,执政党提出共同富裕的主张,并强调新质生产力发展在推动共同富裕目标达成过程中的重要作用,其核心理念就是强调生产效率与社会总财富之间的互为因果的辩证关系。共同富裕不是均贫富,贫穷不是社会主义,共同富裕是一种民众共享社会福祉的愿景目标。这种共享,必然不是损人利己、钩心斗角的占有和攫取,而是一种互相分工协作、和谐共生发展的状态。共同富裕愿景下的市场机制,是引导人们利用市场勤劳致富、创新致富、守法致富,利用市场力量,使得辛勤劳动、合法经营、敢于创业的致富带头人能够涌现。然而,长期以来,在压力型体制、锦标赛机制等制度环境的驱使下,地方政府保护主义和市场割裂情况盛行,市场机制扭曲变形。地方政府虽然作为当地营商环境建构的责任主体,但是其在激励异化下行为偏离预设目标,不仅自身以企业发展型政府的角色直接参与市场经营,既当运动员也当裁判员,还与其他地方政府之间"互挖墙脚""损人利己",以谋求地方 GDP、财政收入与地方税收的增长,从而获得政绩。这些做法损坏了发展环境,在一定程度上导致市场主体行为变形,使企业无法专注于技术创新与市场竞争。

  政府的核心价值应是建立公平正义的市场制度环境,这是全面创新体制机制的核心制度,也是市场主体能够心无旁骛地谋求技术进步与创

---

[1] 马里亚诺·格龙多纳:《经济发展的文化分类》,载[美]塞缪尔·亨廷顿、劳伦斯·哈里森主编《文化的重要作用——价值观如何影响人类进步》,程克雄译,新华出版社 2010 年版,第 67 页。

新的重要基础。从政府视角看,应公平对待每一个市场主体,不论企业的性质、规模、地域、生产内容,只要是合法登记和经营的企业,都应平等地予以对待。政府的改革议程和公共政策应一视同仁、平等对待所有市场主体。当前,有一种不好的倾向,就是很多地方政府会根据一些人为设定的产业政策有差别地扶持不同类型和规模的企业,直接以申报项目等方式给予资金补贴或者税收优惠等,这并不符合"公平"的价值原则。道理很简单,总的项目资金是给定的,就那么多,给了这家企业,其他企业就没有了,这就会使企业不是把精力放在革新和生产上,而是想方设法地去拉关系、搞项目。从企业视角看,市场主体间的公平竞争需要政府营造激励环境。没有竞争、没有企业的优胜劣汰,就不可能倒逼出劳动生产率提高,企业就没有动力去追求技术的进步与真正意义上的创新。按照市场的逻辑,企业以追求利润为核心,没有利润,企业无法生存,就会迅速被淘汰。但是,这种竞争应当是公平市场环境中的有序竞争,促使企业以优质服务与产品从客户、消费主体这里获取利润。要为企业竞争创设这样的激励环境,即企业只有将其产品和服务变得更有竞争力,才能在客户、消费主体的自主选择中胜出,除此以外,别无他法。否则,企业不可避免地会去走捷径。例如,观察发现,有高新技术企业专门安排部门和人员来研究如何获取政府大额政策性补贴资金,这些人员的工作与这家企业的业务几乎没有什么关系,其任务就是盯牢政府产业政策,对照产业政策要求去整理材料,以获得政府补贴,仅此而已。

  2022年3月,中央提出要加快建设全国统一的大市场,其中重要的目标就是要"集聚资源、推动增长、激励创新、优化分工、促进竞争",此举是执政党主导营建公平发展环境、推动生产力进一步发展的关键一招。全国统一大市场的建立,有助于将市场竞争置于公平基础之上,透过国家专项审计等方式倒逼推动地方政府走出税源恶性竞争的路径依赖,专注于为实体经济公平发展营造良好的营商环境,用一流营商环境来吸引优质企业、培育优质企业。如建立统一的市场准入制度,保证各类企业参与市场活动门槛的公平性;又如健全社会信用制度,将失信惩戒和惩治腐败相结合,维护各类企业参与市场竞争的正义性。对市场主体而言,只有长期在这种正向营商环境的浸润下,才能逐渐形成公平竞争的观念,将企业的行为真正指向谋取服务和产品的市场竞争力,将主要精力用于优化内部管理,以优质服务与产品主动回应市场需求,透过满足客户、消费主体的需要来获取利润,以此来实现自身的发展与企业家个人财富的合理积累。在公平发展的环境中,政府与市场主体两者的内在创新动能都能得以激发,在共同推动新质生产力发展的过程中实现政府和市场目标指向的内在协调。公共文化建设领域的公平发展环境同样十分重要,政府要在保证公众基本公共文化服务权益得以实现的基础上,以文化内容供需矛盾为破题方向,主动与市场主体寻求合作,为各类市场主体公平参与创造良好条件。需要强调的是,搭建公平竞争的开放平台,鼓励各类市场主体与事业文化机构基于一致的公共规则开展合理竞争,此举不仅能丰富与拓展公共文化服务与内容以惠及广大公众,而且可能成为破解事业单位改革困境的治本之举。

其三,执政党主动搭建议事协商平台,有助于破解信息不对称问题,形成政府和市场主体间"亲""清"的政商关系。曾经扭曲的市场环境下畸形发展的政商关系,不仅严重破坏了政治生态,阻碍市场主体的健康发育,更损害了企业对市场的信心、对规则的敬畏感。政商勾结使得利益固化,形成既得利益团体,在一定程度上扭曲了市场机制,弱化了市场在分配资源方面的自发调节功能。在当前全面从严治党的新常态下,不少官员又由于害怕与企业主交往,存有不做不错的"不出事"逻辑,采取躲商、冷商的方式,这又造成政商关系出现"背对背"的新问题。企业的合理诉求得不到及时的回应,企业对相关政策信息的知情权得不到有力保障,长此以往势必会阻碍地方经济的可持续发展。近年来,执政党以统筹推进政治合法性与经济绩效性的政治担当,透过党组织的网络整合机制,重新塑造政府与市场之间的相互信赖关系,将政商互动从"酒桌"等小圈子里拉出来,走向各类公开透明的政商互动平台,将市场主体力量吸纳进治理过程。例如,上海浦东陆家嘴街道党工委以"商圈党建"为着力点,推动不同类型企业为提升商圈的文化气息、消费氛围而相互合作,在商圈公共空间中开展各类文化展览、互动体验项目,支持商户依托商圈党建开展广场派对、主题沙龙、咖啡文化体验等特色活动,不断增强商圈的文化吸引力。陆家嘴街道党工委依托这一商圈营造活动,构建企业间相互依赖的新增长点,塑造了党建组织与市场主体的新型依赖关系。[①] 又如上海市奉贤区团委依托党建带团建机制为市场主体开设"青年下午茶"活动场景,设置青年企业家关注的议题,鼓励市场主体与相关政府部门进行面对面的交流,在融洽的氛围中相互沟通信息。执政党主导构建的跨组织协同机制能够在一定程度上缓解企业与政府之间的信息壁垒问题,不仅能促进相关公共政策公开透明地让市场主体知晓和理解,而且增强了市场主体与政府之间的相互信赖关系,进一步密切了干群关系,在一定程度上弥合了旧习陋规被打破但新规则尚未及时建立所带来的制度真空问题。企业实际感受度增加了,自然会增强对营造这些公共文化场景的党群组织的认同。未来,党群组织要在率先垂范的基础上,推动政府持续优化政企互动制度,创设正向激励的制度环境,引导政府官员形成通过普惠性的公共政策来解决社会普遍需求的思维,形成与市场主体平等讨论、研究、商议公共政策的习惯,实现"亲""清"的政商关系,以政商关系的实质性改善激发我国超大市场创新创造的巨大能量。

第二节　中国特色公共文化治理体系现代化的实现机制

根据前述对政党与政府、政党与社会、政党与市场关系等"制度基础"的一般性分析,笔者将其运用到公共文化治理领域,进一步提出中国特色公共文化治理体系现代化制度运转过程中的三种可能的实现机制。首先是价值驱动机制,表现为强调"以人民为中心"的价值理念对多元治理主体行为进行引导,以明确而一贯的价值体系指导公共文化治理过程;其次是场景驱动机制,主要是将民众在公共文化生活场景中的真实需求作为公共文化治理的出发点,引导多方主体在丰富多样的场景中寻求共识与实现协作;最后为社群驱动机制,主要是将各类由利益、职业、事件和兴趣

---

① 黄晓春:《党建引领下的当代中国社会治理创新》,《中国社会科学》2021年第6期。

等形成交往关系的社群作为公共文化治理的重要主体,将其更充分地吸纳进公共文化治理过程,推动深层合作与资源互补,以激发社群活力,增强公共文化整体治理效能。

一、价值驱动机制

我国的国家制度和社会性质决定了中国公共文化治理不能照搬西方的治理理论,而应探索适应我国发展需求的理论构建和治理实践。① 为确保公共文化建设向民众有效传播社会主义核心价值观,要坚持执政党在价值引领中的主导地位。公共文化建设要"深刻意识到国家概念所给定的内在制度要求,那就是根本意义上的社会主义价值观",倡导"意识形态前置的处置方案"②。在马克思主义看来,"一个阶级是社会上占统治地位的物质力量,同时也是社会上占统治地位的精神力量"③。文化的阶级性、相对独立性和建构性,决定了文化必然是国家将其意识形态和核心价值体系渗透于民众日常生产生活的重要载体,发挥着社会思想黏合剂的作用。一种先进意识形态要与合适的建构方式相结合才能让公众普遍接受与认同,传统自上而下的训导与说教的方式已证明效果并不佳,甚至还起到反作用。曾经一度通过行政机制强制要求基层使用打卡、积分、排名等学习手段来灌输意识形态的做法还引发了增加基层负担等负面反响。这些都不利于社会主义核心价值观传播的有效性。中国特色公共文化治理体系现代化是对通过公共文化治理渗透社会主义意识形态新方式的探索,强调以价值驱动机制激发社会主义公共文化价值的塑造功能,将"以人民为中心"的公共文化治理的价值选择转化为现实的公共文化建设实践,转化为我国的制度文明。价值驱动是美国管理学家托马斯·彼得斯和罗伯特·沃特曼在《追求卓越:美国优秀企业的管理圣经》中提出的一种使企业经营管理达成卓越境界的方法。他们认为,优秀企业都具有的基本属性是以明确而一贯的价值体系指导经营管理活动。其中,价值驱

---

① 孟耕合:《新时代公共文化治理的三重维度》,《湖北社会科学》2020年第10期。
② 王列生:《论构建公共文化服务体系的意识形态前置》,《文艺理论与批评》2007年第1期。
③ 《马克思恩格斯选集》第1卷,人民出版社1995年版,第98页。

动的一项重要原则是以"知行合一"来指导行动。人们对于一个企业的评价并不是只看其说了什么,更重要的是看其做了什么,"它们喜欢立即着手解决问题,以行动为导向。知而不行,知是无意义的,行而不知,行是盲目的"。只有通过企业及其人员的群体化践履,在理解中做,在做中理解,不断增强践履价值观的能力,做到知行合一,方能达到价值驱动的目的。中国特色公共文化治理体系现代化就是一种有效传播社会主义意识形态的方式,将"以人民为中心"的价值理念对象化为生活实践、转化为文明实践,即成为我国制度文明的一部分。现实中,由于价值理念高于现实,价值理念与制度文明之间会存在某种张力,但不能因此就否定价值理念的引导作用。现实的公共文化治理需要由超越性的东西引导,才能确保公共、公平、公正在治理过程中的贯彻执行。例如,蕴含社会主义公平、均衡、共享等发展价值的《国家基本公共文化服务指导标准》发布以来,引导着各级政府的工作理念,在一定程度上扭转了过去各地对公共文化建设"说起来重要、干起来次要、忙起来不要"的趋势,推动了各级各地党委政府结合各自实际情况,积极作为,使一批公共文化惠民政策得以制定与落实。考察发现,一些地方政府将公共文化建设作为其落实"以人民为中心"价值理念的重要实践场域,在认清自身主导责任的前提下明确具体职责,将工作重心放在了对这项制度的推行上,致力于解决公共文化服务中行政目标与政府行动相偏离的现象。

中国特色公共文化治理的价值驱动机制有别于传统"自上而下"的意识形态灌输机制,它首先推动具有先进性的党员(特别是党员领导干部)以身示范、带头践履,以为人民谋幸福、为中华民族谋复兴的初心使命,在建设社会主义文化强国的精神感召下激发自身的事业心与使命感,用亲力亲为的服务来取信于民,进而建立与公众的情感联系、精神链接,逐步影响群众的思想观念,塑造一种人人为我、我为人人的社会风气。在此基础上,再推动各级政府将"以人民为中心"的价值理念"知行合一"地转化为公共文化政策予以推进落实,将各方主体纳入共治过程,引导各级政府、市场主体和社会主体在党组织牵引下合力开展公共文化治理,在提升公共文化治理业绩的过程中,进一步释放出其蕴含的社会主义意识形态的亲和力与感染力。例如,上海市在启动解决家庭困难青少年卧室条件差这个普遍性问题之前,就首先运用了价值驱动机制,推动各级党团组织率先开展调查研究和先行先试,先对若干家困境青少年家庭居室进行更新改造。在项目开展前,的确有干部持有不同的看法,对这种直接介入青少年家庭,帮他们直接改造居室的做法表示不太理解,因为改造工程都很小,而且地点分散,需求各异,安全责任又很大。不过,当党团组织干部直接深入这些困境青少年家中,和他们聊起家常,听他们的爷爷奶奶讲起家庭的不幸,又从他们对孩子的期待中看到他们努力生活下去的意义时,他们的价值使命感油然而生。这个项目不仅是居室改造那么简单,其背后引申出的,是执政党民生帮扶工作的逻辑。在相关普惠性法律制度尚未健全的情况下,对于特殊群体的共性需求,需要由党群部门运用价值驱动机制进行及时的关心与帮扶。西方国家有宗教组织做这些事情,在我国就需要党群组织担负此责。价值驱动机制通过党组织体系能够强势推动这类社会问题快速启动,而不是久拖不决。虽然有时在工作方式方法上还有完善的空间,但这些问题都可以在实践运转的过程中,通过逐步积累工作经验的办法来进行优化。一旦条件成熟,就可纳入政府行政过程,制定普惠性公共政策。这种做法不仅能持续将这项工作开展下去,而且能确保公共政策价值取向的一致性,不断增强执政党的执政合法性。上海市在经过一段时间的试点工作后,将困难青少年卧室更新改造工作纳入了政府实事工程,予以长期推进。更为重要的是,党群组织干部在定向帮扶这些特困青少年的过程中,既办了好事,又和这些家庭建立了情感上的联系。这些朴素但真挚的情感联系是这些青少年认同社会、认同制度的重要前提,会通过价值传递影响他们的人生观和价值观。

二、场景驱动机制

随着公众物质生活的相对富裕,公众的文化需求越来越体现为对超越物质经济利益的精神价值的追求,注重精神性文化资源分配的公平与公正,并逐渐呈现出个性化的需求特征。在这种情况下,为使公共文化服务体系更好地服务民众,公共文化治理思路应实现如下转变:要从对自身政治行为的关注转向对民众真实文化需求的感知,从单纯对文化产品与服务供给的关注转向对民众精神文化的形塑，从对少部分特定群体的关注转向对整个社会群体的关怀，从单纯对民众文化权利的维护转向对社会主义公共文化生活的建构。然而，在激励异化下，政府部门垄断建设话语权、漠视民众主体性和能动性，民众参与的渠道和方式受限，公共文化治理陷入路径依赖，导致当前的公共文化服务和产品存在单一化、复制化、平庸化、与民众需求不相符等供给问题。有学者认为，公共文化治理应完善公共文化服务供给前的民众需求信息采集、分析与分类分级确定的机制，以此改善公共文化服务供给质量。[1]不过，笔者观察发现，单纯从需求出发，凭借需求驱动机制在创新公共文化治理过程中遇到现实挑战，其对实践的指导性不够强。民众的公共文化需求往往会是一个较为模糊的想法，而非一种特定的复杂性情境，在实际操作中很难量化，往往无法摸清，不太好把握。一般情况下，政府开展民众需求信息采集的方式有问卷调查和群众访谈两种。如采用问卷调查方式，则往往会在问卷设计时"先入为主"，政府主观设计的问题本身就在一定程度上影响客观需求的获取；如采用群众访谈方式，则这些来自特定主体的需求往往局限于单点或者单维度，极易忽略"沉默的大多数人"。近年来，针对数字经济时代和新发展阶段对传统创新范式提出的新挑战与新需求，场景驱动的创新(Context-Driven Innovation)是这一时代背景下涌现出的全新创新范式。场景驱动机制超越了传统需求驱动机制理论与范式的局限，其以场景为载体，以使命或战略为引领，驱动技术、市场等创新要素有机协同整合与多元化应用，不仅强调当下的问题，而且面向未来的场景应用，适应多元主体在场景中的复杂综合性问题与需求，更为凸显整体观和系统观。[2]场景驱动机制与需求驱动机制虽然均关注需求的创新驱动作用，但两者具有本质的区别。其一，从需求内涵看，需求驱动机制侧重单点或者单维度，局限在发掘短期、特定人群的特殊需求，而场景驱动机制同时强调需求倒逼与使命牵引，不仅包含需求驱动机制中的特定人群的特殊需求，更

---

[1] 孟耕合：《新时代公共文化治理的三重维度》，《湖北社会科学》2020年第10期。
[2] 尹西明、苏雅欣、陈劲等：《场景驱动的创新：内涵特征、理论逻辑与实践进路》，《科技进步与对策》2022年第15期。

强调关注公共文化建设的共性发展问题、国家文化发展愿景目标、社会公民价值观塑造等重大命题,体现出引领性、战略性和多样性。其二,从场景特质看,需求往往是一个比较模糊的想法而非一种特定的复杂性情境,面临数据化、具象化和可视化难题,使得公共文化供给方无法准确将其直接运用于优化公共文化服务过程。相比而言,在数字经济时代的场景一般由可量化的数据构成,场景设计运用高效精准的数字技术和数字化流程支持,更容易实现对公众需求的精确定位和生动拟合。其三,从驱动过程看,需求驱动机制遵循从需求反馈到服务或产品改进的线性路径,往往只是在原有技术上进行渐进式优化,难以为共性问题提供全面的解决方案,更无法突破原有技术路线开辟新赛道,而场景驱动机制针对场景特征动态开展需求分析、问题识别和任务设计,将场景需求与特定服务或产品迭代的全过程进行深度交互融合,在多元主体共同参与下提供综合性、适配性的解决方案,并根据场景变化进行动态的优化和调整。当前,中国特色公共文化治理体系现代化将"高质量发展"作为公共文化建设场景的发展目标,不仅着眼于新技术应用示范和共性需求的挖掘,更通过洞见与创造未来,以高质量发展引领公共文化治理体系转型的趋势,重构公共文化建设的新模式和公共文化生活的新样态。具体而言,"高质量发展"背景下的场景驱动机制可从以下三个层面进行理解。

一是宏观层面。当前,高质量发展是全面建设社会主义现代化国家的首要任务。从构成要素来讲,高质量发展既包括均衡化发展等基本要素,又包括可持续发展、高效能发展等拓展要素。它是以"均衡化""可持续""高效能"作为指导原则,针对公共文化建设的非均衡发展、服务供需错位、价值观念衰弱等问题进行全方位的系统破解,找准公共文化治理"内卷化"困境与"激励异化"问题,综合运用工具理性与价值理性相统一、宏观调控与内生动力相结合、整体均衡与个体差异相协调的治理法则,将公共文化建设置于"高质量发展"场景,驱动中国特色公共文化治理体系现代化的转型,从根本上扭转行政驱动公共文化治理困局。

二是中观层面。在公共文化"高质量发展"的共性场景下,针对不同时间、空间和维度的场景差异,强调针对不同细分领域(如公共文化服务标准化建设、公共文化理事会运转、公共文化机构运营、公共文化机构展览、公共文化读书会活动等)设定个性化场景,因地制宜安排场景的愿景目标,并根据场景需要导入特定要素和适用技术,推动各个细分领域的高质量发展。例如,为回应青年人需求,上海市奉贤区团委在"言子书院"创立了"可言读书会",每周都会邀请知名作家或青年领读人进行分享。随着读书会的每周举办,越来越多的年轻人会定时来到读书会,开展思想的交流,接受精神的洗礼。他们不仅养成了热爱阅读、热爱思考的习惯,而且通过沟通和交流,在一定程度上减缓了工作和学习上的焦虑情绪,树立起积极健康的人生态度。主办方还运用语音转换技术将作家的分享声音快速转成文字,运用新媒体平台向更多社会公众传播读书会的思想火花,以高品质的形式与内容持续营造全民阅读的浓郁氛围。

三是微观层面。基层党团组织骨干、文化工作者等主动融入各个具体的个性化场景中,在进行价值观引导的同时,根据实际情况调整不同阶段的场景目标任务,导入公共资源以支撑场景运转,引导社会公众共同参与场景营造,完善自我教育和服务方式。这既保证了供给与需求在个性化场景中的高效匹配,又促进了社会主体间的交往,从个性化场景中孕育出了一个个推动社会"再组织化"的新社群。

三、社群驱动机制

随着城镇化、工业化、市场化和信息化进程的加快,中国社会的开放性、流动性和异质性不断增强,个体早已从高度集中、整齐划一和无所不包的"总体性社会"中脱嵌出来,从支撑"总体性社会"的单位制、集体制、阶级分类制度、城乡二元经济体制等非现代性规制中解放出来,个体的重要性越来越突出,个体与个体、个体与集体、个体与社会之间的关系发生了重大变化。工具理性凸显,导致社会信任缺失、人际关系疏离、公共舆论衰弱、伦理道德式微和公共精神消解等情况持续存在。如今,不少人似乎只是根据利益最大化的算计来获得其所谓的生命意义和价值,丧失了在社会中的意义感。市场大潮裹挟下的个人主义将从传统共同体脱域后的个体迅速带入了权利语境和自由语境,个体执着于追求个人利益,而忘记了应当担负的义务和责任,公共事务陷入了"越是集体的越少有人关注"的自利经济学陷阱之中。①与西方社会个体化不同的是,中国社会个体化进程"处于脱嵌而又未能重新嵌入的进退维谷之境,即个体从地方性共同体的服务网络与规范体系之中脱嵌出来,却没有镶嵌于国家、市场等全民性共同体的福利体制之中,传统性道德规范正在趋于解体而现代性道德规范尚没有建立起来"②。可见,在我国的现代化转型中,经济建设和市场体制对文化转型有着重要的影响。国家推动公共文化治理的目的之一就在于处理公共性与市场化,或者说公平和效率之间的关系,在市场运行的基础上对社会进行"再组织化",重新激发社会活力,以培育公共性达致社会公平。但是,以公共性为追求的公共文化供给与以商业利润为追求的文化企业生产之间存在着一定的矛盾,如果不符合预期的商业利润,公共文化治理将很难吸引文化企业的参与。而如果单纯由政府包办公共文化产品与服务,往往又会因激励异化下的路径依赖而难以为民众提供令其满意的公共文化服务,而且会在很大程度上束缚住公众的创造力。在现阶段,公共文化治理既需要市场的参与和运作,又要摆脱全能型政府思维和僵化的行政供给体系,还要避免市场运行所产生的个体孤立及原子化现象,这就需要转化个体间"再组织化"的动力机制,从单纯依靠市场驱动、政府驱动转向更多依靠社群驱动,主动适应当下社会利益分化和多元价值的社会现实,调动更多民众自发形成社群的内在动能,以此激发出潜藏着的社会潜能,既自发供给公共服务和产品,又通过社群内主体间互动、社群间互动与社群与社会公众的交互,培育公共精神和公共理性。社群的核心在于为具有共同的知识基础、群体规范、消费习惯和兴趣偏好等的民众提供一个自由的公共交流与互动平台。在社群中,个体更易于建立紧密的社交关系,能够更为自由地表达自己的需求,释放自我的创造性。

  社群驱动机制首要的功能,就是通过内容互动、社交链接、活动参与、利益驱动、关系驱动和文化驱动等多维因素,让社群中个体之间的社交关

---

① 吴理财等:《文化治理视域中的公共文化服务体系建设》,高等教育出版社2016年版,第2页。
② 张良:《乡村社会的个体化与公共性建构》,中国社会科学出版社2017年版,第88页。

系变得更为紧密,持续增强社群成员的参与感和归属感,推动社群中个体形成一种真实有效的公共文化生活联系。而这种公共文化生活又会影响社群内部的每一位成员,从观念上认同社群,从而自发自愿参与到社群活动中。社群驱动机制并不是外在于市场环境而独立存在的,其是在市场机制的基础上运作的,通过运用市场法则深度参与到市场分工、交换乃至竞争来发展自身,并以此为前提吸引更多社会成员根据其不同需求选择合适的社群参与到公共生活中来。社群驱动机制与纯市场机制不同的是,商业利润并非社群追求的唯一目标,促进个体间公共社交和真实公共生活联系的形成同样也是社群驱动机制的重要价值追求,其具有内在平衡的力量,在理论上能妥善处理公共性与市场化之间的关系,在市场运行的基础上推进社会自主进行"再组织化",通过个体基于自身不同需求为前提而产生的必要联系,构建真实具体的公共文化生活,促进公共交往,形成公共规则,并在此基础上孕育出公共精神与公共理性。

要将理论变成现实,一是各级党政组织要营造有利于社群发展的激励机制和激励环境,通过衔接价值驱动机制推进组织体系的全覆盖,要坚持以人民为中心的原则和出发点,保证各社群的发展兼顾经济效益和社会效益,始终将社会效益置于首位。在此基础上,进一步联动场景驱动机制,通过丰富多样的真实场景为社群设定发展方向与价值内涵,鼓励不同社群围绕特定场景问题进行合作与互动。如上海市文旅局所开设的市民夜校,呈现出场景驱动机制与社群驱动机制的融合实践,既瞄准市民希望开启下班后新生活的场景需求,又通过政府资金与资源的支持引导各类社群参与市民夜校的课程开发与课程供给过程。通过参与市民夜校的举办工作,这些社群逐渐发展壮大,社群成员也因为在对社会福祉的贡献中不断增强对社群的黏性,更加愿意参加社群的活动。同时,市民夜校在持续举办的过程中,还会因课结缘,孕育出一些基于业缘、趣缘的新社群,而这些新社群又可能成为公共文化内容新的创造主体,不断丰富公共文化生活的深度与广度。二是在对这些社群进行资金与资源扶持的同时,需要对业绩突出的社群进行持续的情感关注,对他们的善行义举进行及时的回应。如上海市奉贤区团委为长期从事志愿服务的青年社群量身定制公益福利活动,并邀请社群成员及其家属一同参加,让长期开展公益服务的社群成员在关心服务社会的同时,也同样感受到来自社会的关爱。通过这些活动及以活动为形式的激励,社群成员会因感受到被重视而持续朝着体现社会效益的方向行动,其内部成员间的凝聚力也会更加紧密。对社会奉献精神的回应与肯定,还能鼓舞更多人加入这些志愿服务社群,积极回馈社会。三是各级党政组织要通过对社群领导人的主动服务与经常性联系,发现他们各自的长处,主动创设和开放实践场景,引导他们立足更宽广的社会舞台,将社群发展融入社会发展的大格局中。这些社群领导人普遍具有很强的个人魅力与号召力,在各自群体中有很高的威信,他们的价值观和行为取向会对社群的成员产生很大的影响。党政组织要通过不断地与这些社群领导人进行接触,通过资金扶持、项目委托、制度规范与法律支持等方式改善社群发展环境,帮助解决社群发展中遇到的问题,与其建立长期稳定的情感联系与合作关系,从而为公共文化建设提供新动能。

第三节 中国特色公共文化治理体系现代化制度建构的功能

公共文化治理作为国家治理体系的重要组成部分,其现代化转型不仅在推进国家治理现代化进程中发挥着"软实力"作用,而且对于优化文化管理体制机制、提升公共文化服务效能具有重要意义。在政府职能转变以及服务型政府建设背景下,中共中央办公厅、国务院办公厅于2015年印发了《关于加快构建现代公共文化服务体系的意见》,提出现代公共文化服务体系建设的主要目标是要"构建政府、市场和社会共同参与的格局"。2021年3月,文旅部、国家发展改革委、财政部发布《关于推动公共文化服务高质量发展的意见》,强调"要努力推动文化治理体系和治理能力现代化",要求"各级文化和旅游行政部门要在党委政府领导下,积极协调配合宣传、发展改革、财政、广电、体育等部门,在规划编制、政策衔接、标准制定和实施等方面加强合作,进一步形成推动公共文化服务高质量发展的工作合力"。虽然从国家层面已将公共文化治理事项提上议事日程,但可能这一提法还比较新,目前不论是实务界还是学术界,都存在对照高质量发展要求制度建构不足的问题。当前的研究和实践还没有跳脱出单纯从供需匹配不足问题对公共文化治理体系进行修补完善的线性思路,如李少惠借鉴西方公共治理理论较早提出政府职能的"元治理说"[1],吴理财抛出传统行政运行逻辑下的"后果论"[2],颜玉凡勾勒新时代语境下政府在构建公共文化体系中所肩负的"目标束"[3],都是从政府视角对公共文化服务问题进行讨论,进而提出政府、市场和社会多元主体共治的思路。虽然这些研究有一定价值,但往往只是在原有技术路线上进行修补,由于深层动力机制没有发生根本转换,在实际操作中时常会面对行政逻辑、市场逻辑和社会逻辑三者之间的矛盾与冲突,理论的适用性不足。中国特色公共文化治理体系现代化的制度建构最终是为了走向实践,切实解决当前公共文化治理体系内卷化的结构性问题,因此,必须形成更具适应性的制度安排。在特定历史背景和政治制度之下,中国特色公共文化治理体系现代化的制度要有效运转,最关键的是要进行深层动力机制的转换,实现动力系统的根本性变革,确立执政党介入中国特色公共文化治理体系现代化的领导体制。执政党以其开放性、包容性和对各方利益主体的超越性,为进一步全面深化改革提供了第一原动力。只有通过政党嵌入治理、政党推动行政、政党回归社会的方式全面介入公共文化治理过程,将价值驱动机制、场景驱动机制和社群驱动机制系统嵌入中国特色公共文化治理体系现代化的制度安排,才能破解"内卷化"和"激励异化"问题,推动中国公共文化治理体系走向现代化。

一、政党嵌入治理:增进政治认同

一段时期以来,不少学者针对公共文化服务领域出现的供需失衡等现象,提出以维护公民文化权利为目标的改革思路。其核心观点就是要构建清楚界定政府与社会关系的制度,通过厘清政府与社会合作网络的结构功能,推进政府公共文化服务职能权能的归位与定位。还有学者认

---

[1] 李少惠:《转型期中国政府公共文化治理研究》,《学术论坛》2013年第1期。
[2] 吴理财:《公共文化服务的运作逻辑及后果》,《江淮论坛》2011年第4期。
[3] 颜玉凡:《政府视野下公共文化治理的三重使命》,《浙江社会科学》2016年第3期。

为要通过厘清基本公共文化服务与非基本公共文化服务的边界，依此来划分政府与社会的职能边界，将政府公共服务的重心置于基本公共文化服务，由社会主体来提供非基本公共文化服务。从既有研究来看，学术界还没有跳脱出西方"国家—社会"二分的理论框架，还未清晰地从理论上表达出我国公共文化治理体系的框架。伴随国际文化交流的深入，西方从20世纪80年代兴起的"新公共管理""政府再造"及后来由反思"新公共管理"兴起的"新公共服务"等理论观点引入我国，并在一定程度上影响到理论界和实务界的研究与政策取向，但由于中西方在文化体制上的差异，在国外比较成熟的制度引入国内后往往会在实践中产生很多变形，其运行过程、运行结果并不一定与设计目标相吻合。观察发现，由于公共文化服务内容的多样性与模糊性，在学理层面似乎能够明确界定的概念，在实际运行中却往往难以将其区分开来。不少地方在实际运行中难以把握什么是基本公共文化服务，什么又是非基本公共文化服务。如《国家基本公共文化服务指导标准》中所列"公共文化设施免费开放"是属于政府基本公共文化服务的事项，但是，公共文化设施与公共文化服务内容是不可分割的，民众可以免费进入场馆，但体验场馆中的服务内容是否必须免费则没有规定。在财政经费紧缺的情况下，不少场馆会变通执行，通过部分内容收费、租场收费等来增加场馆收入，其上级主管单位还会默许场馆的这种收费行为来减轻财政压力。不少民众也会对这些情况不理解，质疑公共财政经费去向，觉得政府没有履行公共文化设施免费的要求。而政府也觉得很委屈，场馆日常运营中的能耗、物业、维修维保以及相关服务内容的组织实施都需要经费支撑，在有限的预算额度内只能勉强维持，更别提向公众提供有效的文化服务了。要策划实施吸引公众参与体验的优质内容，则要花费额外资金，这部分资金只能通过收费来平衡。由于理论研究视角的局限和我国自主构建公共文化治理理论的缺失，我国公共文化建设与发展面临诸多实践困惑：一方面，西方建立在其成熟公民社会基础上的公共服务、公共治理理论很难指导与解释我国公共文化建设中的诸多问题；另一方面，由此产生的差异与变形不仅会影响到实际服务运行的效能，公众还会在现实比较中对我国政府公共文化服务的能力产生怀疑，进而影响到文化认同与政治认同。

　　从国家层面而言，公共文化治理的根本目标是增进民众的文化认同，即对社会主义制度和社会主义意识形态的认同。对于我国当前发展阶段而言，公共文化治理不仅要实现公民基本文化权利，更要增强民众对社会主义意识形态的认同，强化民众的国家意识与政治认同。选择什么样的治理体系，是在我国历史传承、文化传统、经济社会发展的基础上长期发展、渐进改进、内生性演化的结果。因此，必须转变当前单纯以西方公共理论视角建构的公共文化治理模式，超越以工具理性为单一视角的治理理念，以中国特色公共文化治理体系现代化的价值驱动机制指引公共文化治理走出当前的实践困境，以政党嵌入治理的方式实现价值理性与工具理性的统一，在持续改进公共文化服务和产品的过程中增进民众的政治认同。首先，党组织和党员要"知行合一"，践行初心使命。"社会主义公共文化共同体既不像历史上为少数精英所据有，也不是一般意义上的群众文化共同体，而是以社会主义核心价值观为纽带的制度体系和文化实践。"[①]社会主义公共文化所秉持的先进理念，只有通过与之契合的社会主义意识形态下的价值驱动机制，方能让民众在参与公共文化建设与发展过程中切实感受和体悟。关键是要转变国家主流意识形态的传播方式和方法，引导肩负政治使命的党员群体首先带头践行初心使命，在主动服务民众文化需求的过程中，让民众从对党员、干部个体产生信赖和感情开始，进而对党员、干部背后的组织与国家产生认同。其次，党组织和党员要率先垂范，引导和凝聚更多社会成员共同参与公共文化建设，让民众在深入参与中逐步从对他者的认同转化为对自我的认同，进而因这种自我认同而更加积极参与到公共文化生活中。当前行政驱动公共文化治理为何无效？很大程度上是"条条""块块"的现有隶属关系和职能边界的内在张力，使得效率无法释放，而单纯依靠政府机构与职能的增减无法破解这些问题。不仅如此，行政驱动公共文化治理决定着政府是推动公共文化建设与发展的主体，其难以克服的自利性决定着政府体

[①] 孟耕合：《新时代公共文化治理的三重维度》，《湖北社会科学》2020年第10期。

系缺乏与民众分享利益,即让民众共同参与治理的内在动力。政府作为一个既得利益体,自身是缺乏动力推进改革的。党组织不仅依托其跨领域、跨层级和跨行业的组织网络打破部门和层级间的组织壁垒,形成推动跨领域合作的政治整合力,更由于长期秉持"必须坚持人民至上、紧紧依靠人民、不断造福人民、牢牢植根人民"的使命与信念,为回应民众需求,更好为人民服务,相比政府体系而言更有动力深化改革以打破既得利益格局,适应社会变化,以此获得民众信赖。再次,党组织和党员要在凝聚动员广大民众共同参与公共文化治理的过程中,及时总结工作经验,完善与改进治理过程中存在的问题,通过党组织对政府的领导及时将好经验好做法纳入政府公共政策决策过程,并为政府出台公共文化政策创造更加有利的政治环境。由于这些能够适应社会多元利益和意志表达、协调和整合社会需求的公共文化政策是在中国特色公共文化治理体系现代化转型中由党政分工合力推行的,公民对这些公共文化政策的认同也会外延至对中国特色社会主义制度的政治认同。

二、政党推动行政:提升服务效能

公共文化服务作为公共服务的重要内容之一,既具有公共服务的一般属性,又因文化自身的特殊性而与一般性公共服务相区别。政府在开展公共文化服务的过程中,很长一段时间内主要是从政府责任、保障基本以及管理文化等方面寻求突破,以期改善公共文化服务效能,但结果并不理想。[①]笔者认为,激励异化问题是政府公共文化服务业绩和效能不佳的根源,纵使中央持续向公共文化服务领域输入资金资源,但地方和基层政府长期以来在扭曲的考核机制下总是热衷于对上展示业绩而较少关注社会公众需求,造成过去十多年来公共文化服务效能不佳,大量资金资源被作为考核性产品的生产原料,而没有转化为契合民众需求的公共文化服务与产品。公共文化服务是公共文化的实现形式,是将公共文化这一观念意识通过政府公共服务来实施和呈现的方式。正是在这个意义上,我们要重视政府公共文化服务治理来不断完善社会主义公共文化的呈现与

---

① 赵军义、李少惠:《从公共文化服务到公共文化治理》,《图书馆杂志》2022年第9期。

表达。只有通过恰当的公共行政实践来改善公共文化服务质量,才能实现公共文化服务治理在技术层面和精神层面、工具理性和价值理性的有机结合。因而,在政府层面,中国特色公共文化治理体系现代化的目标是提升公共文化服务体系的运行效能,通过政府公共文化服务治理来改善民众公共文化生活质量不佳的现状。要提升公共文化服务效能,其关键是要破解激励异化问题,扭转长期以来政府公共文化服务的路径依赖。

首先,中国特色公共文化治理体系现代化强调在现阶段要以政党推动行政的方式进一步全面深化公共文化服务体系治理改革,以场景驱动机制转换行政驱动机制,强调以公众需求和价值使命的牵引来建构共建共治共享的激励环境。需要说明的是,政党推动行政并不是要以党代政,而是政治过程与行政过程的双向赋能、协同共治,主要表现在党组织透过其制度优势和群众优势,广泛深入开展调查研究发现与解析重大问题,并以社会问题为导向建构公共文化服务体系建设场景,推动政府置身于场景之中开展公共文化服务实践,以此找准公共文化服务的价值取向、实践方向,跳脱出政府长期以来泛泛地就公共文化服务而开展公共文化服务的路径依赖,推动公共文化服务立足关键性的社会问题提升效能。文化治理与政治治理、经济治理等治理理论的不同之处在于文化自身的特质。广义地来看,文化并不局限于人的精神生产生活,而是一个包罗万象的概念,是比政治、经济、社会领域更为宽泛的领域,它可以涵盖这些领域,并与这些领域互动,产生联系。与此相应,公共文化治理蕴含着对政治生活、社会生活、经济生活等进行治理的内在逻辑,中国特色公共文化治理体系现代化就是从这个意义上对公共文化服务治理进行革新,强调从破解政治生活、社会生活、经济生活中的现实问题和重大需求出发提升公共文化服务治理效能。例如,上海市奉贤区团委运用"行走的青年吧"党建带团建机制,围绕青年群体热点问题开展调研,在调研中发现"四不青年"[①]问题已经成为一种普遍的社会现象和社会生活问题,并进一步深入新兴青年、来奉贤青年、实体企业青年、体制内青年、大学生群体、青少年

---

① "四不青年"一般指不恋爱、不结婚、不就业、不生娃的青年群体。

和困境青少年等人群开展蹲点调研,分析其成因机制后发现,产生"四不青年"问题原因在一定程度上和社会主义公共文化衰弱问题有关。具体而言,一方面,社会功利主义文化驱使下青年人普遍处于高压状态,而青年公共社交空间不足、交友渠道难觅等问题又导致这些压力无法得到疏导;另一方面,当前偏重商业性和通俗性的私性文化对青年婚恋观、交友观、生育观和就业观产生了一定程度上的侵扰,导致了偏差问题的产生。在细致深入调研、找准问题根源的基础上,奉贤区团委瞄准破解"四不青年"问题,联合区文旅局、区科委、区教育局等政府职能部门共同构建了青年夜校、青年讲堂、青年下午茶、"队队营"、"科创营"、"可言读书会"等公共文化活动,每周定期举办,将这些活动营造成吸引年轻人自愿参与、积极社交的重要场景。一方面,以脱口秀、美食品鉴、文体活动等轻松活泼的内容给繁重压力下的青年人减减压,吸引年轻人走出自我封闭圈,走向公共领域参加公共文化活动;另一方面,安排前沿技术讲座、育儿讲堂、作家分享会等内容,鼓励年轻人走出生活舒适区,提高自身的能力感。通过一段时间的调研和实践,奉贤区团委将形成的调研报告递送给区有关领导及政府部门,并依托各类媒体向社会呼吁,以期引起政府部门和全社会的关注,进而影响公共政策决策过程,将更多公共资源用于解决"四不青年"问题。很显然,以上这些做法在破解关键社会问题的过程中增强了公共文化服务的实效。

其次,政党对行政过程的推动,还体现在主动发挥政党网络体系的资源协调优势,瞄准社会重大问题,协助政府跨界整合各方资源,实现治理主体的跨部门、跨层级和跨领域的合作,提升政府为公众提供有效服务的能力。

最后,政党推动行政还呈现在对政府服务成效的实效监督上。还是以奉贤区团委破解"四不青年"问题为例。区团委定期围绕青年交友、婚恋、生育和就业等情况开展调查评估,发布评估报告,通过比较婚姻登记数、离婚率、就业率、失业率、总和生育率等数据的变化来检验政府工作成效,推动政府持续完善普惠性公共政策,加大对关键领域政策供给的力度。

三、政党回归社会:激发公共精神

现代意义上的公共文化与公共性、公共领域有着内在的关联。公共文化是一个内涵十分丰富的概念,既包括有形的公共文化产品,也包括无形的公民意识和公共精神,是公共生活中人们一致认同的观念原则和文化价值,与公共领域的形成密切相关。因此,公共文化治理不能局限于物质层面的公共文化设施、服务和产品,还应致力于孕育具有公共性的文化共识,促进人们的有机联结,培育公共精神和公共理性。在现阶段,中国社会亟须唤醒公共价值和公共精神,这不仅是由于单位制解体后公共生活关系纽带逐渐松弛所带来的现实考量,更是因为在原先与主流意识形态保持高度一致的单位生活衰落而新公共生活缺位的情况下,主流意识形态的传播受到冲击,导致某些人出现只专注于自我的生活、对社会和公共生活提不起兴趣的状况。在公共意识式微的情况下,个体重新获得自主权并不必然意味着拥有更多的精神自由,反倒会在某种程度上陷入焦虑、孤独的原子化生活危机。人的本质是社会关系的总和,现实生活中的人有着交往的需求,而且,人毕竟是有精神追求的群体,向往着有意义的人生。在现代公共领域理论的奠基者阿伦特看来,终生沉湎于物欲的、私人生活的人生是毫无意义的人生,为使生活充满意义,人应积极地投入公共生活之中。[①]但是,当前行政驱动公共文化治理却单纯沿着政府公共物品供给的思路来建设公共文化,激励异化下各级政府对上负责意识极强,政府主要围绕上级"指挥棒"和各类刚性考核指标,其业绩也主要体现在各种功利性荣誉与考核评价上,这种思维认知的局限性在一定程度上影响了公共文化服务的建设实践,表现在更多偏重对公共文化物质方面的建设,而对如何通过公共文化培育改善公共文化生活质量以及提升公民精神等方面关注不够。

客观来看,公共性培育不足问题不能完全归咎于"行政主导"的公共文化治理的方式,因为行政过程本身就是"与政策的执行相关"的过程,主要涉及管理技术,关注的是执行上级行政指令的效率和效果,而获得社会

---

① 孟耕合:《新时代公共文化治理的三重维度》,《湖北社会科学》2020年第10期。

的支持和信任，进而培育公共精神和公共价值并非其核心关切。因此，在社会层面，中国特色公共文化治理体系现代化超越行政驱动公共文化治理体系之处就在于其结构与功能的转换，以政党回归社会的方式加强社会主义集体意识，并通过社群驱动机制推动形成基于社会主义核心价值观的公共精神和价值共识，并由这种社会共识形成社会认同和国家认同。社群是人们通过一定社会关系结合起来进行活动的共同体，在社群内部很容易形成特定的文化认同。但是，社群文化和公共文化是不同的，公共文化具有鲜明的社会性和普遍意义上的意识形态性，社群文化则偏重娱乐性、小众性与通俗性。但两者也存在着某种关联。从公共文化的角度来说，公共文化建设肩负着直接满足公民基本文化需求、提升公民精神的价值使命，这就意味着公共文化建设有责任改善和提升社群文化生活的品质。从社群文化的角度来说，目前受全球化、信息化和西方社会思潮的冲击和影响，社群文化也面临着自我封闭、自娱自乐等危机，社群文化有待于发展成一种真正由公民创造、为公民服务、被公民所享的文化。这一建设目标和建设方式无疑与公共文化治理存在一定的契合。当前公共文化治理主要是以各级政府为主导的体制化建设，致使这些社会化的社群并没有发挥其在公共文化建设与发展中的应有作用，而零星的治理参与也仅是作为完成政府交付的工作任务，而没有与自身文化生活紧密融合起来。

对此，中国特色公共文化治理体系现代化将各类活跃社群作为政党回归社会的活动领域，强化价值引导、资源扶持和能力训练，引导各类有条件和意愿的社群共同参与公共文化建设与发展，这既为这些社群提供更多自我创造、自我服务和自我发展的机会，又为这些社群广泛参与各类公共事务创设良好的激励环境，鼓励其为社会公众提供更多丰富多样的公共文化产品，实现社群文化与公共文化两者之间的融合，使社群成员内部化的认同心理机制外化为公共精神与生活方式。例如，奉贤区团委主动邀请由100多位业余话剧爱好者组成的戏剧社群开展青年交友活动，并为其提供一定的资金扶持，给予活动场地的保障。通过承办活动，戏剧社本身不仅得到了发展壮大，而且在直接筹办面向社会公众的公共文化活动的过程中,戏剧社社员们不再只是局限在社群内部的自娱自乐,而是为让公众对青年交友活动感到满意,认真策划、反复排练。在这过程中,他们的公共意识得到了提升,公共精神得到了培育。不仅如此,在青年交友活动中还发现了一批文化艺术爱好者,有的后来还加入了戏剧社,从观众变成社员,再从社员变为公共文化活动的组织者。他们以社群为平台为社会做贡献,体验更有意义的人生。

第六章　高质量发展背景下中国特色公共文化治理体系现代化的实践

中国特色公共文化治理体系现代化的制度不同于当前单纯以行政技术和工具驱动的公共文化治理的制度模式，其蕴含着全新的整合观和系统观，强调价值驱动、场景驱动和社群驱动三种基础性机制的相互配合与协调联动。其中价值驱动机制为各方搁置技术层次的争议、有效达成共识提供重要支撑；场景驱动机制则为多方参与公共文化治理提供了真实具体的嵌入性场域；社群驱动机制为不同类型社群在市场经济运行基础上的"再组织化"提供了可靠的动力来源。这三种机制的内核分别与社会主义核心价值观培育、公共文化服务效能提升、社会公共性等公共文化治理的核心使命密切相关，成为中国特色公共文化治理体系现代化制度得以有效运行的重要保障。我国公共文化治理体系现代化转型处在独特的内外部治理环境之中，党的二十大报告强调，高质量发展是全面建设社会主义现代化国家的首要任务，因此，我们不能单纯从维护公民基本文化权利的视角出发对照西方理论进行制度移植，而应根植于我国国情与发展阶段，完整、准确、全面贯彻新发展理念。当前关键是以"高质量发展"要求转换视角，多维度系统性推进公共文化治理体系现代化的转型进程，促进三种机制的系统联动、相互协同，走出单纯运用行政驱动机制的路径依赖，破解"内卷化"和"激励异化"问题，实现公共文化治理均衡化、可持续和高效能发展。在本章中，笔者将分别探讨在高质量发展背景下公共文化机构理事会、公共文化设施运营和公共文化机构展览等三个公共文化治理场域的改革思路，以期引发读者思考。

第一节　高质量发展背景下公共文化机构理事会的改革与发展

党的二十大报告将"健全现代公共文化服务体系"列为推进文化自信自强，铸就社会主义文化新辉煌的重要任务。作为公共文化服务的重要承载，公共文化机构运行效能的提升是健全现代公共文化服务体系的内在要求与改革取向。公共文化机构实行理事会制度本质上是管理体制和运行机制的变革，是运用共同治理的现代理念更好实现公共文化机构服务的最佳秩序和最佳效能。[1]从2007年起，我国就开始对建立健全公共文化机构理事会制度进行探索，其中2017年发布的《关于深入推进公共文化机构法人治理结构改革的实施方案》，对理事会的定位、原则和组织形式等内容做了明确规定。同年11月，《公共图书馆法》公布，以国家立法的形式明确规定图书馆应建立健全吸收有关方面代表、专业人士和社会公众参与的法人治理结构。这有力推动了全国各公共图书馆理事会的相继成立，并在相关领域取得改革实践的积极进展，有学者统计，省级以上图书馆的改革实施率已达到78.13%。[2]但从具体实践来看，探索还不够深入，尤其是囿于历史惯性及体制机制的约束，不少公共文化机构理事会在轰轰烈烈的成立仪式之后迅即陷入停滞运转的状态，亟待进一步改革攻坚。下面试图在已有研究基础上对公共文化机构理事会的发展理念、形态和改革难点进行梳理与分析，并尝试提出高质量发展背景下公共文化机构理事会的实践路向。

一、公共文化机构理事会发展的理念交锋

依据《关于深入推进公共文化机构法人治理结构改革的实施方案》关于"理事会是公共文化机构的决策机构"这一政策表述，我国公共文化机构理事会发展普遍是在"决策权分配"视角下进行试点探索的，试点地方的政府与机构一般采用的改革方式，是通过制度设计将相关决策

---

[1]　冯佳：《美国各州图书馆理事会制度研究》，《国家图书馆学刊》2017年第3期。
[2]　陈庚、郭智娴：《公共文化机构法人治理结构改革的实践、困境及破解思路》，《图书馆》2022年第6期。

权从政府主管部门转移到公共文化机构理事会的手中,强调其在政事分开、突出法人地位等方面的作用。但在具体实践中,现行人事管理、预算管理、绩效考核、经费拨付等机制与理事会的独立决策机制之间存在体制性矛盾,这些矛盾使得决策权的分配注定不会一帆风顺,始终面临诸多坎坷与挑战。对此,我国学者在实践研究中展开了理念交锋。

第一种理念认为,理事会改革方向是要代替政府部门进行微观管理,赋予理事会实质性的决策权应作为首要改革议程。[1]祁述裕等以权责一致原则阐明理事会拥有独立决策权的必要性,提出只有落实法人自主权,才能建立起管理层对理事会负责、理事会对文化行政主管部门负责、文化行政主管部门对社会公众负责的问责闭环。[2]秉持这种理念的学者强调,将决策权真正交给理事会,是政府切实转变职能、实现政事分开和管办分离的前提。[3]他们提出要以法人治理结构改革为突破口,对整个文化体制进行改革,强化深层次制度变革,保障公共文化机构理事会边界清晰、内容合理的自主权,重塑公共文化管理模式。[4]

第二种理念认为,理事会决策权的设置应针对现行体制机制束缚定向发力,赋予理事会限定于一定政策框架内的相对清晰的决策权。冯佳等认为,鉴于现行国家和地方政策法规中有关资产财务、物资采购、工程建设和干部选拔任用等方面的规定,文化行政主管部门在扩大理事会决策监督地位职权范围的同时,应借鉴企业法人治理中的差别投票权,赋予文化行政主管部门理事在处理公共图书馆理事会决议有关问题时的"一票否决权"。[5]差别投票权的设置意味理事会的部分决策内容必须经政府同意方可有效。对此,霍瑞娟持不同看法,她认为理事会政府代表的"一

---

[1] 陆筱璐、高宏存:《公共文化单位法人治理结构建设的思考》,《行政管理改革》2017 年第 8 期。
[2] 祁述裕、张祎娜:《建立公益性文化事业单位法人治理结构落实法人自主权》,《人文天下》2015 年第 2 期。
[3] 戴珩:《文化事业单位法人治理结构的理论逻辑和实践路径》,《图书馆建设》2015 年第 2 期。
[4] 高宏存:《文化治理深化与公共文化机构法人治理建设》,《学术论坛》2018 年第 3 期。
[5] 冯佳、王珊珊:《我国公共图书馆法人治理结构的试点实践研究》,《中国图书馆学报》2018 年第 7 期。

票否决权"违背"协商共治"的基本理念,不符合理事会制度中各方利益不占优的基本原则,应予慎用。她提出可以借鉴发达国家经验,列明权力清单和责任清单,以清单化形式在章程中界定政府与文化机构之间的权责关系。①秉持这种理念的学者虽然在如何赋权的方式上存在不同看法,但其基本逻辑都是以强化制度供给为切入点,致力于在试点探索中对管理体制和运行机制进行渐进式改革,通过建立健全公共文化机构理事会的议事制度、监督制度、专家咨询制度、年报制度、信息公开制度、决策责任追究制度、馆长联合任用制度、"双向进入、交叉任职"制度、绩效评估制度等各项配套制度,逐渐增强公共文化机构决策的专业化和科学化水平,构建以公益目标为导向的现代治理结构。

第三种理念认为,当前理事会制度改革实践的重点并不是划分决策权问题,而是活用理事会平台扩大公共文化机构的社会参与度,汲取更多社会资金、资源,增强公共文化机构的服务能力。这种观点在公共文化机构管理层负责执行谁的决策上最明显地表现出来。白玉静等认为,理事会建立后不应盲目追求"管办分离、政事分开",馆长仍要对上级主管部门而非理事会负责,在处理与上级主管部门、理事会关系上要分清主次、顺序,要摆正位置,这样有利于减少改革阻力,真正促进效能提升。②在秉持这一理念的学者中,有的是基于对现行体制下政府部门牢牢掌控人事权、财权和物权等的现实考量,③也有的学者持发展变化的观点,将非决策型理事会作为一种过渡形态,④但他们的基本逻辑都是从当前客观条件出发,普遍认为在法律体系和配套制度未给予有力支撑的前提下,理性的选择是将理事会定位为议事型乃至资源整合型机构,以有序扩大社会参与度为改革导向,逐步提升服务效能。

---

① 霍瑞娟:《公共图书馆法人治理结构现状调研及思考》,《中国图书馆学报》2016年第7期。
② 白玉静、廖志学、肖佐刚:《对公共图书馆法人治理结构改革的思考》,《国际出版周报》2021年6月12日。
③ 吴晞:《变革的名与实:"图书馆法人治理结构"实历摭拾》,《图书馆》2014年第2期。
④ 肖容梅:《我国公共图书馆法人治理结构建设现状与分析》,《国家图书馆学刊》2014年第3期。

二、公共文化机构理事会发展的多种形态

上述基于"决策权分配"视角发展公共文化机构理事会的三种理念，形塑了公共文化机构理事会的不同形态，主要有"决策型""半决策型""咨询型""形似型"。

第一种理事会形态是"决策型"理事会。"决策型"理事会的特征是公共文化机构的理事会拥有人事、经费预算等独立决策权。这种形态的理事会，在我国只存在于少部分民非性质的文化机构中，这是因为理事会是民办非企业单位的法定决策机构，而且其与事业机构不同，只需到民政部门进行法人登记并接受业务主管部门日常指导，并不存在直接的上级主管部门，所以其在法律框架下独立决策和现行管理体制不冲突。周婧景等指出，个别民办博物馆已实质性推行"理事会体制下的馆长责任制"，理事会拥有对馆长任免、机构学术定位和发展方向的决策权。[1]此外，有学者也提出了文化事业机构向"决策型"理事会改革的思路，如落实理事会的用人自主权，尽量通过理事会提名、投票或公开招聘方式选拔负责人；根据岗位事务需要和市场标准，自主制定适合本单位特点的内部分配方案；按照"零基预算"或者项目管理促进预算改革等。[2]

第二种理事会形态是"半决策型"理事会。这种形态可以被看作既有体制机制约束与公共文化机构理事会制度创新之间新旧交融与矛盾调和的产物。肖容梅所引介的深圳图书馆理事会就是这一形态的典型代表。深圳图书馆理事会已建立分权制衡架构，搭建了一种制度化的公众参与机制，理事会成员有来自图书馆内部和外部代表广泛的利益相关者，他们均可通过参与决策对图书馆的组织结构和运行过程施加影响。但是，理事会决策作用主要是部分重大业务事项的审议，例如，其人事管理权仅得以部分发挥，馆长、副馆长人选只能通过行政选拔与理事会审议同时进行，理事会无法以公开遴选方式直接聘任馆长；还如，在财务与资产管理方面，由于财务预决算、财务审计和国有资产管理等方面的刚性约束，理

---

[1] 周婧景、严建强：《民国时期的博物馆理事会及其启示》，《东南文化》2014年第4期。
[2] 陆筱璐、高宏存：《公共文化单位法人治理结构建设的思考》，《行政管理改革》2017年第8期。

事会几乎没有决策空间。①杨文辉等介绍的遂宁市联合理事会制度也属于"半决策型"理事会,该市博物馆、图书馆、文化馆和美术馆联合成立的理事会,实行集体决策制度和决策失误追究制度,明确要求管理层按照理事会决策实施。理事由政府代表、"四馆"负责人、职工代表、专家代表、服务对象代表等组成,理事长由该市文广新局局长担任。虽然建立了有关方面代表、专业人士和各界群众共同参与理事会决策的机制,但政府官员担任理事长主导决策过程,意味着联合理事会决策权行使的相对性。②

第三种理事会形态是"咨询型"理事会。2009年无锡市图书馆可能是国内最早成立的理事会,其定位就是"咨询机构"。③尽管我国公共文化机构法人治理结构改革已在全国面上推开,但在实践中,理事会的决策地位普遍难以落实。深圳图书馆原馆长吴晞坦言,文化机构实施理事会改革后,政府依然是多项管理,仅将其视为专家咨询委员会,听取"仅供参考"的意见。④但也有学者认为,虽是咨询性质,但虚功也可以实作。例如,温州图书馆大胆尝试由时任温州总商会副会长的企业家担任理事长,发挥其社会影响力设立了400万元的发展基金,运用作为理事会成员的荣誉感来募集更多社会资金用于公共文化服务。⑤

第四种理事会形态是"形似型"理事会。"形似型"理事会形态的生成并非政策制定者的本意,而是一种在实践中运行的偏离。这种形态存在于不少公共文化机构的实际运行之中。从形式上看,"形似型"理事会与其他类型的理事会十分相似,但却只止步于形式。这些公共文化机构从其文本上看"一切都在",建立理事会、搭建管理层、制定章程、建立相关制度等,但在实际运作中并没有按照章程去做,在应付完各类检查评估之

---

① 肖容梅:《深圳图书馆法人治理结构试点探索及思考》,《中国图书馆学报》2014年第5期。
② 杨文辉、王纲:《法人治理新探索:联合理事会制度——以西部遂宁市文化体制改革为例》,《四川图书馆学报》2018年第1期。
③ 张洋、倪书一、张跃:《公共图书馆法人治理结构改革路径探析》,《智库时代》2019年第43期。
④ 吴晞:《变革的名与实:"图书馆法人治理结构"实历撷拾》,《图书馆》2014年第2期。
⑤ 冯佳、王珊珊:《我国公共图书馆法人治理结构的试点实践研究》,《中国图书馆学报》2018年第7期。

后,仍是按照以前的传统模式运行管理,形似而神不似,所谓的理事会只是一种摆设,几乎没有起到任何实质性的作用。①

三、公共文化机构理事会发展的实践困惑

综观现有公共文化理事会发展的相关研究成果,多数是以委托代理模式为理论基础,以现代组织的所有权与经营权分离为现实基础,将划清各方职权边界置于优先位置。因此,这些研究所提出的对策建议主要针对政府与理事会之间权责划分不清晰、相关配套制度不完善等问题。但观察发现,这些研究理论很少能真正运用于实践领域,反而让不少公共文化机构领导人员产生畏难情绪,这在很大程度上抑制了理事会功能的有效发挥。

(一)"决策权分配"视角下存在理念与形态分歧,理事会发展取向不清晰

理论界多以"决策权分配"视角开展公共文化机构理事会发展研究,造成诸多理念分歧,也呈现出让人眼花缭乱的类型划分,这在一定程度上造成研究成果的碎片化,不够系统与深入,让实务界对理事会未来走向难以形成清晰的认识。"决策权分配"视角从本质上而言是一种静态视角,试图通过一系列制度设计(如政府红头文件、公共文化机构章程等),塑造政府部门与公共文化机构之间的职权边界,划定公共文化机构理事会的职权范围。这一研究视角很大程度上借鉴了西方发达国家公共文化机构理事会的经验做法。伴随国际文化交流的深入,不少在国外运用比较成熟的制度在我国得以推广和运用,如决策监督制度、外部理事制度、内设委员会制度、信息公开制度等,但由于中西方在文化体制上的差异,在国外比较成熟的制度引入国内后往往会在实践中产生很多变形,其运行过程、运行结果并不一定与设计目标相吻合。②笔者认为,将理事会机制引入公共文化机构日常运行,实质上是公共文化机构从传统管理向现代治理的转型过程,其取向应是提升管理水平和服务效能,让人民群众能够获得

---

① 戴珩:《文化事业单位法人治理结构的理论逻辑和实践路径》,《图书馆建设》2015年第2期。

② 王滢涛:《公共文化治理:理念、模式与实践路向》,《图书馆杂志》2022年第12期。

更加优质的公共文化服务。这种转型不可能一蹴而就地达致理想状态，而应结合各地实际情况，把握改革的阶段性与渐进性，尽量考量与平衡各利益相关者的现实利益，动态性地加以推进。鉴于此，有关研究不应沉醉于理论包装与文本雕琢，不能仅仅拘泥于是否赋予理事会决策权的问题，也不必过分关注政府与理事会之间的权责边界划分，而要尽可能结合我国独特的文化渊源、制度取向、经济基础、社会土壤和现代化方式，以动态发展的眼光切换研究视角，聚焦高质量发展背景下公共文化治理转向过程中所带来的核心要素的变化，以更具适应性的举措尽快推动各公共文化机构理事会有效运转。

（二）政府和机构内部动力不足，理事会发展缺乏可持续性

第一，政府缺乏改革意愿。长期以来，政府部门一直以自上而下的科层制行政管理模式来管理公共文化机构，就连理事会试点改革本身也同样是依靠"自上而下"的行政方式推动的。形式上看，各个理事会制度完备健全（如权责划分、议事程序、监督机制和评估办法等），但在具体管理和实际运作中存在明显的"名实分离"现象，公共文化机构的人权、财权、物权和事权还是由上级主管部门掌管。究其原因，一是政绩需要不愿放手。受体制的历史惯性影响，政府部门希望通过做出政绩来获得上级的肯定与奖赏。在公共文化领域，要追求具有"显示度"的政绩，离不开各公共文化机构的通力协作。政府对下放"人财物"心存顾虑，担心降低配合度，影响其政绩目标。二是问责压力不敢放手。当前，公共文化机构接受等级评估、调研检查和文明创建验收，落实意识形态安全职责，以及应对经济责任审计等，都需要其主管部门承担相应管理责任，若成绩不佳，政府官员均可能被问责。在避责逻辑下，政府部门岂敢赋予机构理事会独立决策权？三是因社会发育滞后不能放手。公共文化机构理事会的发展与社会力量的发育密切相关，各公共文化机构理事会的自主运行离不开各层面、体系化和专业性的社会主体提供政策、资金、信息、智力、标准等内容支撑。但长期以来垂直管理模式所生成的历史惯性，使得社会主体缺乏自我发展意识，公共文化服务和产品的社会自发供给不足，使得运用行政手段调节始终成为必须选项。

第二,公共文化机构自身动力不足。观察发现,即使在地方党委政府高度重视下启动了法人治理结构改革,建立了理事会机制及相关委托代理制度,但公共文化机构的部分内部人员自身意愿不强,使得改革缺乏由内而外的呼应,影响改革的可持续性。部分机构领导和工作人员受固有思维影响,对机构理事会改革认识不足,未能意识到改革的必要性,反而觉得徒增自身负担,产生惰性。加之理事会制度改革可能会涉及公共文化机构的复杂利益纠葛,所以一些机构不愿意改革,甚至主动提出无须政府下放权力。此外,理事会改革势必会引入外部利益相关者进入机构内部,少数内部人员出于对自身利益的保护,也是其不愿进行改革的重要因素。

(三)文化体制机制创新有限,理事会发展进入瓶颈期

一方面,文化事业单位的机构属性很大程度上限制了其理事会的发展。事业单位受现有体制束缚较大,干部要按行政级别由其相应的党委(党组)及组织部门管理,员工的进出、身份、档案、工资按规定由人社部门管理,业务人员的出国学习交流由外事部门参照公务员管理,预算经费需遵守财政管理制度,特殊激励措施和奖惩手段的运用极为受限,这些体制性约束导致理事会缺乏发挥实质作用和正常行使权力的空间。[1]李国新通过系统梳理公共图书馆理事会的现状与问题后坦言,如果缺乏管理体制、人事体制和财务体制的相应改革,理事会制度就只能是"形似神不似"。[2]陈庚等强调,文化体制机制改革的迟缓是垂直管理路径依赖的根本原因,因而政府与事业单位之间不可能形成真正意义上的委托代理关系。[3]观察发现,理事会的改革反而可能增加管理成本与难度,政府既要保证指令畅通,又要顾及体制外理事长的"颜面";事业单位负责人既要应对上级部门,又要应对理事会。部分理事会已成为"鸡肋",食之无味,但弃之可惜,每年例行公事般地开展几次活动了事。

---

[1] 龚良:《探索适应时代发展的国有博物馆理事会制度》,《中国博物馆》2019年第4期。
[2] 李国新:《公共图书馆法人治理:结构·现状·问题·前瞻》,《图书与情报》2014年第2期。
[3] 陈庚、郭智嫻:《公共文化机构法人治理结构改革的实践、困境及破解思路》,《图书馆》2022年第6期。

另一方面,民非文化机构的理事会也普遍流于形式。田凯研究发现,民非文化机构理事会的决策权大量集中在少数人手中,这种个人英雄主义的治理模式实际上与理事会制度所倡导的集体决策和权力平衡相违背。①有学者对北京、上海、长沙、成都等地的调研也印证了这一点,他们发现非国有博物馆多数对理事会制度缺乏基本认知,即使按照有关登记管理规定组建了理事会,但实际上多数并没有运转。②究其原因,孙振楠给出的解释是国家税收制度供给不足,③高学森则从立法滞后角度做出解释,提出法律条例中双重管理体制及部分垄断性规定是导致理事会虚设的关键缘由。④

四、高质量发展视角下公共文化机构理事会的改革与发展

我国公共文化机构理事会发展处在独特的内外部治理环境之中,因此,我们不能简单对西方理事会制度进行理论移植,将视角局限在"决策权分配"上,而应根植于我国国情,完整、准确、全面贯彻新发展理念,以"高质量发展"转换视角,系统推进公共文化机构理事会的改革与发展。党的二十大报告强调,高质量发展是全面建设社会主义现代化国家的首要任务。从构成要素来讲,高质量发展既包括均衡化发展等基本要素,又包括可持续发展、高效能发展等拓展要素。在已有理事会试点的基础上,应以有利于公共文化机构健康发展、公共文化服务效能提升为发展标准,以提升社会公众获得感、幸福感和满意度为发展目标,尽可能将改革的突破口实事求是地选在能够促进高质量发展但阻力相对较小的环节,将基本要素与拓展要素有机结合,实现工具理性与价值理性的统一,切实发挥出公共文化机构理事会在强化公益目标、增进社会参与、激发自主动能和提升服务效能等方面的多重功效。

---

① 田凯:《中国非营利组织理事会制度的发展与运作》,《经济社会体制比较》2009年第2期。
② 周婧景、严建强:《民国时期的博物馆理事会及其启示》,《东南文化》2014年第4期。
③ 孙振楠:《仅从税收制度探讨民办博物馆理事会制度落实难》,载中国博物馆协会城市博物馆专业委员会、上海市历史博物馆编《城市记忆的变奏:中国博物馆协会城市博物馆专业委员会论文集(2013—2014)》,上海交通大学出版社2014年版,第215—220页。
④ 高学森:《中国民营美术馆发展问题探究》,《北方美术》2014年第3期。

(一)纵横联动发力,促进公共文化机构理事会均衡化发展

高质量发展视域下的均衡化,要求公共文化机构不论其行业、地域和层级,都应设立适应现代治理趋势的理事会制度。因此,各级政府要加强分类指导,在纵向上建立健全行业协会,在横向上覆盖不同文化机构,推进各级各类公共文化机构理事会的均衡化发展。

其一,纵向上发挥行业协会作用。行业协会可以代表政府对公共文化事务进行管理,协助政府配置公共资源,引导并规制行业内成员有序发展。在这种中介式治理模式下,行业协会可以充当政府与机构之间的桥梁,推动行业内公共文化机构理事会的均衡化发展。一是将理事会的均衡发展要求纳入行业评估监督体系,推动各地政府高度重视并着力解决城乡和区域间的不平衡发展问题。二是指导与服务理事会及其理事成员,提供政策、信息、资源等方面的帮助,协助各理事会开展工作,表彰各理事会和理事的工作成果。三是促进行业内各机构理事会之间的交流与合作,相互整合资源、取长补短,协作共享新经验。

其二,横向上覆盖不同类型机构。研究数据显示,理事会发展多聚焦在少数行业和事业文化机构,横向覆盖面还不够广。笔者在2023年3月5日在中国知网(CNKI)数据库检索发现,相关研究较多集中在公共图书馆行业,积累了5 000余篇的研究成果,但对其他行业的研究不足。比如,全国拥有3 000余家规模的文化馆行业,针对其理事会的相关研究文献还不到50篇。事实上,公共文化机构包括图书馆、博物馆、文化馆、美术馆、科技馆、纪念馆、体育场馆、工人文化宫、青少年宫、妇女儿童活动中心、老年人活动中心等丰富的行业类型,这些行业机构都需要通过理事会制度扩大公众参与,提高公共文化服务效能。此外,民非文化机构理事会研究也相对匮乏,这可能与研究者多服务于事业文化机构有关,但恰恰是在民非机构中健全理事会制度可能是目前最具探索潜力的领域,可成为"化私为公"的有效手段。[①]这些具有实践价值的领域,呼唤学界和实务界及时研究、归纳与创新,与时俱进地加以推进。

---

① 段勇:《博物馆理事会制度大有可为》,《光明日报》2014年4月12日。

（二）完善政府与机构动力机制，推动公共文化机构理事会可持续发展

高质量发展视域下的可持续发展，更为关注的是理事会在成立之后持续作用的发挥。但目前，在治理深度方面，公共文化机构理事会发展存在内生动力不足的问题，直接表现为理事会制度流于形式，作用发挥效果不佳。因此，提升政府部门和机构自身的改革动力是理事会可持续发展的关键所在。

一是要增强政府领导的改革动力。政府领导时时面对亟待解决的行政事务，相对而言，公共文化机构理事会的改革与发展似乎并没有那么紧迫和必要。理事会发展迟滞，很大程度上与部分政府领导对其潜在价值认识不足有关。其实，在高质量发展背景下，民众对政府主导的公共文化服务供给提出了更高要求，但多数政府领导受专业知识和管理经验所限，很难及时回应。公共文化机构理事会及其相关咨询委员会应充分发挥其专业优势，主动服务于政府当前工作重点、痛点和难点，协助政府领导一起集思广益，解决一些现实问题并取得成效，由此争取政府领导对其价值的认可，在持续得到领导重视的过程中不断完善与发展自身。

二是要增强文化机构人员的改革意愿。主要办法是在政府推动下健全民意表达和监督机制，比如，落实年报制度和信息公开机制，定期进行公众评价，召开读者座谈会等，提高公共文化机构管理的透明度和公众的参与度，以此倒逼机构负责人必须以"开放多元"的理念推动机构发展，主动运用理事会平台与公众建立良性互动的伙伴关系。此外，政府还要支持公共文化机构设立或使用基金会，并将其与理事会职能结合起来，体现出理事会在服务机构重要资金项目方面的决定性作用。比如，针对没有纳入预算的重要项目，允许理事会通过"一事一议"的方式广泛吸纳社会资本有效注入，为民众提供更多公共产品。

（三）因地制宜依法创新，实现公共文化机构理事会高效能发展

高质量发展视域下的高效能发展，要求理事会因地制宜建立决策、执行和监督机制，顺畅运行，增强活力，既要在顶层设计上强化立法保障，又要在基层实践中彰显地方特色，让民众感受到由于理事会的有效运转而

明显提升的公共文化获得感。

一方面,顶层设计强化立法保障。随着公共文化机构法人治理结构改革不断深入,越来越多的机构开始加入试点行列。这些被中央及地方遴选的试点机构,虽然有一定的代表性,但其示范带动作用值得商榷。本质上试点是上级政府委托给下级政府的一项任务,地方政府会在行政逻辑驱使下予以重视并配套一些特殊政策,这些特殊条件是非试点地区一般所不具备的。而且,试点期内,地方政府在督查压力下愿意统筹协调人事、财政等部门合力推进,但一旦验收通过,其行动意愿可能迅速被消解。因此,理论界和实务界在深化试点案例研究的同时,更应关注的是推动相关立法进程,强化法律法规在理事会发展方面的刚性约束与正向激励作用。近年来,《公共文化服务保障法》《公共图书馆法》等一系列重要政策法规的颁布,为推动社会参与公共文化服务提供了基本的法律依据,也成为各地制定相关地方性法律的重要基础。当前要抢抓历史机遇,将理事会制度写入相关地方性法律法规,让理事会设立和运行有法可依、有法必依,并依法接受人大和民众的监督。立法的目的不是束缚住理事会运行的自主性,而是强调相关体制机制改革的合法性,并充分激发基层实践的生机活力,让公共文化机构能够以法律原则为依据,结合自身的独特性发展基础与阶段性改革条件,稳妥有序地加以推进与建设。

另一方面,基层实践鼓励百花齐放。不同地域的公共文化机构在社会环境、服务人群等方面都不相同,理事会的改革创新不可能千篇一律,其生命力蕴含在丰富的差异性中。温州市图书馆利用温州民营经济发达的优势,引入外部理事牵引成立"温州市图书馆发展基金会",筹建了温州市超九成的城市书房。[①]湖南省博物馆理事会选聘湖南卫视著名主持人担任理事,发挥名人效应。[②]笔者所在的上海市奉贤区根据机构的不同特点,优化调整公共文化机构理事会的治理模式。如在奉贤区图书馆探索构建由各方贤达参与的理事会,并配套由政府官员主导的监事会,以及由行业

---

① 张启林:《以法人治理改革推进图书馆社会化管理——温州市图书馆理事会运行实践》,《图书馆杂志》2021年第9期。
② 罗向军:《中国博物馆理事会制度的实践与思考》,《博物院》2018年第2期。

专家组成的专家咨询委员会，同时依托有关文化基金作为支撑，促进公共图书馆实现导向性、自主性与专业性的统一。又如，作为上海美术馆分馆的"落英缤纷"奉贤区美术馆在建设阶段就着手构建由上海市美术馆、社会运营主体共同参与的理事会，为总分馆机制搭建制度化的互动平台，助推美术馆运营的科学化、社会化和专业化发展。

综上所述，笔者认为，将理事会制度应用于公共文化领域，为各利益相关者构建治理平台，符合国家战略导向与人民现实需要。但由于"决策权分配"视角局限，目前公共文化机构理事会发展面临改革取向不清晰、内生动力不足、文化体制机制创新有限等实践困惑，许多理事会处于停滞运转的状态。可以预见，以"高质量发展"转换研究视角，推进理事会均衡化、可持续、高效能发展，将会为未来理事会发展提供更具适应性的改革方案，"高质量发展"所带来的思想观念的转变将激发基层的创新动力与改革意愿，切实推动公共文化机构理事会的高效运转。

第二节　高质量发展背景下公共文化设施运营的改革路向

公共文化设施是公共文化产品和服务的主要载体与实现平台，其运营水平直接关系到社会公众享受公共文化产品和服务的质量。① 当前，高质量发展已明确作为全面建设社会主义现代化国家的首要任务，在此背景下，对我国公共文化设施运营的理念、模式和实践困惑进行系统梳理，进而提出公共文化设施运营的改革路向，以期为政府和公共文化机构提升公共文化设施运营效能提供决策参考。

一、公共文化设施运营理念的分歧

第一种理念认为，公共文化设施主要承担的是公益性质的基本公共服务，应主要由事业单位来运营。持有这种理念的学者认为，公共文化设施所承载的公共文化服务属于公益事业，在运营理念上要求始终将社会效益放在首位，让所有民众都能公平享有服务内容，故而由事业单位作为

---

① 孟晓雪：《我国公共文化设施运营机制研究》，《图书馆学刊》2021年第7期。

运营主体比较合适。一则,《公共文化服务保障法》要求公共文化设施免费或优惠开放,这就使公共文化服务的收费必然低于市场平均水平,市场主体无利可图,不能或不宜由市场资源配置。①二则,公共文化设施具有其他部门和行业所不能替代的社会功能,不仅需要承担培养文艺人才、推进艺术普及、传播科学知识、传承地域文化等职责②,还肩负塑造核心价值、增进政治认同的使命③。以上两点,恰恰是文化事业机构设立与发展的基本要求和目的,因此由事业单位来运营责无旁贷。面对高质量发展新要求,深化事业单位改革是优化公共文化设施运营效能的必然选择。

第二种理念认为,我国社会主要矛盾已经发生转化,要满足人民日益增长的精神文化需求,应当推动公共文化设施的社会化运营,提升服务质量与效率,降低"无效"供给。中央2015年印发《关于加快构建现代公共文化服务体系的意见》中明确提出要"推动公共文化服务社会化发展""创新公共文化设施管理模式,有条件的地方可探索开展公共文化设施社会化运营试点"等建议,这些借助社会力量创新发展的政策导向,是社会化运营理念生发的现实基础。赵峰以国内最早开展县区级文化设施运营管理整体外包的无锡新区图书馆为样本展开调研,认为社会化运营变"养人"为"养事",化解了公共文化服务规模扩大与政府直接供给能力不足之间的矛盾,特别是有效解决了机构设置困难、编制紧张和人才匮乏等问题。④不过,有学者担忧国家意识形态管理部门和文化行政部门不敢放手将运营权授予社会组织,担心其受利益驱使偏离公益轨道和价值导向。⑤对此,苗美娟等学者认为,社会化运营实现的是管理运营方式的转变,并不意味着政府主体责任和保障公众基本需求的性质发生变化。⑥关键在于

---

① 邵坚宁:《哪些公共文化设施适用PPP》,《投资北京》2015年第10期。
② 张奎:《公共文化设施管理应姓"公"》,《大众文艺》2011年第16期。
③ 王滢涛:《公共文化治理:理念、模式与实践路向》,《图书馆杂志》2022年第12期。
④ 赵锋:《从办文化到管文化——以无锡新区图书馆"服务外包"模式为样本》,《群众》2014年第2期。
⑤ 熊海峰、范周、柳鹏飞:《城市公共文化设施社会化运营的"E—GSC—S"策略研究》,《学习与探索》2019年第11期。
⑥ 苗美娟、李斯、李龙渊:《基层公共文化设施社会化运营的探索与实践——以北京市东城区为例》,《图书馆论坛》2022年第9期。

正确认知社会化运营,合理设定目标任务,保障足够经费支撑,强化运营过程监管,保证运营主体"导向性"与"积极性"的双提高。

第三种理念认为,社会化发展虽然是公共文化机构运营改革的重要议题,但应当明确社会化运营的原则与边界,做到"跨界"但不"越界"。范并思强调,社会化运营不能改变公共文化机构自身的公益属性,其仍然是保障信息公平的一项基本制度。①公共文化机构提供服务不应以逐利为目标,"社会化"与"市场化"在发展思路、价值取向和实现方式上具有本质区别。持有这种理念的学者认为,社会化运营必须以满足人民群众基本文化需求、维护人民群众基本文化权益为核心价值,不能因此降低财政资金保障标准,不能让场馆变成经营性机构,更不能以通过场馆运营谋求工作人员私利。社会化运营作为政府追求公共文化服务"经济合理性"的一项政策工具,须建立在确保公共文化设施"公共属性"基础上。②以图书馆为例,金武刚认为其社会化运营应妥善处理好诸如商业经营活动范围、服务外包政府责任、志愿服务等关键事项,将改革着力点限定在全民阅读活动、分馆和服务点建设、文创产品研发、数字服务创新、法人治理结构改革等具体领域。③

二、公共文化设施运营的主要模式

第一种模式是"事业单位"运营模式。"事业单位"运营模式的运营主体是事业单位或由政府主导设立的民办非企业机构(一般为机构改革后地方政府的应变之举,可视为类"事业单位"),且在管理运营过程中,这种运营模式基本上不委托其他社会主体(物业管理除外)来参与运营,由事业单位人员和其他自有人员自主开展服务活动。笔者观察发现,不少建成10年以上的公共文化设施多采用了"事业单位"运营模式,主要原因是在这些场馆筹备之初就招聘了相对充足的事业人员,已较充分地考虑到

---

① 范并思:《建设一个信息公平与信息保障的制度——纪念中国近代图书馆百年》,《图书馆》2004年第2期。
② 曹磊:《日本公共图书馆社会化运营发展历程及问题》,《中国图书馆学报》2017年第5期。
③ 金武刚:《跨界 VS 越界:新时代公共图书馆社会化发展定位、边界与突破》,《图书馆杂志》2019年第5期。

提供公共文化服务的力量配备。这些人员费用占到财政资金公共文化项目支出的相当大部分，在保障相对固定的事业人员经费后，政府很难再提供让其进行社会化运营的资金。有学者通过对上海市社区文化活动中心运营现状调研后发现，全上海200多家社区文化活动中心至少有一半采用这种运营模式，且主要集中在郊区乡镇。①随着公众对文化服务需求的提高，"自主运营"模式也在进行优化调整来与之适应。以文化馆为例，事业人员多具有专业技术才能，便发挥他们的专业优势，筹建和辅导舞蹈队、戏剧队、合唱队、书画协会、舞蹈协会等多种群体性文艺团队开展活动，通过各类团队活动提高艺术普及能力。②上海市奉贤区文化馆组建"群贤俱乐部"，由专业技术人员担任授课老师，利用工作日晚上和双休日为市民提供免费的水彩画、书法、打击乐等公益课程，深受群众喜爱。

第二种模式是"整体委托"运营模式。该模式的运营主体为社会机构（一般为企业或社会组织）。社会机构以参与政府购买服务的竞标途径获得在一定时限内公共文化设施的整体运营权，与政府签订委托运营协议，约定双方权利义务关系，组建运营团队进行全面管理，内容包括但不限于场馆维修维保、物业管理等硬件部分，以及日常服务、公益活动、公共产品开发等软件部分。严贝妮等学者撰文详细介绍了安徽省六安市图书馆所采用的整体委托运营模式，其优势一是缓解地方政府编制紧张问题，可面向社会灵活招募专业人才；二是充分发挥社会机构在人脉和资源等方面优势，创新与提升服务供给能力；三是可灵活推进分馆建设，快速拓展服务半径，作为委托方的政府可通过制定考核标准及与补贴资金挂钩的实施办法进行跟踪监督。③观察发现，这种模式的益处在于起效快，可以在短时间内利用社会机构已相对成熟的专业与资源能力，快速产生效益。因为这颇为符合地方政府追求任期内政绩的需要，而受到地方政府青睐。近年来，不少新建公共文化设施选择了"整体委托"作为其运营模式。上

---

① 金武刚：《公共文化设施托管的认识误区、衍生问题及阈值设定》，《图书馆建设》2020年第4期。
② 言频：《浅谈如何优化文化馆免费开放的管理措施》，《群文天地》2013年第1期（下）。
③ 严贝妮、张子珺、刘亚东：《公共图书馆全馆型委托运营模式研究——以六安市图书馆为例》，《图书馆研究与工作》2023年第1期。

海市浦东新区周浦镇傅雷图书馆整体委托大隐书局进行运营,上海九棵树未来艺术中心委托上海华人梦想文化发展有限公司整体托管,均在开业伊始就快速打响了品牌。

第三种模式是"部分委托"运营模式。该模式的主要运营主体可以是事业单位,也可以是受政府委托的社会机构,但该模式与前两种模式均存在明显差异。与"事业单位"运营模式的区别在于,"事业单位"可将部分场馆空间对外开放给社会专业机构来承接,或将部分活动项目委托专业机构举办,形成事业单位与社会机构之间的合作机制。如北京市东城区第一图书馆东总部分馆和角楼图书馆分别将亲子阅读服务和全民阅读服务交给第三方机构运营,日常借阅服务仍由图书馆工作人员负责。又如上海市奉贤博物馆由事业单位进行日常运营,但将讲解服务及文创售卖等委托给专业机构;奉贤区文化馆的日常服务主要由事业专技人员提供,但将大型文艺演出项目等委托专业机构来承接。与"整体委托"运营模式的区别在于,政府并不是将场馆全部事务整体委托一家社会机构来运营,而只是将部分事项予以委托。如北京市朝阳门社区文化生活馆作为由腾退空间改造成的社区公共空间,由朝阳门街道办事处委托社会机构提供养老、民政等综合性服务,对于其他服务则采用"项目申请—政府采购"方式,由受托社会机构再提出具体项目申请。①

三、公共文化设施运营的实践困惑

(一) 制度刚性消解现实需要

事业单位作为目前公共文化设施运营的主力军,其运营效能的增强,涉及整个文化体制与治理结构的转型。事业单位制度的基本框架可分解为三大关系结构,分别为事业单位与政府部门之间的纵向结构关系,事业单位与社会市场系统之间的横向结构关系,以及事业单位与单位成员之间的内部结构关系。②这三种关系的调整和变迁,决定"事业单位"运营模

---

① 苗美娟、李斯、李龙渊:《基层公共文化设施社会化运营的探索与实践——以北京市东城区为例》,《图书馆论坛》2022年第9期。
② 韦楠华:《公共文化机构管理现状、问题及对策研究》,《图书馆理论与实践》2019年第8期。

式在不同历史发展阶段的表现形态。根据我国现行的事业单位制度,这三种关系结构都还存在制度刚性问题,制约了公共文化设施运营的效能释放,抑制了公共文化供需双向的活力激发。首先,在事业单位和政府关系上存在"职能错位"问题。地方政府将事业单位纳入政府体系进行管理,"大包大揽""管办不分"现象仍比较普遍,过多行政指令影响事业单位正常运营。其二,在事业单位和社会关系上存在"政策瓶颈"问题。虽然《公共文化服务保障法》规定公益性文化单位可以进行优惠收费,但根据国务院办公厅《关于事业单位分类的意见》,明确规定作为公益性文化单位的公益一类事业单位不得从事经营活动。在实际工作中,政府财政部门一般都不允许公益一类事业单位开展任何形式的经营业务,造成其失去了一个与民众开展互动的关键渠道。比如,不能自主进行票务收费、文创售卖和餐饮销售等,影响特色化、多样化和个性化的服务供给。其三,在事业单位与事业人员之间存在"结构僵化"问题。现行制度下,事业单位人员在社会保障、收入分配、绩效工资、人事管理等方面都与事业单位改革目标有较大差距,尤其是在奖惩制度方面,事业单位负责人既缺乏对表现优秀人员的物质激励手段,又出于《事业单位工作人员处分暂行条例》不能自行做出人员开除决定等,这些问题造成事业单位内部普遍存在相当比例的"躺平"人员,他们虽按时上下班,但"出工不出力""人在心不在",严重影响服务效能。

(二)市场化逻辑取代社会化逻辑

公共文化设施社会化运营是使用多元治理理念增进运营秩序与效能的一种治理方式,有利于改善服务提供者与社会参与者之间的关系,目的在于增强公共文化设施的"合法性"。市场化逻辑则与之不同,市场化是产业发展的有效机制,是以追求利润最大化为目标对各类资源进行配置。在历史上,公共文化设施曾在市场化理念误导下演变为"以文养文"机制,大量公共文化设施沦为商业培训机构,无法开展正常的公共文化服务,直到21世纪初中央出台免费开放政策后才得以纠正。

但是,当前在实践中却又出现新问题。由于不少地方政府领导未能正确认知社会化运营,以"社会化"为名,而行"市场化"之实,又一次滑向新的"以文养文"。以市场化逻辑取代社会化逻辑，从根本上改变了坚持政府主体责任、保障公众基本需求的公共文化设施的基本属性，就会陷入不可持续发展的困境。具体表现在：一是将社会化运营视为减少政府财政负担的一种手段。社会化运营不是一种单纯减少政府支出的机制，而是一种激发活力、促进服务水平提升的机制。[①]作为政府事权的公共文化服务，其成本回收和利润来源，应主要来自政府购买服务的资金投入，如果政府减少投入，承接主体势必在成本压力下选择具有潜在购买能力的服务对象和具有市场利益的文化产品，导致公共文化服务变形和异化。二是将企业化运营和激励机制看作提升公共文化设施运行效率的唯一手段，缺乏探索其他改革路径的内在动力。三是迷信市场竞争能自发优胜劣汰，但目前由于缺乏专业优质的承接主体，根本无法形成充分的竞争市场。[②]

以市场化逻辑取代社会化逻辑带来的代价是难以弥补的。首先，市场化逻辑下的公共文化设施运营实际上偏离了"公益性"和"公共性"，在利益驱使下会逐渐丧失"合法性"。其次，政府企图利用市场化来逐年降低财政投入的做法往往会适得其反，会带来许多的后遗症，比如，因缺乏资金保障，场馆设备维护维修不及时，不仅影响运营安全，而且会极大增加延迟维修成本，最后还是需要政府财政进行托底；又如，受托企业为降低运营成本，压低员工工资，大量招募志愿者充当免费劳力，不仅造成公共服务质量下降，还损害了公共文化设施的公信力。

（三）错层委托消弭合作精神

"部分委托"模式在场馆日常运营中同时存在两个或两个以上的运营主体，这些运营主体之间的相互协作至关重要。理想状态是，作为公共文化设施的主要运营方根据需要通过招标程序将服务项目或部分空间托予最为合适的承接主体，签订合约明确权利义务与委托时限，在合作中加深

---

① 李国新：《公共文化服务保障法律制度的完善与细化》，《中国图书馆学报》2021年第2期。

② 金武刚：《公共文化设施托管的认识误区、衍生问题及阈值设定》，《图书馆建设》2020年第4期。

了解与磨合，培养出信任关系与合作精神。但现状是，由于新建公共文化设施一般都为地方政府领导主抓的重点项目，他们具有替代实际运营方选择承接主体的内在冲动。这就可能造成，上级主管部门觉得合适的承接方，实际运营负责人却并不一定觉得满意，但迫于无奈只能与其发生合作关系，随之衍生出一系列问题：首先，由于受托于上级主管部门，往往会忽视实际合作者的要求与任务，不听从服务安排，甚至还会引发矛盾与内耗。其次，对承接主体的考核评价形同虚设。虽然普遍建有考核体系，但由于政府领导不直接参与运营很难掌握真实信息，实际运营方则碍于情面难以做到客观公正。最后，主体责任缺位。当公共文化设施运营出现问题时，实际运营负责人会将部分原因归咎于"错层委托"机制来减轻其主体责任。

可见，"错层委托"机制非但不能提升运营效能，更因多元主体之间的兼容磨合问题产生诸多阻力。从文化层面看，公共文化设施社会化运营的良性运转有赖于各方共赢的合作精神。观察发现，若没有以互信为基础的合作精神，即使在正式合约中将权利义务关系界定得细之又细，也无法在更为复杂精细的实际运营中有效协作与高效运转。令人遗憾的是，不少政府领导并没有意识到"错层委托"给实际运营者带来的困惑，未能充分认识合作精神对于社会化运营成败的决定性作用，有好心，却没把事办好。

四、高质量发展视角下公共文化设施运营的改革路向

（一）建立资金分类支持机制，推进公共文化设施运营均衡化发展

作为政府基本公共事务，公共文化设施运营离不开公共财政的保障。高质量发展视域下的均衡化，要求各地区、各层级的公共文化设施都能获得充分资金支持以确保有效运转。但现实情况是，不同公共文化设施所获运营资金存在较大差别，相对于传统设施和基层设施，政府将更多财力投入进新建设施与市中心设施的运营，为其创造良好的运营条件。这种做法实际上偏离了高质量发展主题下各级各类公共文化设施共享改革红利的要求。笔者认为，各地政府要树立和践行正确的政绩观，分类健全资金支持机制，激发各级各类公共文化设施的服务潜能，让各地民众都能拥

有"家门口的好去处"。

其一,发挥政府主体责任,建立逐年增长的基本公共文化服务资金保障机制。随着社会不断发展和公众需求的不断提升,基本公共文化服务在数量和质量上都会有所增强,地方政府的经费投入必须同步提高,决不能逐年递减。公共文化设施不论采取何种运营模式,基本公共文化服务都是政府公共财政所要保障的主要事权,不能依靠社会化运营收入逃避政府责任,也不能将其与其他非重点事项类比一刀切地进行财政资金同比例压减。针对当前不少地方随意削减基本公共文化服务保障资金,导致公共文化设施持续处于低水平运转的情况,政府要加快制定、动态调整和及时公开具体可行的基本公共文化服务标准与目录,将其作为科学测算地方政府保障基本公共文化服务事权与支出责任的刚性依据,纳入同级人大重点依法监督范围,优先确保各条目录事项资金按标准足额拨付。

其二,发挥政府主导责任,完善以支持普惠性非基本公共文化服务为重点的政策性政府扶持资金体系。除基本公共文化服务外,提供普惠性非基本公共文化服务正日益成为公共文化设施运营的重要功能。普惠性非基本公共文化服务是为满足人民群众多样化、多层次、多方面的文化需求所必须,市场自发供给不足,需由政府通过支持公共文化机构或市场主体提供的公共文化服务。[1]目前,有文化机构采用适当优惠收费与受益者个人负担等方式发展普惠性非基本公共文化服务,避免公共资金更多转移至小众服务,这在一定程度上体现了高层次均衡发展对公平正义的新要求。但问题是,如果让公益性收费变成平衡普惠性非基本公共文化服务成本的唯一来源,不但可能演变为新的"以文养文",而且绝大多数地处远郊与乡村的公共文化设施因消费能力不够,根本无法获得足够的平衡资金。因此,地方政府必须承担其在公共文化设施运营中的主导责任,在积极出台公益性收费政策的同时,应完善政策性政府扶持资金的支持导向、运作机制和多元投入渠道,激发公共文化机构和社会运营主体创新活力与服务意愿。具体的做法,一是将支持普惠性非基本公共文化服务作

---

[1] 李国新:《推动普惠性非基本公共文化服务发展》,《图书情报知识》2022年第5期。

为政府扶持资金支持的重点方向,将其与文化产业资金扶持政策清晰界分开来,设置专门针对远郊乡村和薄弱地区的专门扶持类别,有针对性地对其申报项目进行倾斜。二是优化政府扶持资金评审机制。要引入现代多元治理理念,依托行业协会、专家智库等专业力量开展评审,邀请市民群众共同参与评价,使评审更具公信力。要构建有一定竞争性的"优胜劣汰"机制,鼓励各申报主体创新运营模式和项目供给方式,精准对接民众需求。此外,还可将"社会效益""合作精神"等要求纳入评审,必要时进行实地调研,全面客观掌握其真实运营能力。三是拓宽政府扶持资金的来源渠道,探索公益基金制度,鼓励各类社会机构、基金会、爱心人士等通过向公益基金捐赠的方式,依托上述专业科学的评审机制,更好支持公共文化设施运营的均衡化发展。

(二)构建全周期系统提升机制,实现公共文化设施运营可持续发展

高质量发展视域下的可持续发展,要关注的是公共文化设施运营能否持久发挥效用。要使公共文化设施运营可持续运转,仅选择运营模式与运营主体是不够的,应将关注点前移至公共文化设施的规划和建设阶段,构建全周期系统提升机制,这样才能切实改善在运营过程中实际存在的种种不可持续发展的问题。

其一,公共文化设施规划选址要做到理性分析。实践中发现,有些公共文化设施运营中出现的问题,其症结主要在于建设规划阶段的主观性与随意性。如为追求"土地资本化"效益①,抬高地价获得城市经营收益,地方领导热衷于将新建公共文化设施选址在新城新区,但问题是这些地区往往远离成熟居民区,交通配套尚不足,这势必会降低民众的可及性。公共文化设施选址应遵循一套科学合理的规划方法体系,要系统考虑区位现状、人口密度、交通网络、基础管线等基础要素,以及财政状况、社会基础、生态承载、建筑形态等发展要素,不能简单将某一种要素作为规划的唯一标准,更不能用浪漫主义的想象替代现实理性的调研来做决策。笔者认为,科学规划公共文化设施对于后续运营成败具有方向性、基础性

---

① 王滢涛:《如何破解土地资本化驱动下的社会风险》,《开放导报》2019 年第 3 期。

的作用。因此,一是必须根据实际需求建设公共文化设施,地方政府要统筹谋划设施的规划布局,打破各自为政、本位主义,规避重复建设、资源浪费,切忌好大喜功、不切实际,尤其是要有效抑制以公共文化设施为名义违规举债、打造政绩工程的冲动。二是要正确认识"15分钟公共文化服务圈"。为提升公共文化服务可及性,不少地方政府提出要让民众在步行15分钟内即抵达公共文化设施的目标,这种想法可能在城市中心地区可行,却未必适合于广大远郊与乡村地区。人口相对稀少地区不应简单增加密度而不顾实效。建议适当增强中心乡镇公共文化设施的功能配置,采用公共交通衔接的方式让周边居民方便可达,这样不仅节约资源,而且相对集中资金建设的设施会使体验感更佳。三是规划选址必须按照《公共文化服务保障法》要求提前"征求公众意见",让实际使用者参与规划决策。

其二,公共文化设施建设过程要做到运营优先。在目前情况下,公共文化设施建设过程与运营过程是相互割裂开来的,往往要在接近投入使用时才开始考虑运营方案。这种彼此分离的方式容易造成前期建设与后期使用需求不匹配的矛盾,不仅会对实际运营产生诸多困扰,还会带来"二次改造"的资金浪费与重复建设。观察发现,有地方领导片面认识公共文化设施功能融合的概念,在还未明晰功能定位的情况下,即着手建设,殊不知图书馆、美术馆、文化馆、博物馆等各类公共文化设施都有其功能标准,如果不按照这些标准来建设,必然影响其后续运营的可持续性。比如,美术馆对展厅层高有明确要求,如果不达标,就无法实现观展效果,某些美术展览就无法呈现;又如,博物馆对楼板承重也有刚性参数要求,如果不满足标准,一些展品就无法来馆呈现,等等。因此,建议要将运营方案与场馆建设同步考量,以运营为导向深度参与公共文化设施的功能布局、场景设计、装修工程、设备设施采购、内容规划、资源对接、弱电布置、智能系统开发等各环节,实现公共文化设施建设与运营的有效衔接。

其三,公共文化设施运营成效要做到及时评估。科学完善的运营评估机制是公共文化机构持续有效运行的关键。无论采用何种运营模式,都应加快制定"双维"评估体系:一是从外向内完善"刚柔并济"的评估体系,不仅要将诸如"参与人次""活动数量""演出场次"等刚性指标纳入评估,还要有"服务品质""品牌影响""民众感受"等柔性指标设计,激发运营主体持续改善服务的动力。二是从内向外优化"公开透明"的信息发布机制,既要将年报发布作为场馆与公众之间定期交流的有效机制,又要及时回应民众的各类诉求,增加公众的知晓率和参与率。比如,上海市奉贤区图书馆在每个阅读桌上设置读者意见二维码,图书馆负责人通过每周汇总分析读者诉求,快速掌握场馆运营状态,据此不断优化调整人员管理和公共服务,及时进行必要的设备修缮与更新。

(三)深化法人治理结构改革,实现公共文化设施运营高效能发展

高质量发展视域下的高效能发展,要求正确认识公众需求的复杂性、多样性和易变性,不论采取何种运营模式,都应继续深化法人治理结构改革,因地制宜建立社会化的理事会和专家咨询委员会,增强公共文化服务决策的科学性、丰富性和适应性,增强运营效能。

观察发现,当前不少地方政府选择委托运营,主要是为了改变传统文化机构"人浮于事"等弊病,认为受托于社会运营主体就能提高管理效能。这一认识存在误区,真正提高效率的关键,并非在于是否采用了社会化委托管理,而在于实际运营团队是否具有改善效能的强烈意愿与管理才能。笔者认为,地方政府在制定公共文化设施运营方案时,应变换思考角度,将深化公共文化机构法人治理结构改革置于优先位置,将这项改革作为提升公共文化机构运转效能、促进其社会化发展的核心举措。

首先,要强化顶层立法保障。近年来,《公共文化服务保障法》《公共图书馆法》等一系列重要政策法规的颁布,为推动社会参与公共文化服务提供了基本的法律依据,也成为各地制定相关地方性法律的基本遵循。当前要抢抓历史机遇,将法人治理结构改革作为推进事业单位改革的突破口,将理事会制度写入相关地方性法律法规,让理事会设立和运行有法可依、有法必依,并依法接受人大和民众的监督。立法的目的不是束缚住理事会运行的自主性,而是强调相关体制机制改革的合法性,并充分激发基层实践的生机活力,让运营主体能够以法律法规为依据,结合自身单位属性与发展条件,稳妥有序进行各项改革。

其次,要鼓励基层百花齐放。不同地区和类型的公共文化设施运营

面临不同的内部条件与外部环境,其理事会的改革创新不可能千篇一律,其生命力恰恰蕴含在丰富的差异性中。①笔者所在的上海市奉贤区根据公共文化设施的不同特点,探索构建理事会的不同形态,适应不同类型的运营模式。如在作为传统型事业单位的奉贤区图书馆构建由各方贤达参与的理事会以及由行业专家组成的专家咨询委员会,同时依托有关文化基金作为支撑,将一定的业务发展权、资金支配权和人员管理权赋予运营主体,释放传统公共文化机构的运营活力。又如,拟采用社会化运营的新建文化设施"言子书院",政府部门并非"一托了之",而是委派专人以理事会成员身份参与到后续运营中,整合各自优势资源合力推动书院运转。还如,"落英缤纷"奉贤美术馆探索建构"事业单位+社会机构"共同运营的模式,发挥各自优势,事业单位偏重美术收藏与学术研究,社会机构偏向策展布展与公共教育,搭建双方共同参与的理事会,合力推动美术馆各项功能高效协同运转。

第三节 高质量发展背景下公共文化机构展览的改革路向

党的二十大报告将"健全现代公共文化服务体系"作为推进文化自信自强、铸就社会主义文化新辉煌的重要任务予以提出,彰显了我国在新时代坚持推进公共文化服务体系现代化、以现代公共文化服务体系支撑社会文化软实力提升的坚定信念。公共文化机构展览作为公共文化服务体系建设的重要组成部分,是联结公共文化机构与社会公众的桥梁纽带。以展览为媒介,公共文化的价值倡导者(如策展人)展示实体物件与图文符号进行意义表达,与处于同一文化系统中的人共享意义。②因此,公共文化机构展览区别于私人展览或者其他商业展览的地方,就在于其承担着共享意义即主流文化的塑造,影响的是全体社会民众,而不只是少部分人

---

① 王滢涛:《高质量发展背景下公共文化机构理事会的改革与发展》,《图书馆杂志》2023年第7期。
② 刘莉:《从"生命政治"到"文化治理":对公共文化的一种定位与解构》,《思想战线》2020年第6期。

群。以博物馆为例，早期博物馆以收藏为第一要务，其藏品开放严格限制人数与身份。但随着时代发展，博物馆逐渐从仅用于收藏到向公众开放，从只为贵族服务转向为大众服务，从自发社会化转向自觉社会化。[①]观众角色定位的理念嬗变，使得不少博物馆已成为名副其实的公共文化机构。当前，公共图书馆、文化馆、美术馆、青少年活动中心等各类公共文化机构也将举办展览作为其重要的基础服务内容。在高质量发展背景下，这些机构普遍开始关注到展览的参与式体验为受众带来的知识与美育。但观察发现，虽然业内一直强调展览要"以观众为中心"，但不少地方政府和公共文化机构热衷于比拼观众人数、票务收入和活动数量，习惯用数据增长来体现"以观众为中心"，忽视这些数据背后真正的"含金量"，工具化倾向愈发明显。近年来，部分城市率先出台允许公共文化机构进行公益性收费的政策，若不及时纠正这种工具化倾向，则政策执行可能会偏离预设轨道，不仅容易踩进追求高成本、高投入和高收益预期的误区，甚至可能重走"以文养文"的老路。笔者试图在已有研究的基础上，对当前公共文化机构办展的理念、模式和工具视角下的发展难点进行梳理与分析，提出在高质量发展背景下提升公共文化机构展览效能的改革路向。

一、公共文化机构办展的理念分歧

近年来，北京市东城区和上海市相关部门相继出台了《东城区公共文化设施优惠收费服务指南》和《上海市公共文化设施收费管理办法》。作为高质量发展背景下公共文化服务理念创新的先行者，两地主动进行政策突破，希望通过价格杠杆作用的发挥，以更好满足市民群众多层次多样化的文化需求，同时也希望在一定程度上缓和因新设场馆增多等因素所带来的财政压力。在这些政策提出后，已有文化事业机构尝试进行收费办展，并用亮眼的观展人数与售票回报给出了正向反馈。但也有学者对此提出异议，认为这些在特定条件下的办展模式没有多少参考意义，不能进行简单复制。笔者尝试对这些分歧进行梳理，概括学者持有的三种不

[①] 沈文杰：《以观众为本的博物馆展览模式转向研究》，《文物鉴定与鉴赏》2022年第12期。

同办展理念。

第一种理念认为,公共文化机构办展应坚持免费开放政策。公共文化机构免费开放的政策初衷是为推进文化均等化,让更多更好的公共文化产品和服务惠及全体民众,提升全民族的文化素养。免费开放政策施行前,包括文化展览在内的公共文化服务曾走过一段"以文养文、以文补文"的弯路,特别是在20世纪八九十年代,一些地方为"甩包袱",甚至要求公共文化机构自谋出路。随着2008年以来公共文化机构免费开放政策的陆续颁布,时至今日,由政府举办的文化事业机构所办展览几乎都向社会公众免费开放,不少民办文化机构也在财政资金的扶持下逐步加大展览免费开放力度,免费开放政策推动了我国公共文化机构办展水平的提升。以博物馆为例,马自树从保障公民文化权益的角度,认为免费开放政策促进了文化公平与博物馆自身价值的根本变革。[1]吴昌稳认为免费开放政策的激励与倒逼增强了博物馆的服务意识,各级政府财政资金投入保障,使博物馆办展可以安心从行业发展和观众角度来提升水准。[2]宋新潮还强调了免费开放政策对优化博物馆体制机制改革的促进作用,尤其是助推了博物馆评估定级行业评价标准的建立。[3]

第二种理念认为,公共文化机构展览应当收费并以此形成良性的"造血"体系。以美术馆为例,魏祥奇从收费与否的角度比较了公立美术馆和私立美术馆,认为免费开放的公立美术馆过于依赖有限的财政拨款,使得其在展览策划、学术研究和国际重要展览项目引入等方面遇到诸多阻力,而私立美术馆因为有门票收入,故而其在展览项目和实施上拥有更多自主空间,可以巨资引进重磅展览。此外,从展览门票收入还能衍生出其他灵活的经费筹集机制或渠道,如赞助人制、艺术商店、公共教育、义拍募款、展厅租赁等,增加运营经费。[4]当前,似乎越来越多的业内人士开始接受这种理念,将高成本与高效益画上等号。他们认为,只有花重金引进世

---

[1] 马自树:《保障公民文化权益,实现文化公平——谈谈博物馆免费开放问题》,《中国博物馆》2008年第2期。
[2] 吴昌稳:《免费开放与博物馆事业大发展》,《博物馆管理》2021年第3期。
[3] 宋新潮:《公共文化服务体系与博物馆免费开放》,《东南文化》2012年第4期。
[4] 魏祥奇:《美术馆免费开放再议》,《东南文化》2019年第1期。

界级的展陈内容,才能借助大师级影响力提升知名度,吸引海量参观者前来观展,用票务收入平衡成本,实现公共文化机构展览的经济和社会效益。

第三种理念认为,公共文化机构办展可以免费,也可以适当收费,但要把握守正与创新的关系,划清文化事业与文化产业的界限,维护公共文化服务改革与发展的方向性。李国新将公共文化服务细分为基本公共文化服务和普惠性非基本公共文化服务,认为基本公共文化服务提供的是保基本、兜底线和促公平的服务,应当免费;普惠性非基本公共文化服务提供更充实、更丰富和更多样的内容,可以适当收取费用。但他同时强调,即使是收费,也要掌握一定的范围、边界和尺度。[①]根据这一观点,公共文化机构所举办的展览应当限定在市场自发供给不足的部分,不应干扰文化服务市场秩序。换言之,完全个性化、定制化和高成本的文化享有,还是应当通过市场机制予以提供。

二、公共文化机构办展的不同模式

公共文化机构的不同办展理念,催生出公共文化机构展览的三种模式,分别为"免费办展"模式、"收费办展"模式和"收费+免费"的混合办展模式。

第一种是"免费办展"模式。为纠正我国公共文化服务"以文养文"的政策取向,世纪之交,在一大批专家学者的呼吁和推动下,中央有关部委于2008年和2011年分别发布《关于全国博物馆、纪念馆免费开放的通知》和《关于推进全国美术馆、公共图书馆、文化馆(站)免费开放工作的意见》两份文件,标志政策取向从"以文养文"向"免费开放"转变。在这一大背景下,各地党委政府积极呼应。目前,几乎所有公共图书馆、文化馆和绝大多数国有美术馆、博物馆所办展览都已免费向公众开放。免费开放并不意味着展览可以降低标准,反而对公共文化机构办展提出了更高的要求,因为如果展览长期不更新、手段单调、方式简单,就很难吸引参观者再次前来,而且会对公共机构形象产生负面效应。对此,江苏省县级博物

---

① 李国新:《推动普惠性非基本公共文化服务发展》,《图书情报知识》2022年第5期。

馆主动挖掘本地文化名人资源、利用民间私人收藏、配合当地节庆活动，并加强与地方政府联系合作，丰富与拓展展览内容。[1]苏州博物馆在免费开放后，逐步形成以观众体验为目标（如满足观众对讲解的需求）、培养核心竞争力（如推行展览项目制）、扩大"朋友圈"（如依托理事会平台凝聚社会力量）和树立创新思维（如将文创与市场紧密结合）的办展模式，该模式在其实际运行中很有成效。[2]此外，2022年建成的上海图书馆东馆的免费办展模式也颇有新意。上图东馆打破传统展览的空间边界，将文献资料、公共艺术品、雕塑乃至建筑本身的精巧造诣都作为展览元素镶嵌在场馆的各个主题阅读空间中。[3]可见，在国家推行免费开放政策的环境下，公共文化机构因地制宜探索符合其自身定位、各具特色的免费办展模式，公共文化服务面貌焕然一新。

第二种是"收费办展"模式。这种模式的实质是一种自我造血机制的建构。一直以来，多数民办美术馆、博物馆等所办展览都不免费。相对灵活的管理体制与定价机制，使得民办公共文化机构在展览项目的策划和实施上具有更多的自主空间，尤其是能够根据社会需求与公众反馈引入高规格展览项目，并将其通过门票、活动收费、衍生品售卖等进行需求变现。此外，如龙美术馆（西岸馆）、尤伦斯当代艺术中心等机构还建立了赞助人制，利用各种渠道增加自身运营经费。[4]稳定可观的收入是这些机构能够持续引入优质展览内容、不断提高自身运营能力的前提，也是形成良性造血机制的基础。然而，相比民办公共文化机构，政府举办的事业文化机构在免费开放政策发布后一直都严格落实免费办展要求。直到公益性收费政策正式出台，上海博物馆率先举办"从波提切利到凡·高——英国国家美术馆珍藏展"，这是2008年上博免费开放以来所举办的首个收费

---

[1] 陈尚荣：《论免费开放后基层博物馆的展陈策划——以江苏省县级博物馆考察调研为例》，《南京理工大学学报（社会科学版）》2011年第6期。
[2] 陈瑞近：《免费开放后博物馆的发展对策——苏州博物馆为例》，《博物院》2019年第10期。
[3] 王世伟：《中国特色公共图书馆创新和高质量发展的全新探索——对于上海图书馆东馆的观察与思考》，《图书馆杂志》2023年第4期。
[4] 魏祥奇：《美术馆免费开放再议》，《东南文化》2019年第1期。

展览。该展览历时三个多月,创下了超过42万人次的参观记录。①虽然笔者并未获得其准确的票务收入信息,但以100元的普通参观票价来计算,对上博而言无疑是一笔可观的预算外收入。

第三种模式是以上两者的混合,可称之为"收费+免费"的办展模式,其主要的混合形式有三种:一是公共文化机构举办的收费展览在特殊时点免费向公众开放。如在每年5月的国际博物馆日前后,不少日常收费的博物馆纷纷推出免费或优惠项目,以此鼓励更多民众走进博物馆观展。二是公共文化机构举办的收费展览对特定对象免费开放。如上海浦东美术馆自开馆以来就实行一馆全通的售票政策,单人单次票平日100元、周末150元,观众购票后可观看场馆中所有展览。同时,浦东美术馆对6周岁或1.2米(含)以下儿童免票,并在一定条件下(两位成人携一名18周岁以下未成年人同时购票入馆)对未成年人免票。三是将收费项目植入免费开放的公共文化机构展览中。比较常见的收费项目有电子导览器、人工讲解服务、文创产品售卖等。近年来,随着公众对增强艺术文化修养的需求日益高涨,不少市场主体瞄准高品质的免费展览内容,开发出一系列迎合市场需求的公教课程、研学项目和导赏服务等文化产品,通过微信等新媒体对外营销来实现收入。由于展览本身并不收费,极大节约了这些商业主体的门票成本,同时还能给公共文化机构带来其所渴求的观展流量。

三、公共文化机构办展的实践困惑

综观当前业界围绕公共文化机构展览理念与模式的相关讨论,笔者认为,这些研究内容虽都具有一定的参考价值,但大多是基于工具理性视角将收费与否、收费多少、结构如何等工具与手段置于策展的优先位置。这种对单一功利目标的追求,势必会忽视人的情感与精神体验。而且,工具理性所追求的是事物本身所带来的预期和可能性,而非事物本身,这导致公共文化机构办展行为的机械化,不仅抑制了社会生活多元丰富的价值创造力,而且带来了诸多与预期目标相悖的实践困惑。

---

① 参见《上博"现象级"展览背后的样本意义》,《解放日报》2023年5月8日。

(一)工具理性凌驾于价值理性,公共文化机构办展取向不清晰

国内外长期以来的实践表明,公共文化机构展览是实现公众基本文化权利、转变公共文化供给方式、传播社会主流精神价值的有效物质承载。我国免费开放的政策,拉近了展览与公众之间距离,也释放出公共文化机构融入社会、塑造社会文化的能量。但观察发现,近年来,随着公众对高品质展览需求的不断增强,供需矛盾显现,加之各地财政保障普遍压力较大,政府主管部门和公共文化机构负责人多从"工具理性"角度筹划和实施展览项目,以"是否收费"这一判断作为展览规划的逻辑起点。如果定位于"免费展览",则多求"流量"最大化,以观展人数多少论英雄,将其作为衡量展览效果的标准。如果定位于"收费展览",则多求"销量"最大化,以门票、文创产品、活动项目等销售金额作为衡量展览成效的要件。对"流量"和"销量"的追求,虽然在一定程度上体现出公共文化服务投入产出绩效化、理性化的历史性进步,但笔者认为,在这过程中,公共文化机构办展取向反而变得模糊不清,一方面发达地区实力雄厚的公共文化机构越来越追求展览的高规格和高投入,而另一方面,绝大多数中小型公共文化机构却在"流量"和"销量"的双重挤压下逐渐迷失发展方向与自身特色。

德国著名社会学家马克斯·韦伯将合理性分为两类,即价值(合理)理性和工具(合理)理性,社会实践活动的成功取决于价值理性和工具理性的统一。根据合理性理论,价值理性应先于工具理性,是工具理性的先导和驱动。当前部分公共文化机构在办展过程中,工具理性与价值理性发生错位,这损害了公共文化机构展览的真实价值,偏离了公共文化机构办展的本义。

(二)流量目标替代观众体验,公共文化机构办展缺乏可持续性

作为公共文化治理的重要维度,公共文化机构办展的本义是促使民众通过切身感受,增进价值认同,拓展人的文化与文明素养。[1]从这一意义上言,公共文化机构本身也是教育机构,育人是其要追求的重要目标之

---

[1] 王滢涛:《公共文化治理:理念、模式与实践路向》,《图书馆杂志》2022年第12期。

一。但与大中小学等学历教育机构不同,公共文化机构属于非强制性的教育机构,参观者的兴趣与愿望对于是否进入场馆观展至关重要。[①]不仅如此,笔者认为,他们是否在看展过程中获得良好体验更需予以关注,因为无论展览环境多么高档豪华,展览资源多么丰富昂贵,如果不能挽留参观者的脚步和视线,不能激发参观者的精神共鸣,那么一切都将变得毫无意义。只有参观者对陈列展览愿意停下脚步仔细阅读或聆听展品介绍,面对展品认真思考而不是"一拍了之",将展览内容与自己的人生阅历进行情感交融,并自觉收获与分享一种共同的文化记忆与生命体验,才能收获富有意义的观展效果。这种切身感受,决定参观者是否愿意再次走进文化场馆,是否愿意将展览主动推荐给家人、朋友和社会大众。基于观众体验而自觉生发的分享欲望,是展览的生命力与活力之源。

不过,观察发现,目前公共文化机构办展出现了片面追求参观者流量的工具化倾向,政府与公共文化机构负责人多将展览期间有多少观众观展作为衡量展览成功与否的核心指标。本应充满温度感的观展体验被置换为冷冰冰的观众人数。以流量目标替代观众体验,从根本上削弱了公共文化机构展览的丰富性,进而让公共展览走进不可持续发展的困境。一是在展览营销上的人力物力投入远超展览内容策划本身,用 KPI 等手段向场馆工作人员分解流量指标,重渲染轻内涵,让不少观众在参观后感到名不副实,大失所望。二是将主要精力用于将展览空间办成所谓"网红打卡地",重形式轻实际,追逐年轻群体打卡拍照发朋友圈的网络流量,削弱了展览意义教育的本质功能。三是部分公共文化场馆为尽快提高观众人数,放任旅行社等商业机构将免费展览纳入旅游点位,造成瞬时大客流,使场馆内拥挤不堪,影响真正前来观展者的学习体验。

以流量目标取代观众体验所带来的代价可能是难以弥补的。首先,这种参观流量只是一种"指标流量""虚假流量",缺乏真实的"含金量"。其次,公共文化机构为追求流量而采用的强大营销与动员手段挤压了本应用于提升展览内容的宝贵资源,不仅减损了展览的思想性、学术性和知

[①] 单霁翔:《试论博物馆陈列展览的丰富性与实效性》,《南方文物》2013 年第 4 期。

识性,而且拥挤的观展环境很难让观众产生有效的观赏性、趣味性和互动性体验,更无法留给参观者难以忘却的记忆和耐人寻味的思考,徒增公共文化机构办展可持续性发展的阻力。

(三)销量竞逐消解公共性,公共文化机构办展正加速内卷化

公共文化机构展览与私人展览或商业展览的本质区别,在于公共文化机构展览的公共性。"公共性"作为社会学中的一个重要概念,可以作这样的理解:主体是人民、是公众;在状态上是公开的;在区域上是开放的空间;在社会效益方面,是出自公意或者公义。公义是这样一个群体,既不是专业人员,亦不是出于商业目的的人士。[①]具有公共性特征的公共文化机构展览,不论其表现形式如何,首要的是必须面向社会、向公众开放,公众可以在展览空间中进行文化体验并与展览内容进行交流互动,进而使承载公共文化的展陈内容发挥其公众美育价值,丰富人们的精神世界,塑造人们的审美境界,体现其社会公益性。需要强调的是,追求公共性与运用市场手段并不对立,体现社会公益属性的公共性并不是一种被动的公众福利,而是一种主动的价值获取,随着民众个性化、多样化和多层次文化需求的不断增长,运用市场机制,在一定范围内发挥好价格杠杆作用,对于提升展览品质,增进观展体验亦十分重要。

但观察发现,当前有些展览出现了"销量竞逐"的苗头问题,将增加门票收入,提高文创、餐饮、活动销售额作为展览成效好坏的关键指标。有的大众传媒更是推波助澜,在其操作模式以及市场经济利益的驱动下,将"多少万早鸟票即告售罄""卖出多少杯咖啡""文创销售多少万元"等作为标题或内容大肆渲染。在这种竞争压力下,公共文化机构领导和策展人关注更多的是如何与商业机构合作卖出更多门票,如何与其他业态联合进行捆绑销售,如何制作网红冷饮、网红咖啡来博得眼球,而忽视展览本身所承载的社会美育功能与知识传递责任。销量竞逐消解公共性,实际上是对公共文化机构展览价值本义的偏离。越来越酷炫的营销手段和宣推方式,只能让展览加速陷入精致的内卷化,而不会带来真正有意义、有

---

① 王文新:《当下艺术展览公共性缺失三题》,《天津美术学院学报》2010年第4期。

价值的创新。更让人隐忧的是,在商业利益驱使下,部分策展人丧失了应当秉持的伦理价值观,热衷于将西方文化机构的展品直接拿到国内展出。我们应当警惕这种暧昧的展览态度,不论展览形式和内容如何变化,都应坚守中华文明背后一致性的伦理指向。此外,有些公共文化机构盲目加大展览项目资金投入,相互比拼展品的稀有性和珍贵性,强调其专业性和学术影响力,而将展览的公众美育、大众教育功能置于脑后,心中没有公众。笔者认为,高品质并不意味着高投入和高成本,要将有限的资金用于真正能够促进社会美育发展的领域,将社会美育作为公共文化机构办展实践的场域,发挥展览在公共教育、知识积累与大众艺术普及等方面的作用。

四、高质量发展视角下公共文化机构展览的改革路向

随着民众精神文化水平的提高,到公共文化场馆去看展已成为不少市民群众的生活方式。公共文化机构展览正对传播公共价值和塑造国民意识产生日益深刻的影响。对公共文化机构策展办展模式进行优化调整符合民众需求和国家导向,但应当将构建激发活力、促进创新、丰富服务、提升效能、惠及百姓的系统机制作为改革重点,而绝不是简单地运用收费手段降低政府的投入。必须转变以工具理性为单一视角的办展理念,否则公共文化展览难以走出不可持续性困境,陷入无意义的内卷。笔者提出,要以"高质量发展"转换视角,实现工具理性与价值理性的统一,对公共文化机构办展理念和方式进行系统全面的改革。作为全面建设社会主义现代化国家的首要任务,高质量发展既包括均衡化发展等基本要素,又包括可持续发展、高效能发展等拓展要素。基本要素与拓展要素的协同发展与有效结合,是让展览真正与观众之间形成对话交流的关键所在。

(一)均衡化:促进公共文化机构展览分层分众发展

高质量发展视域下的均衡化,要求大中小各层次的公共文化机构都能举办受民众欢迎的展览,也要求各年龄段不同观众的参观需求都能得到满足。因此,各级政府要加强政策供给与分类指导,发挥行业协会资源协调功能,加强不同层级公共文化机构之间,以及公共文化机构与教育、科技、体育等跨领域的交流和合作,推进公共文化机构展览分层分众均衡化发展。

其一,健全公共文化机构展览分层交流机制。要使观众自觉走进公共文化机构看展,实现公共文化机构服务社会的最大价值,就必须提供具有吸引力的展陈物品,并且要不断更新展览内容,使得展陈更加贴近民众现实生活,让生活在不同地区的民众都有机会在家门口看到高水准的展览。由于我国各地域各层级的财力、人才和资源的差异还较大,做不到每个公共文化机构都能自主投入开发原创精品展览,因此有必要健全公共文化机构展览分层交流机制,通过常态化的巡展机制深挖展览潜质,放大资源效益,惠及更多民众。具体而言,一是发挥行业协会资源统筹协调作用,打破地域和层级限制,构建全国统一的公共文化机构交流合作体系。当前,中国图书馆学会、中国博物馆协会、全国文化馆协会等行业协会内部各层级间交流合作机制已经得到重视,但其他行业似乎还不尽如人意,而且行业与行业之间的跨界融合还很不够,在这方面需要得到增强,要以展览为媒介与纽带,构建各行业、各层级公共文化资源交流合作网络体系。二是发挥省级以上大型公共文化机构和一级馆的龙头作用,整合现有文物藏品、陈列展览、技术力量和人才资源等精心策划立意高远、品质上乘的精品展,并在策展过程中就应提前谋划巡展方案,灵活设置不同巡展规模,因地制宜地支持一批中小型公共文化机构的展览陈列。在实践中,虽然大多数中小型公共文化机构可能达不到特殊展品的安保与展示条件,但这些因素完全可以通过租借展柜、适当增强安保和技术力量等予以克服,中小型公共文化机构也可以借机有针对性地提升其设施功能,以效果为导向发挥有限财政资金的使用绩效。三是综合实力相对薄弱的中小型公共文化机构可以不用将主要精力和资源花在开发原创展览上,而是可以通过积极主动加入分层交流网络,吸纳适合本地参观者喜好的巡展,提高陈列展览的更新频率。此外,还可以叠加本地元素对巡展内容进行二次开发,如上海市奉贤区图书馆与上海艺术品博物馆合作策划"双峰并秀——莎士比亚、汤显祖戏剧(戏曲)品鉴展"时,就融入了奉贤本地明代戏曲理论家何良俊的相关展陈内容,让观众耳目一新。

其二,完善公共文化机构展览分众呈现机制。公共文化机构策展要树立"分龄分众"理念,虽然面对相同的展陈内容,但可以针对不同的观众设计不同的呈现方式。比如,台北故宫博物院针对高层次观众,曾推出"故宫新韵"活动,以院藏文物为核心,结合与文物相关的传统戏曲,通过生动的戏曲表演,加深观众对故宫文物的印象并培养传统戏曲观众。[①]又比如,奉贤博物馆成立"小小讲解员"队伍,这些中小学生在接受培训和考核后上岗讲解,不仅增加了其自身的课外知识,提升了其语言能力,而且他们的话语表达更易于让同年龄段的孩子们所接受,吸引更多青少年群体加入讲解员队伍。此外,奉贤博物馆还主动邀请大中小学专业教师围绕其策展的"丹甲青文——中国汉字文物精华展"开展备课说课活动,为不同学段的学生提供各有侧重的教学内容。

(二)可持续:推进公共文化机构展览体验化美育化

高质量发展视域下的可持续发展,更为关注的是公共文化机构展览的实效性。但目前,公众的真实观展体验被工具化为"流量"与"销量"目标,使得展览的实际效果欠佳。虽然各项数据不断攀升,但不少参观者由于得不到良好体验,不愿意再次前往展厅观展。这种急功近利的做法透支了未来展览的潜在客群,也无法培育越来越多的高素养观展人群,不利于公共文化机构展览的可持续发展。因此,笔者认为,应将改革关注点放在增强公共文化机构展览的公众体验感上,以此为前提推进展览美育化转型,显化公共性价值。

一是增强观展体验。观察发现,部分文物展览的陈列内容虽然很有价值,但由于展览说明过于学术化,影响到观众的参观体验。还有部分艺术展览,过于强调其所谓的艺术高度、美学高峰,刻意营造出高冷的观展环境,让普通公众难以产生亲近感,有的观众置身其中甚至大气都不敢出,生怕说错一些什么被其他人笑话,只能对这类展览敬而远之。因此,要实现展览的可持续发展,公共文化机构必须研究增进参观者体验感的有效策略。一方面,让不同文化程度的观展者都能置身于一种可理解的

---

① 单霁翔:《试论博物馆陈列展览的丰富性与实效性》,《南方文物》2013年第4期。

展览环境之中。奉贤美术馆在筹备之时,就秉持"人人都是艺术家"的理念,在设计方案中设置软硬件虚拟现实技术,灵活呈现适应不同观众的话语与图像表述方式,以此拉近美术作品与观众之间的心理距离。另一方面,为参观者营造一种可参与、可互动的富有亲和力的观展体验。鼓励参观者通过动手触摸、观察、操作,体验探索的乐趣,从而体验人文历史、传统技艺、生活形态、自然现象和科学原理,激发出自身想象和创作的潜力。[1]

二是推进展览美育化发展。从公共文化机构展览的社会功能、展览的在场性质而言,展览对社会公众的最为直接的关系就是展览对大众的美育,或者说,社会美育是展览实现其公共性的一个最直接、最重要的因素。但笔者发现,不少高水准的展览虽颇有审美教育潜能,但却未有的放矢地进行激发,而是热衷于举办所谓的专业讲座和主题论坛,俨然一个个学术小圈子。笔者认为,这类展览不应成为公共文化机构重点支持的内容,机构管理者应该毫不留情地将其拒之门外。近年来,上海市文旅局大力开展"社会大美育计划",鼓励大批中小学生走进不同类型的公共文化机构,在专业师资的引导下学习如何欣赏展览,提升艺术修养。这一做法值得长期坚持。用美育来训练公众素质,增进公众对美的感受与理解,是培育国民性的重要文化策略,其美育成果也会随着时间的推移,在城市建筑、环境风貌、文学创作、生活用品等一切人的创作中表现出来。尤其是,抓住了青少年这一美育化发展的重点人群,可为各公共文化机构的未来展览培养源源不竭的懂得如何欣赏美的潜在观众,这也是公共文化机构得以存续与进步的基石。正因为意义深远,地方政府与公共文化机构领导亟须转变办展理念,主动将各个展览空间转化为增进公众美育教育的社会美育大课堂。

(三)高效能:实现公共文化机构展览共建共享发展

高质量发展视域下的高效能发展,要求公共文化机构展览举办全过程都要将社会公众置于中心位置,以展览为媒介,将公众角色从被动接受

---

[1] 黄琛:《漫谈博物馆宣教服务体系建设》,《中国文化报》2008年7月4日。

者转变为积极贡献者；同时要求运用公共文化机构理事会、文化志愿者队伍、微信公众号平台等多种媒介，注重展览"展前、展中、展后"全流程设计，建构起体现展览内容多元性与包容性的发展格局。

一是在展前策划阶段，公共文化机构管理者不应自视为居高临下的"传授者"，而是要定位于与社会公众站在同一平台的合作者，这不仅有利于各策划方的换位思考，而且能提前将潜在观众引入展览主题，鼓励民众共同策划展览内容，让参与者"对自己融入的项目及任务产生责任感和所有感"[①]。通过展前共同策划，建立公共文化机构展览与社会之间的联系。展览与社会公众的融合，并不是简单的"迎合"，而是要求机构管理者善于把握"民主"与"集中"的关系。所谓"民主"，是要让展览策划辐射更广泛的社会生活领域，及时呼应社会活动和事件，关注更多元化的文化需求，同时，让公众成为展览的"主人"，广泛参与到展览方案商讨中来，真正实现公共文化机构与社会的嵌合，彰显其公共性价值。[②]所谓"集中"，是要发挥好公共文化机构理事会议事决策功能与专家咨询委员会的智库作用，将展览与民众反复对话形成的策划思路加以整理、归纳与提炼，聘请合适的策展人制定出详细策划案。在这方案细化过程中，策展人还应持续运用机构与社会公众间的交流互动管道，持续加深对参观者的理解力、体验感与情感认同的多维度把握。

二是在展期过程中，公共文化机构除了定期组织讲座、对话、工作坊等公教活动，帮助参观者深入理解展览主旨，还要持续以各种方式吸纳社会公众的参与，不断强化社会公众作为展览主人的角色转变。比如，奉贤区图书馆面向社会招募展品"品鉴家"，免费为来自各行各业的市民群众提供专业化培训，并将他们的展品讲解词收录在软件系统中，观众扫描二维码就可以聆听展品介绍。又如，奉贤博物馆将收到的一本由市民捐赠的珍贵古籍及时融进正在开展的以中华汉字为主题的临展中，赋予这次

[①] 何浩：《人人设计时代的博物馆设计——参与性设计与游戏化方法的探索》，博士学位论文，中央美术学院，2018年，第37页。

[②] 范陆薇、李富强：《从"Who Decides?"展览看全新博物馆时代观众角色的嬗变》，《自然科学博物馆研究》2019年第4期。

捐赠以更深远的含义。

三是在展览结束后,公共文化机构要主动邀请公众对展览效果进行评价,评估展览效果,形成评估报告,为下一次展览思路提供依据。有条件的机构还可以妥善整理参观者名录,固化本次展览所带来的从"公域"向"私域"转化的成果,强化与"私域"参观者的后续服务与持续联动,延伸其学习体验,力求将他们从普通参观者发展为场馆的忠实观众。更为重要的是,公共文化机构展览要将展览的结束作为又一阶段展览的开始,以灵活多样的巡展形式将展览内容传播至更多的社区和民众,特别是未能成为"实际观众"的"目标观众"或"潜在观众",以及相对弱势的人群,让展览能最大化地体现其社会共享价值。[1]

综上所述,笔者认为,在高质量发展背景下,推进公共文化机构展览理念与模式的改革创新,符合国家战略导向与人民现实需要。但由于"工具理性"的单一视角,当前公共文化机构展览面临发展取向不清晰、观众体验欠佳、公共性价值缺失等实践困惑,让不少公共文化机构展览陷入加速内卷化的窘境。可以预见,以"高质量发展"转换研究视角,推进公共文化机构展览的均衡化、可持续和高效能发展,将会为未来公共文化机构展览的策划与实施提供真正"以观众为中心"的改革借鉴。"高质量发展"所引发的观念变革,是工具合理性与价值合理性协同融合的中国创造,将激发社会创新与发展意愿,增强公共文化机构展览的亲和力和感染力,加速释放社会主义意识形态的凝聚力与生命力。

---

[1] 郑奕:《博物馆教育活动研究——观众参观博物馆前、中、后三阶段教育活动的规划与实施》,博士学位论文,复旦大学,2012年,第276页。

结　语

本研究的核心内容是从实践中提炼中国特色公共文化治理体系现代化理论，研究的意义是再回到实践中去，有效促进公共文化建设与发展，助力社会主义文化强国目标的顺利实现。笔者通过长期深入的政府公共文化服务实践，在分析现实问题的基础上，通过运用系统集成的研究方法，得出以下研究结论。

其一，认识和把握当前中国公共文化治理体系内卷化的结构性困境。目前行政驱动公共文化治理表现出内卷化的实践样态，诱发政绩冲动取代现实需求、行政逻辑压制服务逻辑、监督空转消解转型动力等问题的反复出现。笔者认为，行政驱动公共文化治理内卷化困境的根源是激励异化，公共文化治理过程中的激励缺失、激励错位和激励逆变问题是导致当前这种结构性困境的发生机制。因此，在不改变激励异化问题的情况下，在既定治理框架中的一切改革与创新都难以实现公共文化治理的实质性进步，反而会随着国家对公共文化建设领域政策供给力度和资源资金输入强度的增加，导致决策过程与执行过程更大程度的分离，工具理性与价值理性更严重的失衡，供给内容与需求内容更显著的错位，以及预期目标与实际目标更频繁的置换。国家政策红利和资金资源无法通过恰当的治理体系有效转化为治理效能，不仅会造成大量公共文化建设资源的浪费，而且会因文化建设的特殊性，带来思想价值观念的偏离，这种偏离还会从政府体系逐渐向社会公众弥散，演变为一种追名逐利、虚伪浮夸的社会气氛，既会影响社会主义公共文化的培育，也会影响现代公民意识、公共精神和公共理性的建构。

其二，推进中国特色公共文化治理体系现代化是走出中国公共文化治理体系结构性困境的理论逻辑、历史逻辑和实践逻辑。行政驱动下中国公共文化治理体系的结构性困境,从根本上说是激励异化问题所形塑的,这种治理体系的动力系统依靠单一行政驱动,各级政府又深陷技术主义误区,导致公共文化陷入越建设越衰弱的困境。推进中国特色公共文化治理体系现代化,蕴含着将马克思主义唯物史观运用于公共文化治理,以推动生产关系和生产力、上层建筑和经济基础更好相适应,重塑激励机制和激励环境以转换各方主体动力系统的理论逻辑;对全能型理念、压力型机制和项目化方式等根深蒂固的传统治理模式的历史性超越,构建新激励结构,变革治理体系,以全面深化文化体制机制改革的历史逻辑;主动适应日益分化的社会现实,将文化政策新定位、民主法治新提升、基层自治新关注和虚拟交往新趋势等局部、分散的要素变化系统嵌入新公共文化治理体系的实践逻辑。厘清走出中国公共文化治理体系结构性困境的理论逻辑、历史逻辑和实践逻辑,是推进中国特色公共文化治理体系现代化价值选择、制度构建和实践路向的理论基础。

其三,中国特色公共文化治理体系现代化的价值选择是走出公共文化治理体系结构性困境的前提。研究认为,激励异化问题的本质是治理主体价值取向的偏离。笔者提出要将"以人民为中心"为核心理念的价值取向应用于公共文化治理领域,作为超越公共文化治理困境的核心前提。"以人民为中心"不是晦涩抽象的,而是生动展现于各方治理主体参与公共文化治理实践的价值选择。一方面,要合理借鉴西方发达国家治理模式在保护公民文化权利、文化立法、多元共治等方面的有益做法;另一方面,要看到中西方文化传统、社会土壤等方面的差异及其适应性问题,进一步深化激励机制和激励环境的改革,将激励结构的重塑作为中国公共文化治理体系现代化的价值选择,驱动地方政府和政府官员调整动机与行为,将时间、资源与精力用于改善公共文化服务和产品的效能,为市场主体、社会主体和公众合力共治格局的形成营造积极正向的激励环境,既激发各方治理主体提供公共文化服务和产品的内生动力,又促其在互动实践中逐步形成共同的社会价值观念。"以人民为中心"的中国特色公共文化治理体系现代化,在结构上,实现在治理理念上从以物为本到以人为本、在治理机制上从压力传递到环境支持、在治理方式上从项目运作到社会回应等三个维度的价值转向；在功能上，展现出价值理性与工具理性相统一、宏观调控与内生动力相结合、整体均衡与个体差异相协调的价值内涵。笔者提出，以激励重塑推动治理体系结构与功能的整体转型，是纠正各方治理主体价值取向偏离问题、走出激励异化下公共文化治理体系路径依赖的价值选择。

其四，中国特色公共文化治理体系现代化的制度建构是走出公共文化治理体系结构性困境的基础。笔者提出要坚持以制度建设为主线，通过完善中国特色公共文化治理体系现代化的制度建构，以保证"以人民为中心"的中国特色公共文化治理体系现代化的价值选择，扭转行政驱动公共文化治理的激励异化困境。中国特色公共文化治理体系现代化的制度建构要坚持以系统观念调整政党与政府、政党与行政、政党与社会等重大关系，从价值驱动机制、场景驱动机制和社群驱动机制三个维度实现对行政驱动机制的动力换挡。笔者认为，在中国特定政治制度下，面对利益固化藩篱，要确立执政党的元治理地位，为体系转型提供第一原动力，通过政党嵌入治理、政党推动行政、政党回归社会保证制度运行，发挥制度建构在增进政治认同、提升服务效能、激发公共精神等方面的公共文化治理性功能。

其五，中国特色公共文化治理体系现代化的基层实践是走出公共文化治理体系结构性困境的关键。因工作关系，笔者能够结合工作赴各类图书馆、博物馆、文化馆、美术馆、剧院等公共文化机构进行实地调研与观察，并在多年直接从事公共文化管理岗位的实践中，策划开展了"东方美谷艺术节"等多场公共文化活动，举办了"言子杯青少年书法展"等多场公共文化展览，还直接参与制定"九棵树未来艺术中心""落英缤纷美术馆"等新建公共文化设施的运营方案，探索"言子书院"等公共文化机构理事会的运行机制，等等。在从事公共文化管理工作期间，笔者还与不少文化名人、文化学者、文化干部与文艺爱好者等进行了深入交流，其中不乏对当前公共文化建设和政府问题有深切体悟的人士。通过观察、实战和体悟，笔者从2022年开始对搜集到的资料进行整理，广泛阅读了国内外相关文献资料,结合工作实践围绕公共文化治理问题进行理论提炼,研究思考改善当前公共文化治理绩效不佳问题的办法。在这些实践的基础上,笔者认为,中国特色公共文化治理体系现代化要从理论走向实践,应着重强调因地制宜、实事求是的思想路线,既不能照抄西方公共文化治理的教科书,又不能重走教条主义的老路,而是要以"更加注重系统集成、更加注重突出重点、更加注重改革实效"为原则,在高质量发展的时代主题下,首先要为基层政府及各类所有制的公共文化机构创造良好的发展条件,保证文化工作者能够将主要精力置于对公众文化需求的研究和回应上,鼓励他们轻装上阵,大胆创新,拓宽服务理念、创新服务场景,以公共文化及其场域增强公共文化服务效能,培育公共理性和公共精神。

本研究提出,中国特色公共文化治理体系现代化是在全面深化改革的背景下向一种全新公共文化治理体系转型的过程。区别于行政驱动公共文化治理现实的结构本质,中国特色公共文化治理体系现代化聚焦建设社会主义文化强国目标,是由执政党提供第一原动力,将价值驱动机制、场景驱动机制和社群驱动机制全面嵌入公共文化建设与发展的制度安排,是"以人民为中心"为核心理念的价值选择下的治理主体、理念、内容、过程和目标的系统集成。

首先,新治理体系的治理主体是开放化的。肩负使命的执政党推动各级党组织密切联系群众,并依托其基础性权力推动各级地方政府与社会民众之间保持良性互动的关系。党政组织能够有效参与公共文化生活,获得民众的认可和信任,具有以社会主义意识形态规范公共文化建设取向,以及用社会主义核心价值观引导公共文化发展方向的能力。在开放化环境中,社会各群体对公共文化治理所产生的影响将持续增强并保持均衡,政府不仅不会被特定利益集团所左右,而且能够常态化地将民众合理诉求纳入政府公共政策制定过程,激发社会公共文化生活的生机活力。其次,新治理体系的治理理念是"以人民为中心"的。尊重人民主体地位和首创精神,把人的现代化置于最重要位置,将"以人民为中心"为核心理念的价值选择作为重塑公共文化治理激励结构的价值取向,将提升公众的满意度与信任度作为衡量公共文化治理业绩的根本标准,内化为各级文化工作者的行动自觉。再次,新治理体系的治理内容是民生化的。开放化治理主体的日常治理活动是以公众需求为基石,而不是为显现政绩而向上级展示考核性产品,也不是为维护自身利益而功利化地使用公共文化建设资源。"以人民为中心"的治理理念转向必然要求健全社会力量参与公共文化服务机制,增强社会公众的自主性,优化回应民生需求的能力,提升公共文化服务的满意度。复次,新治理体系的治理过程是制度化的。民生化的治理内容绝不意味着无原则、无底线和无差别地面向社会公众发"福利"、做"慈善"、送"人情",而是以健全政党嵌入治理、政党推动行政和政党回归社会机制优化文化服务和文化产品供给制度,通过价值驱动机制、场景驱动机制和社群驱动机制激发各方主体共同参与活力,以制度建构重塑和规范社会公众自我组织的内生性秩序,将社会主义先进文化、革命文化、中华优秀传统文化与社群文化、大众文化通过民众自主参与的公共文化生活有机融合,转化为推动文化强国建设的社会主义公共文化。最后,新治理体系的治理目标是推动人的思想观念的现代化。通过激励机制与激励环境的重塑,从以物为本转向以人为本转变,将训练公民意识、公共理性和公民精神作为公共文化治理的核心目标,从公共文化视角推动国家治理与社会发展更好相适应,有序实现社会现代性的健康成长和均衡发展。

  随着研究的深入,笔者愈发感到,推动公共文化治理体系现代化是一项极具挑战性和长期性的工作,绝不可能一蹴而就。得益于文理交叉的学术背景,十余年城乡跨领域的岗位锻炼,以及三年多直接从事政府公共文化治理的经历,这些实践对问题意识与破题思路的形成大有裨益,笔者努力将所思所悟进行及时归纳总结,形成了一些研究成果。但是,由于笔者本人的知识储备与理论功底的局限,本研究还存在一些不足,主要有两方面:一是笔者虽然直接从事公共文化服务工作,但却在种种客观条件约束下,花在行政琐事上的时间多,沉下心来认真研究如何提升服务效能的精力少,以至于不少改进的思路和举措还停留在理论设想环节,尚没有付诸实践,还没有在实践中得到检验。二是本研究的案例和素材大都来自笔者在特定地域的实地调查,相对而言,所参考的其他省市的实践样本较少,这可能会影响对我国公共文化治理困境实质的整体把握,有些内容可能过于绝对化和片面化,不太符合我国其他省市的情况,在一定程度上会削弱研究结论的解释力。因此,笔者在以后的工作学习中将继续深入观察和思考这一课题,强化对东中西部不同地区公共文化治理实践的比较研究,并在实践中持续检验和完善研究成果,努力为构建基于中国经验、具有中国主体性的社会科学做出贡献。

后　　记

在本研究中,笔者重点从方法论角度讨论了公共文化治理问题,提出了建构中国特色公共文化治理体系现代化的理论主张,它是建设社会主义文化强国战略的目标要求,与激发文化创造力、丰富人民精神生活、提升国家文化软实力相辅相成。但在本书的最后,有必要补充一句:面向未来,我们到底需要什么样的"公共文化"? 这个问题对于践行社会主义核心价值观、推动文化强国战略、实现中华民族伟大复兴具有现实意义。

站在新时代,新质生产力正加速培育,展望可以预见的极大效率变革,我们迫切需要形成一种新的文化共识和思想准备,鼓励人们从寻求相对性快乐,转向追求主体性幸福。相对性快乐,是在单一价值系统的影响下,人们通过互相比地位、比财产、比孩子,从"比"中获得的优越感。这种通过攀比得来的相对性快乐,是易变和脆弱的,因为受到这种观念驱使的人,永远不会感受到真正的幸福,他们哪怕身居高位也会自卑,因为永远有地位比他更高的人。持有这种观念的人"永远不属于自己,永远向往机会主义,永远不自由、永远卑微"[①]。主体性幸福就不一样,持有这种观念的人是现代意义上的人,他将自己视为自己的主人,拥有属于自己的独立精神内核和鲜明个性特征,他不会让别人来决定自己的选择,影响自己的感受,更不会将自己的命运交由他人来决定。他不会互相攀比,不会追求千人一面的生活目标,而是主动探索自我,通过阅读、思考和经历,提升思想的深度,拓宽人生的广度,找到属于自己的出发点,然后将自己的潜力、想象力、勇气和激情全部打开,在释放自我能量的过程中,感受到真正的

[①] 梁永安:《做一个优秀的普通人》,四川文艺出版社2023年版,第19页。

幸福。

笔者在调研中发现，当今年轻一代的生活方式已经有了很大的变化，他们渴望去寻找自己，打开自己，创造属于自己的社会价值，定义属于自己的成功标准。这时候，我们要顺应时代发展，有责任为他们创造一个有利于他们自由探索的生命成长环境，激励他们形成独立的人格，拥有自己独特的生命体验和不同的人生选择。马克思关于"劳动已经不仅仅是谋生的手段，而是本身成了生活的第一需要"的社会愿景，将劳动作为人的本质需要，这种劳动如果不靠人们自己去发现与寻找，任何外加的劳动内容都不可能达到这种发自内心的热爱与盼望，个人也不可能得到身心的全面发展与自由解放。然而，在当前行政驱动公共文化治理的影响下，人们大多没有在其培育的文化氛围中体会到真正的幸福和快乐，强调等级的治理方式固化了纵向的垂直社会，人们拼命追求做"人上人"。各行各业的人往往都是通过各种外在的形式来彰显自己，在单一的价值观、生命观和世界观下，追求着雷同的人生目标，通过同质化的攀比来获得相对性快乐，这样的人很容易深陷在内卷中，不能拥有生命的自由，自然也就不可能书写丰富多彩的人生乐章。在这种文化气氛的熏染下，精神的单薄抵挡不住痛苦的焦虑，行为的扭曲比比皆是：在政府领域，我们没有为年轻的公职人员提供一种尽心服务公众、实现自身价值的激励环境，部分人在实际上不得不背弃自己全心全意为人民服务的承诺，否定自身职业选择的初心使命，将公共文化服务作为获得政绩的工具和筹码，争先恐后地向上攀登，追求更高的行政级别。在教育领域，我们没有及时给那些渴望打开自己的年轻人以恰当的观念引导，而是重复着过去短缺经济时代所遗留下来的等级化的观念说教，诱导他们放弃自己的深心所爱，沿着狭窄的上升通道去追求某种单一价值的功利化目标，在成绩、地位、荣誉的攀比中获得浅薄的优越感。在社会领域，我们也还没有为渴求长期主义的年轻创业者们提供恰当的发展环境，导致他们难以坚持用新的技术、新的认知和新的工具来沉淀富有个性的企业文化，总是疲惫地迎合某种单一的政策导向，在浮于表面、急功近利和内卷消耗中，失去可贵的独立人格和创造激情。在这种情况下，不少年轻人选择了逃离，用逃离来对抗焦虑，但大多数的逃离者并不是为了寻找全新的自我，而仅仅是为了否定现实，用随心所欲的放纵来补偿自己失衡的心理，这实际上还是对相对性快乐的标榜，他们无法体会到那种明确人生热爱的通达，也无法感受到打开自我能量的幸福。

我们有责任改变这一切。在新时代，要赋予年轻人追求自己主体性幸福的权利和可能，不能让他们继续沿着旧有的思维往前走，而是要让他们在追求独特生命的体验中感受真实的幸福，积极创造有益于社会的价值，自觉为人类的思想宝库奉献智慧。如果年轻一代的内心世界能有这样的改变，从整个国家来看，就能逐渐形成一个文化和道德的全新系统。当然，改变之路不可能一帆风顺，思想的改变可能要经过好几代人的努力和沉淀，经过曲折的历史变迁，迈过无数沟沟坎坎，才有尘埃落定的希望。我们是后发展国家，拥有规模巨大的人口，又有数千年讲究整体性秩序的社会传统，这些因素决定了中国人整体精神的成长必定要历经一个不同于西方的差异化特色之路。改革开放虽然让中国人经历了人类历史上的整体性文明变迁，但也将前现代、现代和后现代三种文明的各种矛盾、各种碰撞以非常密集的方式杂糅压缩于四十余年的改革进程。三种文明、不同世代的人叠合在一起，生活在同一个时空，这在人类历史上是绝无仅有的。这是一个巨型文化共同体的全新社会基础，能不能在这个基础上创造出一个面向未来、展现人类文明新形态的"公共文化"？这个问题，具有极大的思考价值。笔者努力在文明的三代叠层中通过对自身经历的反思，提出一些不太成熟的想法和观点，虽然很想把这些想法和观点表述得更深入一些，但限于精力和水平，还有许多的不足，没法让自己满意。不过，笔者在家人的支持下，追寻内心强烈的问题意识，查阅资料，阅读书籍，用心理解，安静思考，在将所思所悟落于笔端的过程中，真实地感受到了久违的幸福感。期待本书能引发读者的思考和共鸣，让我们一起携手，共探未知世界，齐心协力开新局、做新事。